财政部规划教材
全国财政职业教育教学指导委员会推荐教材
全国中等职业学校财经类教材

个人理财业务

胡冬鸣 主编

中国财经出版传媒集团
中国财政经济出版社

图书在版编目（CIP）数据

个人理财业务 / 胡冬鸣主编. --北京：中国财政经济出版社，2021.8
财政部规划教材　全国财政职业教育教学指导委员会推荐教材　全国中等职业学校财经类教材
ISBN 978 - 7 - 5223 - 0657 - 5

Ⅰ. ①个… Ⅱ. ①胡… Ⅲ. ①私人投资 - 中等专业学校 - 教材 Ⅳ. ①F830.59

中国版本图书馆 CIP 数据核字（2021）第 135963 号

责任编辑：李　冰　　　　　　责任校对：张　凡
封面设计：育林华夏

中国财政经济出版社 出版

URL: http://www.cfeph.cn
E - mail: cfeph@cfeph.cn

（版权所有　翻印必究）

社址：北京市海淀区阜成路甲 28 号　邮政编码：100142
营销中心电话：010 - 88191522　编辑中心电话：010 - 88190666
天猫网店：中国财政经济出版社旗舰店
网址：https://zgczjjcbs.tmall.com
北京鑫海金澳胶印有限公司印刷　各地新华书店经销
成品尺寸：185mm×260mm　16 开　13.5 印张　337 000 字
2021 年 8 月第 1 版　2021 年 8 月北京第 1 次印刷
定价：60.00 元
ISBN 978 - 7 - 5223 - 0657 - 5
（图书出现印装问题，本社负责调换，电话：010 - 88190548）
本社质量投诉电话：010 - 88190744
打击盗版举报热线：010 - 88191661　QQ：2242791300

本书是财政部规划教材、全国财政职业教育教学指导委员会推荐教材,由财政部教材编审委员会组织编写并审定,作为全国中等职业学校财经类教材使用。

为了进一步深化和推动中等职业学校金融事务专业"以工作过程为导向"课程改革实验项目,宣传课程改革成果,中国财政经济出版社组织编写了金融事务专业《个人理财业务》课程教材。

个人理财业务是根据金融事务专业典型职业活动个人理财咨询与服务业务直接转化而成的专业核心课程,具有一定的理论性和较强的实践性,且在金融实务专业课程体系中具有一定的独立性。本教材有以下主要特点:

以中等职业学校金融事务专业学生的就业为导向,以商业银行个人理财业务流程为主线,将要求掌握的知识和能力分解设计成若干系列工作任务,根据中职学生的认知特点和知识结构,综合考虑个人理财业务这项职业活动所涉及的工作对象、工具、方法、组织及工作纪律要求要素,采用与工作流程相结合的结构来展示教学内容。

以工作任务为导向,在每个工作任务中,按照工作过程的步骤所涉及的业务知识、业务技能、设备及其工具使用、职业素质培养工作要素融入工作过程,通过工作模拟、角色互换训练活动,帮助学生做学结合、边学边做,充分体现理财工作岗位的要求。本教材重在突出培养学生胜任银行个人理财业务的职业能力的观念,更为学习掌握其他相关金融专业课程打好基础。

以银行客户经理工作内容为主线,从建立与客户的理财关系、分析诊断客户的财务状况,规划客户理财方案、到维护与客户的理财关系等方面的服务工作,让学生随着教材中的客户经理体验银行客户经理的工作过程,从而了解银行个人理财业务的工作内容,掌握其服务标准与规范。

本教材共分四个学习单元,包括11个学习任务。授课教师可以根据教学情况以用人单位、学生实际需要选用某一部分或全部。建议本课程的学习时数安排如下:

单元名称	任务名称	课时建议
第一单元 建立与客户的理财关系	任务1 激发客户的理财兴趣	4
	任务2 计算客户的理财价值	8
	任务3 介绍金融理财产品	8
	任务4 达成初步理财意愿	4

续表

单元名称	任务名称	课时建议
第二单元　分析和诊断客户的财务状况	任务1　分析客户的理财需求	6
	任务2　编制客户的财务报表	10
	任务3　分析客户的财务状况	8
第三单元　规划客户的理财方案	任务1　编制客户的理财方案	12
	任务2　营销客户的理财方案	4
第四单元　维护与客户的理财关系	任务1　理财客户的售后服务	4
	任务2　理财客户的再次开发	4
课时合计		72

本书大部分的作者都参加了2009年北京市教育委员会组织的北京市中等职业学校金融实务专业"以工作过程为导向"课程改革实验项目，通过十余年的不断打磨和探索，对"以工作过程为导向"课程改革有了更加全面和更加深入的体会。适时推出这本教材也充分体现了作者们对课程内容更加成熟的认识和理解。本书由胡冬鸣主编并负责总纂。参加本书编写的有宋锦航、田春丽、葛静玲。中国建设银行北京梅市口支行客户经理孙明荷、北京农村商业银行丰台支行业务经理钊阳对教材内容的选取进行了严格细致的技术性把关及完善工作。

编　者

2021年7月25日

目 录

第一单元　建立与客户的理财关系 ……………………………………………（1）
　　任务1　激发客户的理财兴趣 …………………………………………（1）
　　任务2　计算客户的理财价值 …………………………………………（18）
　　任务3　介绍金融理财产品 ……………………………………………（39）
　　任务4　初步达成理财意愿 ……………………………………………（52）

第二单元　分析和诊断客户的财务状况 ………………………………………（70）
　　任务1　分析客户的理财需求 …………………………………………（70）
　　任务2　编制客户的财务报表 …………………………………………（90）
　　任务3　分析客户的财务状况 …………………………………………（108）

第三单元　规划客户的理财方案 ………………………………………………（127）
　　任务1　编制客户的理财方案 …………………………………………（127）
　　任务2　营销客户的理财方案 …………………………………………（145）

第四单元　维护与客户的理财关系 ……………………………………………（170）
　　任务1　理财客户的售后服务 …………………………………………（170）
　　任务2　理财客户的再次开发 …………………………………………（184）

附　录 …………………………………………………………………………（199）
　　附录1　一元复利终值系数表 …………………………………………（199）
　　附录2　一元复利现值系数表 …………………………………………（201）
　　附录3　一元年金终值系数表 …………………………………………（203）
　　附录4　一元年金现值系数表 …………………………………………（205）

参考文献 ………………………………………………………………………（207）

第一单元
建立与客户的理财关系

本单元将学习如何找到客户理财的兴趣点并激发其理财兴趣；在掌握资金时间价值和投资风险价值原理的基础上学会理财产品收益的计算方法并能够正确理解风险内涵；掌握金融理财产品介绍的基本内容，在此基础上能够以恰当的方式介绍理财产品的重点内容。

表 1-1　　　　　　　　　建立与客户的理财关系学习目标分析

任务名称	知识目标	能力目标	素养目标
任务 1　激发客户的理财兴趣	银行理财客户的主要兴趣点	恰当激发理财客户的兴趣点	初步树立理财服务意识
任务 2　计算客户的理财价值	资金时间价值和投资风险价值	正确计算理财产品收益规范解释理财产品风险	
任务 3　介绍金融理财产品	理财产品介绍的主要内容	规范介绍理财产品的收益和风险	

任务 1　激发客户的理财兴趣

对于银行客户经理来讲，能够记住银行理财产品的种类及其特征，对客户的信息了如指掌，判断出客户理财价值取向，成功激发出客户的理财兴趣，是一项非常具有挑战性的工作。其实，客户经理每日的工作都面临着挑战。

【任务分析】

表 1-2　　　　　　　　　激发客户的理财兴趣任务分析表

工作内容	业务知识	业务技能	工具使用	职业意识
激发客户的理财兴趣	理财产品的主要种类及其特点 客户信息的主要内容 客户的理财目标及其适宜的理财产品	理财客户服务话术使用 激发客户理财愿望的主要方法	理财知识普及册页 理财产品宣传册页客户信息资料	积极主动服务客户 服务礼仪准确规范

【知识准备】

银行理财产品，是指商业银行在对潜在目标客户群分析研究的基础上，针对特定目标客户群开发设计并销售的资金投资和管理计划。在理财产品这种投资方式中，银行只是接受客户的授权管理资金，投资收益与风险由客户或客户与银行按照约定方式承担。

银行理财产品按照投资领域的不同，可分为货币型、债券型、股票型、信托型、挂钩型及 QDⅡ型理财产品。

1. 货币型理财产品是投资于货币市场的银行理财产品。它主要投资于信用级别较高、流动性较好的金融工具，包括国债、金融债、中央银行票据、债券回购，高信用级别的企业债、公司债、短期融资券，以及法律法规允许投资的其他金融工具。这些金融工具的市场价格与利率高度相关，因而属于挂钩利率型理财产品。货币型理财产品具有投资期短、资金赎回灵活、本金和收益安全性高的特点。该类产品通常被作为活期存款的替代品。

2. 债券型理财产品指以国债、金融债和中央银行票据为主要投资对象的银行理财产品。债券型理财产品与货币型理财产品类似，也属于挂钩利率型理财产品。债券型理财产品结构简单、投资风险小、客户预期收益稳定。在这类产品中，个人投资人与银行之间要签署一份到期还本付息的理财合同，并以存款的形式将资金交由银行经营，之后银行将募集的资金集中起来开展投资活动。投资的主要对象包括短期国债、金融债、央行票据以及协议存款等期限短、风险低的金融工具。在付息日，银行将收益返还给投资人；在本金偿还日，银行足额偿付个人投资者的本金。债券型理财产品市场认知度高，客户容易理解。

3. 股票型理财产品是指投资于股票或者股权的银行理财产品。股票型理财产品很多，其中包括商业银行推出的部分 FOF（基金中的基金）产品及其私募理财产品。股票型理财产品由于其部分或者全部投资于股票，风险相对较大。按照规定，股票型理财产品所募集的资金不得投资于未上市企业股权和上市公司非公开发行或交易的股份；但对于具有相关投资经验、风险承受能力较强的高资产净值客户，商业银行可以通过私人银行服务满足其投资需求，不受上述条款限制。

4. 信托型理财产品是指信托公司通过与银行合作，由银行发行理财产品，募集资金后由信托公司负责投资，主要是投资于商业银行或其他信用等级较高的金融机构担保或回购的信托产品，也有投资于商业银行优良信贷资产受益权信托的产品。投资者个人主要通过银行购买信托产品。信托型理财产品是银行调整资产负债结构的一个手段。

5. 挂钩型理财产品也称为结构性理财产品，其本金用以拆解或组合衍生性金融商品如股票、利率、指数，或搭配零息债券的方式组合而成的各种不同回报形态的金融商品，而产品最终收益与相关市场或产品的表现挂钩。有的产品与利率区间挂钩，有的与美元或者其他可自由兑换货币汇率挂钩，有的与商品价格主要是以国际商品价格挂钩，还有的与股票指数挂钩。虽然产品不保本，但产品收益较为稳定，风险相对较小。这类产品特别适合风险承受能力强，对金融市场判断力比较强的投资者。

6. QDⅡ型理财产品是投资人将手中的人民币资金委托给被监管部门认证的商业银行，由商业银行将人民币资金兑换成美元，直接在境外投资，到期后将美元收益及本金结汇成人民币后分配给投资人的理财产品。产品一般不保本，多投资港股、欧美股票、商品基金，资金全额投资该类标的，风险相对较大。适合对直接参与海外市场有信心，能够承受本金损失风险的投资者。

银行理财产品根据本金与收益是否保证来分，可分为保本收益理财产品、保本浮动收益产品与非保本浮动收益产品三类。

1. 保本收益理财产品是指商业银行按照约定条件向客户承诺支付固定收益，银行承担由此产生的投资风险，或银行按照约定条件向客户承诺支付最低收益并承担相关风险，其他投资收益由银行和客户按照合同约定分配，并共同承担相关投资风险的理财计划。保本固定收益产品包含两类产品：保本固定收益产品和保证最低收益产品。保本固定收益产品指银行按照合同约定的事项向投资者支付全额本金和固定收益的产品。投资者买这类产品到期获得固定收益，投资风险全由银行承担。由于固定收益理财产品投资风险均由银行承担，因而投资者主要关注的是产品提前终止风险，而这类风险发生的概率较低。保证最低收益产品指银行按照合同约定事项支付投资者全额本金、最低固定收益以及其他或有投资收益的产品。这类产品主要特点为银行承诺支付最低收益，这部分收益所产生的风险由银行承担；其他或有投资收益则按合同约定进行分配，投资者需承担这部分收益为零的风险。

2. 保本浮动收益理财产品是指商业银行按照约定条件向客户保证本金支付，本金以外的投资风险由客户承担，并依据实际投资收益情况确定客户实际收益的理财计划。具体的保本浮动收益又分很多种，如保本信托产品、保本挂钩股票、保本挂钩商品指数。保本浮动收益类理财产品又被称为"结构性存款"，它是由普通存款和衍生产品组合而成的，它的风险主要来自衍生产品这一部分，收益是与汇率、利率、债券、一篮子股票、基金、指数等金融市场参数挂钩的。投资该类理财产品需要投资者对衍生产品部分所挂钩的标的物有足够的了解，如果在不清楚的情况下就盲目买入，最后投资者的收益率很可能大打折扣或者颗粒无收。

3. 非保本浮动收益产品是指那些不保证本金收益率浮动（比保本产品收益率高）的产品，目前市场上基本上有以下几种：QDII、打新股和基金宝。其中，QDII 是一项投资制度，表现为让国内投资者直接参与国外的市场，并获取全球市场收益。大部分银行 QDII 产品认购门槛为几万元甚至几十万元人民币。打新股与基金宝则投资于国内证券市场，属于牛市可遇，熊市不可期。

银行理财产品按风险等级分类，可分为极低风险理财产品、低风险理财产品、中风险理财产品、较高风险理财产品、高风险理财产品。

1. 极低风险产品保障本金，且预期收益受风险因素影响很小；或产品不保障本金但本金和预期收益受风险因素影响很小，且具有较高流动性。适合经银行客户风险承受能力评估为保守型、稳健型、平衡型、成长型、进取型的有投资经验和无投资经验的客户。

2. 低风险产品不保障本金但本金和预期收益受风险因素影响较小；或承诺本金保障但产品收益具有较大不确定性的结构性存款理财产品。适合经银行客户风险承受能力评估为稳健型、平衡型、成长型、进取型的有投资经验和无投资经验的客户。

3. 中风险产品不保障本金，风险因素可能对本金和预期收益产生一定影响。适合经银行客户风险承受能力评估为平衡型、成长型、进取型的有投资经验的客户。

4. 较高风险产品不保障本金，风险因素可能对本金产生较大影响，产品结构存在一定复杂性。适合经银行客户风险承受能力评估为成长型、进取型的有投资经验的客户。

5. 高风险产品不保障本金，风险因素可能对本金造成重大损失，产品结构较为复杂，可使用杠杆运作。适合经银行客户风险承受能力评估为进取型的有投资经验的客户。

客户经理需要了解个人客户的主要信息包括：

1. 客户的收支情况。客户的收支情况包括理财客户收入和理财客户支出。一般而言，客户的收入主要由经常性收入和非经常性收入构成，具体包括有工资薪金、自雇收入、奖金和佣金、养老金和年金、投资收入和其他收入。收入的高低和变动幅度将影响客户风险承受能力的大小。客户支出主要包括客户经常性支出和非经常性支出。经常性支出主要是指生活中按期要支付的费用；而非经常性支出主要是客户的日常生活中不定期出现的费用支出，而且其金额也没有明确的标准。

2. 客户的资产负债情况。客户的资产包括金融资产、实物资产和其他个人资产。其中，金融资产可分为现金与现金等价物和其他金融资产两类。现金与金等价物是指客户拥有的以现金形式或高流动性资产形式存在的资产；其他金融资产是指客户由于投资行为而形成的资产，这类资产通常具有高收益伴随高风险的特点。实物资产不仅包括客户拥有的动产、不动产，还包括家庭的大件物品或其他价值较高的物品。实物资产是客户资产的主要组成部分。客户负债分为个人负债和企业负债两部分。个人负债主要是指客户作为债务人的各种贷款负债，企业负债是指客户负有连带偿还义务的贷款。

3. 客户社会保障信息。主要指政府实行的养老社会保险计划和企业实行的补充养老保险计划。政府实行的社会保障计划主要包括养老保险、失业保险、工伤保险、生育保险、社会救济，社会福利计划。企业实行的补充养老保险计划主要就是企业年金。客户的养老保障还可以从另一个角度分，即养老保障支出和收入两部分。

4. 客户风险管理信息。客户风险管理信息主要是指客户保险保障的情况。在理财规中主要涉及的保险种类有人身保险、财产保险和责任保险。

5. 客户遗产管理信息。结合目前的法律和实践，客户的遗产信息主要包括有客户是否拟订了遗嘱；遗嘱的形式和内容是否合法；客户是否拟使用遗嘱信托的方式管理财产；客户目前对遗产的分配安排有无疑问或要求。

6. 客户个人基本信息。客户个人基本信息主要是指与理财规划有关的个人基本情况。主要包括：姓名和性别；职业和职称；工作的安全程度；出生日期和地点；健康状况；子女信息；婚姻状况；客户联系方式。

7. 客户性格心理特征。主要包括有客户的地域差异；客户个性偏好分析。客户具体属于现实主义者、理想主义者、行动主义者或是实用主义者。客户心理分析主要是指荣氏模型以及客户心理和 Keirsey 和 Bates 模型。荣氏模型将人的心理分为外在感应型、直觉型、思想性格特征型和内在感应型 4 种基本类型。在此基础上，David Keirsey 和 Marilyn Bates 又将个人性格划分为外向型、内向型、感官型、直觉型、思考型、感觉型、理智型和感知型 8 种类型。而客户风险偏好主要包括有保守型、轻度保守型、中立型、轻度进取型和进取型 5 种类型。

8. 客户期望理财目标。客户期望理财目标是指客户通过理财规划所要实现的目标或满足的期望。合理的理财目标应该是客户经理根据客户的财务状况，综合客户的投资偏好、风险偏好和其他信息所形成。

客户理财价值取向根据个人对义务性支出和选择性支出的不同态度，可划分为后享受型、先享受型、购房型和以子女为中心型4种。

1. 后享受型是指将大部分选择性支出投向储蓄，维持高储蓄率，迅速积累财富，期待未来生活品质能得到提高的族群。这类人在工作期间全力以赴，不注重眼前享受。他们努力工作，储蓄率相对较高。老一辈的人，或者思维比较保守的人常常采用后享受型的理财方式。他们期待未来的生活品质能得到提高，最大期待是早日达到财务独立提早退休，或者在退休后享受远高于目前消费水准的生活。其特色是工作期与退休期生活形态差异明显，先牺牲后享受。后享受型的投资者重退休后的生活品质，因此靠储蓄就能完成理财目标。但也不能过于保守，在理财建议方面，应建议投资于一些收益较为稳定的基金或股票，或者购买养老保险，达到个人收益的最大化。

2. 先享受型是指将大部分选择性支出用于现在的消费上，提高目前的生活水准的族群。他们注重眼前的享受，对目前消费效用的要求远大于对未来更佳生活水准的期望。持有这种价值观的人在工作期间的储蓄率较低，赚多少就花多少，因而一旦退休后随着时间的推迟，其积累的净值就不够老年生活所需，往往会降低生活水准或者靠生活救济维持生活。先享受型的投资者要注意在及时享乐的同时，不要忘了"老有所养"这件事，要有一定的储蓄投资计划及合理的保险计划，以便能够在晚年做到财务上的独立。

3. 购房型是指将购房作为首要理财目标，房子是他们投注资金的主要方向。往往是攒够首付接着开始月供；或买房子后打乱了自身的生活计划，生活品质因此下降，经济也因此拮据，"结婚""育子"等很多想办的大事都得"暂缓"。义务性支出以房贷为主，对于没有房子的他们来说，储蓄的主要目标就是购房。他们为了拥有自己的房子，不惜节衣缩食，哪怕是扣除房贷后净收入所剩无几、生活水平一般也在所不惜。购房型的投资者以购买房屋作为最主要的理财目标，在这一目标上耗用太多资源，必将影响其他目标的实现以及生活水平的提高。因此，这部分人要充分考虑自己的收入水平和还贷能力，还要注意购买房屋保险的相关事项。

4. 以子女为中心型是指现在的消费投在子女教育上的比重偏高，或储蓄的动机是以获得子女未来接受高等教育储备金为首要目标的族群。由于太多投资于儿女教育，留下不多的退休金很可能会影响到自己未来的生活水准。以子女为中心型的投资者以子女教育成长作为最重要的人生目标，这部分人要注意留一些资源给自己，对于花费较大的子女教育项目要做好长期的准备。应该投资于一些中长期收益比较稳定的金融产品。

客户对理财产品的兴趣主要表现在对风险的种类及大小、对理财产品的收益、对理财产品购买赎回方式及对理财产品所投资领域。

不同的客户具有不同的理财特征。这种特征差异中最主要的是客户对待风险的不同表现，它是进行理财服务要考虑的重要因素之一。其一是风险偏好。反映的是客户主观上对风险的态度，也是一种不确定性在客户心理上产生的影响。产生不同的风险偏好的原因较复杂，但与其所处的文化氛围、成长环境有很深的关系。其二是风险认知水平。反映的是客户主观上对风险的基本度量，这也是影响人们对风险态度的心理因素。同一个风险每个人对其认知的水平是不一样的，人们对风险的认知水平往往取决于其个人的生活经验。其三是风险承受能力。同样的风险对不同的人影响是不一样的。由于每个人的性格、社会经历、文化程度、判断能力等的不同，他们对风险与收益所持的态度也会不同。根据个人对待投资中风险与收益的态度，可以将客户分为三种类型，即风险厌恶型、风险偏爱型和风险中立型。其实，理财客户在投资渠道方面也存在着偏好。客户由于具有的知识、经验、工作或社会关系等原因而对某类投资渠道有特别的喜好或厌恶。银行从业人员在给客户提供财务建议的时候要客观分析并向客户作准确解释，在此基础上要充分尊重客户的偏好，而绝不能够用自己的偏好影响客户的财务安排。同时，客户个人的知识结构尤其是对理财知识的了解程度和主动获取信息的方式对于选择投资渠道、产品和投资方式会产生影响。而从生活方式来观察，客户个人不同的生活、工作习惯对理财方式的选择也很重要，而且客户个人性格会对理财的方式和方法产生影响。

【工作过程】

理财的起点是发现潜在的客户并激发客户的理财兴趣。当客户经理第一次接触潜在客户的时候，要以极大的热情和耐心对待客户的各种各样的"幼稚"提问，不要听客户说自己没有多少钱就怠慢人家，或者轻视人家，激发兴趣需要以信任为基础，而建立信任是有一个过程的，只有不断持续的付出才有回报。如果当初仅凭客户的言谈来判断其是一个低端客户，就不会有后续的一系列的激发兴趣的成果，也就不会将一个普通的客户发展成为优质的客户。

2020年9月的一天，夏汇银行北京白广路支行客户经理李红在网点大堂值班时，有一位陈先生询问有几笔钱打到卡里没有，李红引导其在多媒体查询机上打出了1至9月的明细单，将明细单给陈先生进行了讲解，同时建议他办一个短信通知业务，就不用老跑银行网点了。之后，陈先生在网点里面待了一会儿，就凑到李红跟前，说银行的人鼓动其买基金产品，他也不清楚基金是怎么一回事，买哪个好，并说自己是个生意人，虽然挣了些钱，但由于长期奔波在职场上面，挣的钱基本都在银行卡里面睡大觉。李红仔细端详了一下这位陈先生，穿戴和气质再普通不过了！李红还是面带微笑且耐心地给陈先生讲什么是基金，有那些种类，什么样的人适合买什么种类的基金，如何选择适合自己的基金，买基金要注意哪些问题，赎回基金的时候要掌握的要点。同时特别强调，买基金的前提是一定要留够家里的紧急备用金，若家里有老人的话，老人家钱挣来不容易，都是辛苦挣来养老之用，要考虑风险问题。

陈先生听后十分满意，他说有银行的人让他现在就买，当时正在营销两只基金，但李红根据陈先生当时对自己情况的描述，李红建议他暂时不要买，并给她推荐一款银行理财产品，10月将要发行的"夏汇日日长"，希望陈先生的首次投资能有一个好的、稳健的收益，感受一下投资理财的快感。陈先生问李红到时候是买1万元还是5千元，李红认为客户是第一次买基金，还是先买5千元感受一下。之后，李红就留下了陈先生的电话号码。

10月16日将发行"夏汇日日长"银行理财产品，李红没有因为陈先生是小买家而忽略他，仍然在前两天给陈先生打了电话，通知了具体时间，并请他最好先把钱存好，证券卡办好。陈先生来了之后，李红到大厅去见陈先生，陈先生提了5万元钱来买银行理财产品，李红则劝其少买一些。陈先生说："我问过好多人，但是我觉得你讲得最好，也最实在，我就相信你。别人都希望客户多买，你还劝我少买，你能替我着想，我就相信你的推荐，我就买这么多。"

之后，通过几次电话交谈，知道陈先生开通了手机银行，李红教会陈先生如何使用网银购买理财产品，还给陈先生设计了一款收益测算表，教他如何计算收益。在收益达到20%的时候，李红给陈先生进行了提示，请他考虑自己承受风险的能力，要考虑一下是继续持有，还是赎回，陈先生选择了继续持有。在收益达到40%多的时候，李红再一次进行了提示，陈先生再一次选择持有。在春节放假的前一周，李红再一次给陈先生进行了提示，陈述了自己对目前股市行情的分析以及如何把握对收益的掌控，陈先生根据李红的分析以及自己对收益的期望，在2月14日将"夏汇日日长"赎回，在短短的4个多月的时间里获得了55%的收益，十分满意。春节过后，股市大跌，理财产品净值大幅缩水，针对近期的市场情况，陈先生非常感谢李红对他的提示点播。

在"夏汇日日长"营销成功之后，在李红的推荐下，陈先生在2021年1月18日购买了"海富风格基金"70万元，2月26日购买了"建优配置基金"30万元。3月1日，国债开始发行，李红又通知陈先生这一消息，建议陈先生合理配置自己的资产。谁知3月5日陈先生又购买了"信达澳银基金"10万元，李红电话中建议陈先生少买一点，因为基金净值的涨幅已经太高了，而市场经济表现并不好。陈先生告诉李红，他在本行购买的理财产品都是赚钱的，而在另外两家银行买的两只基金目前是赔钱的。

激发客户的理财兴趣需要站在客户的角度。客户告之你什么样的财务状况，你就根据该状况提出一个合理的投资计划，使客户感受到你确实是处处为他们着想。假如陈先生问李红是买1万元还是买5千元理财产品的时候，李红出于个人利益和营销业绩的需求，抱着买的越多越好的想法，也就不会赢得陈先生的信任，甚至连第一次的营销机会都会泡汤。激发理财兴趣也是一个逐步引导的过程，从单一产品的营销到多种产品的组合配置。作为一个客户，陈先生对银行的理财产品不一定了解，但客户经理可以从一个产品的营销成功，引导陈先生逐步了解其他产品在家庭理财中的重要性。激发理财兴趣是在持续服务的过程中进行的，是产品和服务的有机组合并随着市场的变化而变化。理财过程中要关心培你的客户，使客户从技能及其知识上不断提升，时时关心你的客户，坚持持续服务。要教会客户自己上网查询基金或者理财产品净值，每天享受投资的快感和下跌时的心跳，进一步教会客户如何看大盘，如何看指数，如何分析般市行情。理财不仅仅是产品的销售，还是服务的延续。要不断地了解你的客户，他的性格是什么样的？他的抗风险的能力如何？他对未来有那些期望？他的资产状况如何？他还缺少那些生活和财富保障？作为客户经理你能给客户提供什么样的帮助和建议？能不能要适时向客户推介新的投资产品，激发客户主动理财。

客户经理的工作每天都面临着挑战。如同每天一样，经理李红早早就来到了网点，认真化好妆、检查好自己的办公环境、将整理出来的客户陈先生的信息资料又仔细地看了一遍。陈先生是今天上午约谈的重要客户，已经有一定的理财产品消费能力。

陈先生按照约定的时间来到网点的营业大厅，已经在此等候的李红迎上前去和陈先生握手问候并将其引领到贵宾接待室。

李红根据陈先生的理财特征为其挑选了本行目前比较受到热捧的几款理财产品，并为其进行了理财规划。其主要内容如下：

基本情况：陈先生47岁，妻子46岁，陈先生自己开公司，一年的收入90多万元，妻子在事业单位工作年收入10万元。孩子22岁，在国外留学。家里一套自住房，一套别墅，孩子100万元教育金已备足。两套房子价值600万元。丈夫公司固定资产200万元。一家三口各购买了5份"潇洒明天"商业保险产品。丈夫有一份重大疾病险产品，年交保费1万元，保额30万元。银行存款200万元。

理财目标：打理手中的财富，确保自己能够享受一个高品质的晚年生活；孩子工作后，父母可能会赞助其购房首付款，初步规划是100万元左右。

理财规划：刘先生家庭有资产1100万元，活期存款达200万元，无法抵御通货膨胀，要做积极性的投资。家庭每年节余70万元，这部分自己需要好好利用。由于家庭已经准备了100万元的教育基金，暂无须对小孩子教育再做规划。具体规划如下：

保险规划方面，刘先生作为家庭的顶梁柱，一旦受到伤害或遭遇不测，将会给整个家庭的正常生活带来严重的影响，因此保障主要向刘先生倾斜。具体为：刘先生和妻子的基本医疗保险，附加意外伤害险、健康保险、疾病保险、失能收入损失保险的保额各为630万元、70万元。并且以孩子为受益人，各购买定期寿险150万元。

投资方面，200万元活期存款可以充分利用，留出10万元作为备用金，扣除第一年保费支出9万元后，其余181元万现金类资产可全部用于投资银行理财产品，并且每个月可以追加5万元投资。40%用于资本市场类投资，包括自己操作股票或者购买股票型基金、指数型基金；40%用于稳健型投资，用于购买本行"乐享天天利"理财产品来分散股票及其指数型基金的风险；另20%进行补充性投资，购买国债等收益非常稳定的理财产品。

4年后，以同样的比例取出100万元赞助孩子的购房首付款。别墅交付后出租，坐享租金与增值收益。每年年底根据经济形势和国家政策，对家庭投资配置进行一次体检和调整。家庭资产的增加主要依靠刘先生的公司收入，整个投资以控制风险、稳健投资为主。

养老方面，按照前述投资，陈先生在60岁的时候已经可以积累足够的资产以实现家庭100%的财务自由度，顺利退休。70岁时可能通过"反按揭"的形式，将一套房子抵押给银行或其他机构，获得每个月的现金流。

李红不断叮嘱着自己："服务客户过程中不能出现'不能''有可能''好像''应该'等不确定的语句，说话声音微弱，在介绍产品时甚至颤抖也是忌讳的。自己说话的时候应该是语气坚定和肯定。采用微笑和热忱的声音来赢得客户的好感……"

李红在介绍完理财产品目标后，陈先生并没有表示出对其推出的理财产品有多大的兴趣。李红没有急于问客户有没有兴趣，而是说："您是老主顾，陈先生肯定知道我们理财产品卖的特别好，一定很想了解我们理财产品的收益和安全性如何吧，我现在给您介绍一下。""陈先生，我给您特别看一下，本行目前理财产品一年期的年收益率是12%，要知道现在银行储蓄存款的收益只有3%左右，如果您有10万元本金的话就收益1.2万元，一年就比银行多了9 000元钱。"李红非常清楚："客户要的，不是产品的本身，而是产品能够带来的利益。自己应该用产品带来的好处吸引客户，同时，确认这一个好处是完全吸引客户的。"

陈先生是个精明的商人，朋友间闲谈时听到朋友介绍今年银行理财产品和基金的表现都非常好，只是自己并没有仔细研读过相关的信息，如有这么好的盈利表现，对自己这几年经商赚下的钱找到了一个保值和升值的去处，解决了他的财富保值升值愿望，而且这是自己所期望的最佳解决方案。陈先生让李红都给他计算演示一下。他清楚商品的好处和利益不会凭空的产生，到底这些利益或好处是哪里来的，经过哪一种设计自己要基本明白。早有准备的李红也非常附和着："虽然不一定要巨细靡遗、清清楚楚，也仍然需要有逻辑上的道理。"

发现陈先生有了改变现状的需求，李红继续提出解决方案的问题："您觉得一个长期稳健获利又保本的投资工具，会不会让您对投资更有兴趣？虽说您的理财年头不长，但也有了一定的实战经历，若安排预期年化收益率5%且风险非常低的理财产品并不能既满足您的投资要求！您做生意本身的盈利水平就在15%左右，给您安排收益较高的股票型基金和指数型基金能够保证收益水平不低于您的生意盈利，但出于风险考虑，给您也配置了一定规模的不同收益水平的银行理财产品，从本金和收益的安全性上面给了您最大的保证。我还要提醒您一下，同样的理财产品，会有不同的收益和风险。和这几家银行比较的话，他们基本上都是P2P模式，风险较大，而且收益基本上都是8%~10%。我们有自己的理财投资团队，风险则较低。因为是上市公司，而且收益会更加客观，达到了12%年收益。李红开始细致介绍理财产品结构设计规划问题……"

李红始终与陈先生保持着目光接触；聆听时看着对方的眼睛；对陈先生的意见不断表示赞同。李红总是面带微笑……

李红给陈先生做了保险产品推荐和孩子购房计划的资金安全，而后给陈先生详细介绍起为其设计的家庭理财规划。

李红陪同陈先生完成了理财合同签订及理财业务开户手续，送别陈先生时特别叮嘱其需要转账到理财账户的期限，同时递送自己的名片并加了陈先生的微信及手机联系方式。

【工作模拟】

请你根据下列银行理财产品信息资料，就该产品适宜的客户对象及能够激发客户理财兴趣的点进行拟写和说明。

夏银货币理财计划之日积月累（XMYJYL08）产品说明书

特别风险提示：本理财计划为非保本浮动收益型理财产品。募集资金主要投资于国债、金融债、中央银行票据；银行承兑汇票；债券回购；高信用级别的企业债、公司债、短期融资券、中期票据；以及法律、法规、监管规定允许范围内的其他低风险高流动性的金融工具。如出现前述金融工具未按时足额支付本息或产品提前终止的不利情况，则本理财计划将有收益为零或本金损失的可能。夏汇银行股份有限公司将按照产品说明书的约定，本着尽职勤勉的原则管理和运用投资者的理财资金。理财计划相关的投资风险由投资者承担，相关的投资收益由投资者获得。夏汇银行股份有限公司不对投资者的理财本金和收益进行任何保证。本产品适合无投资经验和有投资经验的个人客户购买。投资者在首次申购本产品前应认真阅读本产品说明书。
下面产品评级描述，为夏汇银行股份有限公司内部资料，仅供投资者参考。

风险评级	B	本产品的投资品种风险较低，投资者的理财本金较为安全，理财收益水平有一定的波动性。
流动性评级	高	本理财计划存续期间每个交易日可以申购赎回，能够满足投资者的流动性需求。

1. 产品概要

投资者类型：个人投资者。

产品名称：夏银货币理财计划之日积月累。

产品类型：非保本浮动收益型。

理财计划管理人：夏汇银行股份有限公司。

销售机构：夏汇银行股份有限公司。

投资目标：运用尽可能保证资产安全性和流动性的策略，获取稳健收益。

投资范围：国债、金融债、中央银行票据；银行承兑汇票；债券回购；高信用级别的企业债、公司债、短期融资券、中期票据；以及法律、法规、监管规定允许范围内的其他低风险高流动性的金融工具。其中现金比例不低于净资产的10%；企业债、公司债、短期融资券、中期票据合计占净资产比例为0～30%；国债、金融债、中央银行票据、银行承兑汇票合计占净资产比例为0～90%。由于申购赎回造成理财计划资产配置超过上述限制，理财计划管理人将在10个工作日内完成调整。

预期年化投资收益率：当且仅当本产品所涉及的所有当事人——理财计划管理人、其他交易相对人等均完全履行了其各项义务和责任、且未发生任何争议或任何其他风险的前提条件下，理财计划管理人按照当前已知信息进行测算得出本产品的预期年化投资收益率。理财计划管理人根据市场利率和投资标的收益率变动及资金运作情况不定期调整预期年化投资收益率，并至少于新预期年化投资收益率启用前一个工作日在夏汇银行股份有限公司网站（www.xbc.cn）上公布。以20×9年8月18日为例，预期年化投资收益率为1.58%。

预期年化投资收益率测算：以20×9年8月18日为例，银行间7天拆借利率约为1.29%，6个月期国债和中央银行票据收益率为1.3%～1.7%；银行承兑汇票收益率为1.8%～2.3%；高信用级别的企业债、公司债、短期融资券、中期票据的收益率因具体情况而异。扣除理财计划管理人固定管理费率0.2%，客户预期可获得最高年化收益率约为1.58%。

投资管理费：固定管理费率0.2%（年率），超过预期年化投资收益率的收益作为理财计划管理人的浮动管理费。无申购、赎回费。

投资币种：投资本金和收益币种均为人民币。

理财计划份额面值：1元。

申购和赎回：本理财计划每个交易日开放申购和赎回，具体请见本文"2 申购和赎回"部分。

交易日：在本理财计划存续期内，除周六、周日、中国法定假日以外的工作日为该理财计划开放申购、赎回的交易日（如有变动，将至少提前一个工作日在夏汇银行股份有限公司网站 www.xbc.cn 上公布）。

收益支付方式：请见第五"理财计划收益支付方式"部分。

募集规模上限：100亿元。

理财计划存续期：无固定期限。

理财计划成立日：20×9年4月8日。

投资收益分配日：每月15日为当月的投资收益分配日（逢节假日顺延），分配上月投资收益分配日（含）至当月投资收益分配日（不含）的投资收益。

投资收益到账日：投资收益在投资收益分配日后2个交易日内到账，投资收益分配日至到账日期间不计利息。

2. 申购和赎回

本理财计划存续期内，每个交易日开放申购和赎回。

受理时间：理财计划存续期内，投资者可在每个交易日的受理时间内（9：00－14：00）提出申购或赎回本理财计划，申购和赎回即时生效。

申购和赎回价格：每份理财份额为人民币 1 元。

清算时间：申购资金从客户账户中实时扣除，赎回理财计划本金部分（投资者申请赎回的理财计划份额×1元）实时返回客户账户，当月未分配收益于投资收益分配日统一清算。

申购和赎回的金额要求：首次申购起点金额 5 万元，高于起点金额以人民币 1000 元的整数倍递增；追加申购金额以及赎回金额均为 1000 元的整数倍；投资者可选择全部或部分赎回，部分赎回后投资者持有本理财计划的实时剩余份额不得低于 5 万份，对于实时剩余份额低于 5 万份的部分赎回申请，理财计划管理人有权为投资者办理强制性全部赎回；单一个人投资者累计持有理财计划份额上限为 1 亿份。

申购和赎回的费率均为 0。

大额赎回：理财计划存续期内任一交易日，若当日理财计划累计净赎回申请份额（当日赎回申请份额减去当日申购申请份额）超过本理财计划上一交易日份额的 20% 时，即为发生大额赎回。此时理财计划管理人有权暂停接受当日赎回申请，下一交易日继续接受赎回申请。

理财计划存续期内任一交易日，若本理财计划实时份额超过理财计划规模上限，理财计划管理人有权暂停当日申购，视情况决定何时恢复申购，并在夏汇银行股份有限公司网站上予以公告。

在理财计划存续期内，若国家相关法律、法规、监管规定出现重大变更或者其他突发事件和因素引起金融工具价格的大幅波动或流动性不足，或者其他原因导致理财计划管理人认为继续打开申购或赎回将损害理财计划投资者利益时，理财计划管理人有权暂停理财计划的申购或者赎回，但赎回应在暂停情形消灭之日起 5 个工作日内恢复，并在夏汇银行股份有限公司网站上予以公告。

自理财计划管理人宣布提前终止本理财计划之日起，不再接受投资者的申购或赎回申请。

3. 提前终止

在理财计划存续期内，如果连续 30 个交易日本理财计划剩余份额低于 1 亿份，理财计划管理人有权宣布提前终止本理财计划。

在理财计划存续期内，若国家相关法律、法规、监管规定出现重大变更或者其他突发事件和因素引起金融市场情况出现重大变化以及其他原因导致理财计划管理人认为理财计划已经不适合继续帮助投资者实现投资目标的，理财计划管理人有权宣布提前终止本理财计划。

理财计划管理人提前终止本理财计划，将在夏汇银行股份有限公司网站上予以公告，并在提前终止日后 5 个交易日内将理财计划资产变现，并将变现后资金按照投资者持有份额分配，划入投资者指定资金账户。提前终止日至资金实际到账日之间不计息。

4. 理财计划收益

当日理财计划收益率（年率）：理财计划管理人于每个理财计划交易日计算并公布理财计划上一交易日的理财计划收益率（年率）。

若理财计划资产实际投资运作收益足以支付按照预期年化投资收益率计算的投资者收益，则预期年化投资收益率即为当日理财计划收益率（年率）。

若理财计划资产实际投资运作收益不足以支付按照预期年化投资收益率计算的投资者收

益，则当日理财计划收益率（年率）按照理财计划资产实际投资运作产生的收益计算。

非交易日的理财计划收益率适用上一交易日的理财计划收益率。

理财计划收益率的公布：每个交易日通过夏汇银行股份有限公司网站予以公告上一交易日的理财计划收益率（年率）。

收益率计算基础：实际天数/365。

当日理财计划收益的测算方法：

投资者当日持有的本理财计划份额＝投资者上一日持有的本理财计划份额＋系统当日将该月投资收益自动结转成的本理财计划份额＋（投资者当日申购本理财计划的份额－投资者当日赎回本理财计划的份额）。

投资者当日持有的本理财计划份额以夏汇银行股份有限公司理财系统完成当日清算后记录的份额为准。

投资者当日理财计划收益＝1元×该投资者当日持有的本理财计划份额×当日理财计划收益率（年率）÷365

投资者每日的理财计划收益不计复利。

5. 理财计划收益支付方式

当月投资者收益＝上一投资收益分配日（含）至当月投资收益分配日（不含）期间投资者每日的当日理财计划收益之和。

投资收益支付方式有现金分红和红利再投资两种，投资者可自行选择。若投资者未做选择，则系统默认为现金分红方式。

现金分红方式：投资者当月投资收益将在当月投资收益分配日后2个交易日内返回投资者账户，投资收益分配日至到账日期间不计利息。

红利再投资方式：投资者当月投资收益将在当月投资收益分配日后2个交易日内计入投资者持有的理财计划份额。

6. 理财计划费用

固定管理费：固定管理费率按0.2%（年率）收取，每日计算，在每月投资收益分配日后支付。

每日固定管理费＝1元×当日理财计划份额×0.2%÷365

浮动管理费：理财计划管理人根据当月理财计划资产的实际运作情况收取当月浮动管理费。浮动管理费在每月投资收益分配日后支付。

若理财计划资产实际运作收益超过了投资者按照本产品说明书约定收取的投资收益，超出部分则为理财计划管理人的浮动管理费。

若理财计划资产实际运作收益未能超过投资者按照本产品说明书约定收取的投资收益，则理财计划管理人不收取浮动管理费。

7. 风险揭示

本理财计划为非保本浮动收益型高风险投资产品，投资者的本金可能会因市场变动而蒙受重大损失，投资者应充分认识投资风险，谨慎投资。

信用风险：本理财计划可以投资于债券回购、资金拆借、短期融资券、企业债、公司债、中期票据等金融工具，如果本理财计划的交易对手或者债券发行人发生信用违约，则可能影响投资收益，甚至致使理财计划本金受到损失。本理财计划将通过选择大型国有商业银行为交易对手、选择高信用级别的信用债券进行投资等方式力求降低信用风险。理财计划所投资的国债、金融债、央行票据的信用风险较低。投资者所能获得的最终投资收益以本产品实际支付的为准。

市场风险：受各种市场因素、宏观政策因素等的影响，理财计划所投资的未到期债券、央行票据、金融债等金融工具的市场价值可能下跌，影响理财计划收益。管理人将尽量通过控制投资组合的平均剩余期限来管理市场风险。

流动性风险：本理财计划存续期间，投资者只能在本产品说明书规定时间内办理申购和赎回。一旦出现由于大额赎回或是其他突发事件引起的暂停申购、赎回，可能影响投资者的资金安排，带来流动性风险。

管理风险：由于理财计划管理人受技能和管理水平等因素的限制，可能会影响本理财计划的本金和投资收益，导致本金遭受损失和理财收益处于较低水平甚至为零的风险。

提前终止的风险：在投资期内，如本理财计划发生本产品说明书第三"提前终止"部分规定的情形，夏汇银行股份有限公司有权提前终止本产品。投资者可能面临不能按预期期限取得预期收益及不能进行再投资的风险。

信息传递风险：本产品存续期内，投资者应根据本产品说明书所载明的信息披露方式及时查询本产品的相关信息。如果投资者未及时查询，或由于通信故障、系统故障以及其他不可抗力等因素的影响使得投资者无法及时了解产品信息，并由此产生的责任和风险由投资者自行承担。

其他风险：如自然灾害、金融市场危机、战争等不可抗力因素造成的相关投资风险。理财计划管理人在代理理财计划买卖投资标的物时，交易对手可能为理财计划管理人。理财计划管理人将秉承公允市价交易的原则进行交易，并且保留交易记录以备相关部门查询。管理人将本着"恪守信用、勤勉尽责"的原则管理和运用理财计划财产，但并不对本产品提供保证本金和收益的承诺。

8. 特别提示

本《产品说明书》是投资者与夏汇银行股份有限公司所签订的理财计划相关法律文件的组成部分，请认真阅读。

本《产品说明书》由夏汇银行股份有限公司盖章，个人投资者首次申购本产品时须在本产品说明书上签字；本《产品说明书》与《夏汇银行股份有限公司人民币委托理财产品总协议》共同规范投资者与理财计划管理人之间的权利义务关系。

表1-3　　　　　　　　　　　激发客户的理财兴趣评价表

评价指标	分值	得分
理财兴趣点选择适宜	10	
有高流动性兴趣点	20	
有高收益性兴趣点	20	
有低成本性兴趣点	20	
客户对象选择适宜	10	
职业礼仪规范	10	

续表

评价指标	分值	得分
语言表达清楚明了	5	
注意服务忌语问题	5	
合计	100	

【工作纪律】

运用合理、合法的手段去寻找潜在客户，采用合理的途径获取客户信息，获得客户信息后要严格保密，不能随意泄露客户信息，不能与外部人员分享客户信息。客户是银行重要的资源，银行工作人员要严格遵守职业道德。

银行客户经理对于理财产品的宣传要真实、准确，准确描述理财产品的特征，对于理财产品的重点信息不能规避，要着重强调，例如理财产品的风险和收益。银行客户经理在进行理财产品介绍的过程中需要进行全方位对理财产品进行客观的描述，拒绝带有主观色彩的评价和虚假陈述，对于客户关心的信息要进行着重陈述。

分析客户理财偏好过程中要保护客户的基本信息和财务状况信息，要对客户填写的调查表进行留存，对于涉及客户隐秘信息的资料要做好保密工作。在调查客户的状况后，要准确对客户的现状和客户适合的产品进行分析，不能诱导客户或传导给客户不正确的风险承受能力自我认知，运用自身专业知识和职业判断，让客户形成正确的自我认知。

银行客户经理应当采取合理、合法的途径让客户产生购买理财产品的愿望，不能进行强制销售和诱导销售的错误行为。要在引导和推荐的前提下，激发客户的理财欲望后，让客户自主选择理财产品。

拓展练习

选择题：

1. 能够以适宜的兴趣点来激发客户的理财愿望，需要客户经理在以下几个方面来做好前期准备工作（　　）。
　　A. 了解客户的基本信息和财务信息　　B. 了解客户的理财特征
　　C. 遵循从低风险产品到高风险产品　　D. 需要和客户建立信任
　　E. 需要客户具有理财知识

2. 财务信息是指客户目前的（　　），资产负债状况和其他财务安排以及这些信息的未来变化状况。
　　A. 收入总额　　B. 收支情况
　　C. 支出情况　　D. 收支平衡

3. 客户提出理财的要求，不仅希望增加收益改善财务状况，而且要保证财务状况的

( )。
- A. 安全
- B. 增加
- C. 稳定
- D. 增值

4. 理财目标可以划分为必须实现的理财目标和（　　）的理财目标。
- A. 可以实现
- B. 期望实现
- C. 不可以实现
- D. 可能实现

5. 理财目标是制订理财方案所要实现的愿望。理财目标是制订理财方案的基础，所以客户的理财目标必须具有（　　）。
- A. 真实性
- B. 准确性
- C. 现实性
- D. 可行性

6. 一般来说，客户风险偏好可以分为5种类型：保守型、轻度保守型、中立型、轻度进取型和进取型。其中成长性资产高于50%的类型有（　　）。
- A. 保守型
- B. 轻度保守型
- C. 中立型
- D. 轻度进取型
- E. 进取型

7. 人的理财目标无论做何种分类，无非是集中在哪几个方面（　　）。
- A. 消费支出的合理
- B. 个人财富的增加
- C. 生活期望的满足
- D. 个人财务的安全
- E. 退休和身后财产的积累

8. 一个人的财务安全，主要有这些内容（　　）。
- A. 是否有稳定、充足的收入
- B. 个人是否有发展的潜力
- C. 是否有充足的现金准备
- D. 是否有适当的住房
- E. 是否购买了适当的财产和人身保险

判断题：

1. 客户经理应该随着理财产品的不断推出而不断找到新的理财产品的兴趣点，并意识到理财产品的兴趣点随着时代的改变而改变。（　　）

2. 客户对理财产品的兴趣点在很大程度上取决于其对理财产品风险的接受程度，其接受了高收益的产品，其实也就接受了高风险会相伴。（　　）

3. 客户经理在激发客户购买产品的兴趣点的时候可以适当的使用话术，也就是可以适当夸大理财产品的优点。（　　）

4. 抓住理财产品的兴趣点要求客户经理能够围绕着理财产品的特点及其客户的特点进行设计，而不是重点放在将产品销售出去。（　　）

5. 客户的售后维护工作本身就包含着激发原客户对新理财产品兴趣的内容，且客户兴趣激发的成功率会更高。（　　）

问答题：
理财产品的兴趣点主要在哪些方面？

拓展阅读

表1-4 银行客户经理服务文明用语

服务场景	服务文明用语	服务禁语
与客户见面或客户进营业厅时	您好！ 您好，欢迎光临！ 您好，需要我帮忙吗？ 您好，请问办理什么业务？ 早上好！ ××先生（女士），早上好！	喂！ 喂（哎），你有什么事？ 你要干什么？ 喂（哎），叫你没听见吗？
客户咨询有关问题时	您好，您的这项业务需要这样办理…… 您好，我来向您详细解释…… 您好，请您到×号窗口办理这项业务！ 您好，请您先取号，然后等待叫号。 您好，请您先填××单据！	那边贴着，自己看去！ 不知道！ 资料上都写着，自己看！ 不是告诉你了吗？怎么还不明白！ 你要我说多少遍？有完没完！
客户询问的内容自己不太清楚或不能处理时	对不起，让我问问我的同事（主管）再回答您，好吗？ 对不起，请稍候，待我请示一下负责人！	不知道（不清楚）！ 我不懂！ 这不归我管！
没有听清客户所说的内容时	对不起，麻烦您再重复一遍，好吗？	声音大点！ 说清楚点！
需要客户等候时	请稍候（请稍等）！ 对不起，您的这笔业务需要一定的时间，请您再稍等片刻，我（我们）正在尽快为您办理。 对不起，让您久等了！ 对不起，我需要离开片刻，请稍等！	等一下，我正忙着呢！ 没看见我正忙着吗？ 我的手也没停呀，急什么！ 等等又怎么了？
需要客户签名时	请您核对后在这里签名。	你想签哪就签哪！ 在这签名。
为客户办理业务时	请出示您的××证件（资料）。 对不起，麻烦您用钢笔（签字笔）填写。 请把凭单（支票）××项填上。 您的凭单（支票）××项填写有误，麻烦您重新填一份，好吗？ 对不起，您的款项有误，请您自己复点一遍。 对不起，您的资料需要核验一下。 对一下您的资料！ 对不起，您的印鉴不清，请重新办理。 对不起，您这笔业务还需要提供××证件（资料）。 对不起，您这笔业务需要××的签名。	把身份证拿来！ 你怎么不用钢笔（签字笔）填写呢？重填！ 把××项填上去！ 填错了，重写！ 怎么搞的，钱不对啊，点清楚了再来！ 回去把章盖清楚了再来！ 资料不全，回去把资料整理齐了再来。 找××签完字再过来办！

续表

服务场景	服务文明用语	服务禁语
客户的要求与银行规定、国家政策相悖时	非常抱歉，根据规定我不能为您办理这项业务（简要介绍相关规定），希望您能谅解！ 对不起，您的资料需要核验一下。 对不起，这项业务必须由本人亲自办理。麻烦您通知本人来我行办理这项业务，感谢您的配合。	你不能查，让你们会计来查！ 回去让本人来办！ 这是上级的规定，我有什么办法。 你找谁都没用，就这样规定的！ 上面怎么要求就怎么填。
客户不会填单时	您好，这个项目应该这样填写……	以前怎么填的？ 我正忙着呢，到别的柜台问去。
当客户投诉、建议或对我们的服务表示不满时。	您有什么疑问，我来为您解释。 对不起，请多提宝贵意见。 对不起，您的这个题我请示一下负责人好吗？ 非常感谢您告诉我们工作中的问题，请留下姓名和电话号码，我们研究（处理）后会尽快与您联系。 对不起，这项业务政策规定很明确，恐怕难以办理，请您谅解。	就这样，没办法。 急什么，等着吧。 等不了到别的地方去。 别的银行好，你还来这儿！ 我就这样，怎么了？ 你爱到哪告就到哪告去。 有意见簿，写去呀。
客户对计算有疑问时	不好意思，您的利息没有算错，我来算利息给您看。 不好意思，您的账务没有什么题，我向您解释一下。	电脑算出的还会有错？ 不信，回家找明白人算去！ 电脑记账，比人脑准！ 你到一边算去，别耽误我工作。
临近下班时	您好，请问办理什么业务？	别进来了，下班了。 结账了，不办了。 怎么不早点来。你要办什么业务，快点！
客户办完业务时	您的业务已经办完了，请核对一下。请您当面点清款项。 您好，这是您办理××业务的回执，请收好。 请您收好存折（存单、卡、印鉴、支票），再见。 您还有什么需要我帮忙吗？ 感谢您对我们工作的支持，欢迎您再来！ 请走好，再见。 请走好，我行的客户经理随后会与您联系，再见！	都办完了，你怎么还不走？ 可以了，走吧。
指导客户使用电子渠道时	您请这边来。 我来给您演示一遍。 请您按照操作指引使用，有不明白的请您随时联系我。 请您输入密码（回避客户，保护隐私）。	我没空给你演示，回去自己上网查吧！ 这多简单呀，按照步骤来就行。

任务 2 计算客户的理财价值

客户投资理财产品的原因是让自己的财富得到增值。客户经理要能够展示给客户投资理财产品时获得的时间价值和收益,能够合理解释投资风险和投资收益的关系。客户经理要通过职业行为向客户传递出最重要的价值理念:只有理财才能增值自己的财富。

【任务分析】

表 1-5　　　　　　　　　　计算客户的理财价值任务分析表

工作内容	业务知识	业务技能	工具使用	职业意识
计算客户的理财价值	资金时间价值计算 投资风险价值计算	客户理财价值估算 终值计算 现值计算 单利计算 复利计算 年金计算 客户理财风险估算	金融计算器	做事精益求精

【知识准备】

资金的时间价值,是指资金随着时间的推移而产生的价值增值,也称作货币时间价值。资金投入经营过程后,随着时间的持续而不断增长,这是一种客观的经济现象。银行资金循环和周转的起点是吸收货币资金,而后用它来投资所需的资源或金融工具,然后产生新的资金回报,而且收回资金时得到的货币量大于最初投入的货币量。资金的循环和周转以及因此实现的货币增值,需要或多或少的时间,每完成一次循环,货币就增加一定数额。周转的次数越多,增值额也就越大。因此,随着时间的延续,资金总量在循环和周转中按几何级数增长,使得资金具有时间价值。

在商品经济中,现在的 10 万元钱和一年后的 10 万元钱其经济价值不相等,或者说其经济效用不同。现在的 10 万元钱要比一年后的 10 万元钱其经济价值更大一些,即使不存在通货膨胀也是如此。为什么?将现在的 10 万元钱投资银行的理财产品,一年后可得到 11 万元。这 10 万元钱经过一年时间的投资增加了 1 万元,便是资金的时间价值。从量的规定性来看,资金的时间价值是没有风险和没有通货膨胀条件下的社会平均资金利润率。由于竞争,市场经济中各部门投资的利润率趋于平均化。银行在投资或者放贷某一项目时,至少要取得社会平均利润率,否则不如投资于另外的项目或其他的行业。因此,资金时间价值成为评价投资理财方案的基本标准。理财管理中对时间价值的研究,主要是对理财资金的使用和收回等从量上进行分析,以便找出适用于分析方案的数学模型,对理财决策的质量做出基本的估算。

由于现在的10万元钱与将来的10万元钱在经济上是不等效的,即现在的10万元钱和将来的10万元钱经济价值不相等,所以,不同时间的货币收入不宜直接进行比较,需要把它们换算到相同的时间基础上,然后才能进行大小的比较和比率的计算。由于资金随着时间的增长过程与利息的增值过程在数学上相似,因此,在换算时广泛使用计算利息的各种方法。资金时间价值计算方法如下:

1. 单利计算方法

单利是计算利息的一种方法。按照这种方法,只要本金在贷款期限中获得利息,不管时间多长,所生利息均不加入本金重复计算利息。这里所说的"本金"是指贷给别人以收取利息的原本金额,"利息"是指借款人付给贷款人超过本金部分的金额。

在单利计算中,经常使用以下符号:

P—本金,又称为现值;

i—利率,通常指每年利息与本金之比;

F—本金与利息之和,又称为本利和或终值;

n—期数,通常以年为单位。

单利终值的计算公式为:

$$F = P(1 + i \times n)$$

例1-1:某存款人购买一种短期存款理财产品,存款金额120万元,存款年利率4%,存入日6月15日,8月14日到期,则到期时存款银行应付存款人的本利和即大额存款终值为:

$$F = 1\,200\,000 \times \left(1 + 4\% \times \frac{60}{360}\right) = 1\,208\,000 \text{(元)}$$

在现实的经济生活中,有时需要根据终值来确定其现在的价值,即现值。单利现值的计算公式如下:

$$P = \frac{F}{(1 + in)}$$

例1-2:某君欲在3年后从银行取出钱款10 900元,若银行存款年利率3%,则其现在应一次性存入银行的本金是:

$$P = \frac{10\,900}{(1 + 3\% \times 3)} = 10\,000 \text{(元)}$$

2. 复利计算方法

复利是计算利息的另一种方法。按照这种方法,每经过一个计算期,要将所生利息加入本金再计利息,逐期滚算,俗称"利滚利",这里的计息期是指相邻两次计算利息的时间间隔,如年、月、日等。除非特别指明,计息期通常为1年。复利终值计算方法如下:

例1-3:某人将10 000元投资于一种理财产品,年收益率6%,第一年存期满后的终值为:

$$F = P(1 + i) = 10\,000 \times (1 + 6\%) = 10\,600 \text{(元)}$$

若此人并不提走现金,将10 600元继续投资于该项目,则第二年的终值为:

$$F = [P(1+i)](1+i) = P(1+i)^2 = 10\,000 \times (1+6\%)^2 = 11\,236 \text{（元）}$$

第 n 年的终值为：

$$F = P(1+i)^n$$

上式是计算复利终值的一般公式，其中的 $(1+i)^n$ 被称为复利终值系数或 1 元的复利终值，用符号 (F/P, i, n) 表示。例如，(F/P, 6%, 3) 表示利率为 6%，期数为 3 的复利终值系数。为了便于计算，可编制"复利终值系数表"备用（见本书附表1）。该表的第一行是利率 i，第一列是计息期数 n，系数 $(1+i)^n$ 相应数值在其纵横相交处。通过该表可查出，(F/P, 6%, 3) = 1.191。在资金时间价值为 6% 的情况下，现在的 1 元和 3 年后的 1.191 元在经济上是等效的，根据这个系数可以把现值换算成终值。

本表的作用不仅在于已知 i 和 n 时查找 1 元的复利终值，而且可在已知 1 元复利终值和 n 时查找 i，或已知 1 元复利终值和 i 时查找 n。

例 1-4：某理财客户有 120 000 元，拟投入年收益率为 8% 的投资机会。估算一下其经过多少年才可使现有资金增加 1 倍，如下：

$$240\,000 = 120\,000 \times (1+8\%)^n$$

$$2 = (1+8\%)^n$$

查复利终值系数表，利率 8% 的条件下，系数为 2 的没有，但比 2 小的系数是 1.999，比 2 大的系数是 2.159。

使用内插法：$n = 9 + \dfrac{2 - 1.999}{2.159 - 1.999} = 9.01$（年）

例 1-5：某理财客户现有资金 1 200 万元，欲在 19 年后使其达到原来的 3 倍，估算其选择投资机会的收益率是多少？

$$1\,200 \times 3 = 1\,200 \times (1+i)^{19}$$

$$3 = (1+i)^{19}$$

查复利终值系数表，期数 19 的条件下，系数为 3 的没有，但比 3 小的系数是 2.527，比 3 大的系数是 3.026。

使用内插法：$i = 5\% + \dfrac{3 - 2.527}{3.026 - 2.527} \times 1\% = 5.95\%$

复利现值是复利终值的对称概念，是指未来一定时间的特定资金按复利计算的现在价值，或者说是为了取得将来一定本利和现在需要的本金。复利现值计算公式如下：

$$P = \dfrac{F}{(1+i)^n} = F \dfrac{1}{(1+i)^n} = F(1+i)^{-n}$$

公式中 $(1+i)^{-n}$ 是把终值折算为现值的系数，称为复利现值系数或 1 元复利现值，用符号 (P/F, i, n) 来表示。例如 (P/F, 10%, 5) 表示利率为 10%，期数为 5 的复利现值系数。为了便于计算，可编制"复利现值系数表"备用（见本书附表2）。该表的第一行是利率 i，第一列是计息期数 n，系数 $(1+i)^{-n}$ 相应数值在其纵横相交处。通过该表可查出，(P/F, 10%, 5) = 0.621。在资金时间价值为 5% 的情况下，10 年后的 1 元和现在的 0.621 元在经济上是等效的，根据这个系数可以把终值换算成现值。

例 1-6：某理财存款人拟在 5 年后获得本利和 1 000 万元，若理财产品年收益利率为 10%，现在应投入的资金是：

P = 1 000 × 0.621 = 621（万元）

3. 年金计算方法

年金是指定期等额的系列收支，例如分期等额付款赊购、分期等额偿还贷款、分期等额支付工程款以及每年相同的销售收入等都属于年金表现形式。按照收付的次数和支付的时间来划分，年金有以下几类：

（1）普通年金

普通年金又称后付年金，是指各期期末收付的年金。

普通年金终值是指其最后一次收入或支付时的本利和。它是每次收入或支付金额的复利终值之和。

设每年的收入或支付金额为A，利率为i，期数为n，则按复利计算的年金终值F为：

$$F = A + A(1+i) + A(1+i)^2 + \cdots + A(1+i)^{n-1}$$

整理得：

$$F = A \frac{(1+i)^n - 1}{i}$$

公式中的 $\frac{(1+i)^n - 1}{i}$ 为普通年金终值系数或1元普通年金终值，即普通年金1元、利率为i，经过n期的年金终值，记作（F/A, i, n），可据此做成普通年金终值系数表（见本书附表3），以供查阅。

例1-7：投资一种定投理财产品。按照约定5年中每年底存入银行理财账户10万元，年收益率为3%，则第5年末的本利和是：

F = 10 × 5.309 = 53.09（万元）

例1-8：拟在5年后还清10万元债务，从现在起每年末等额存入银行一笔款项，若银行存款利率为3%，则每年末需存入银行的资金数是：

$$A = 10 \times \frac{1}{5.309} = 1.88（万元）$$

普通年金现值是指为在每期期末取得相等金额的款项，现在需要投入的金额。

普通年金现值的计算公式为：

$$P = A(1+i)^{-1} + A(1+i)^{-2} + \cdots + A(1+i)^{-n}$$

整理得：

$$P = A \frac{1 - (1+i)^{-n}}{i}$$

公式中 $\frac{1 - (1+i)^{-n}}{i}$ 为普通年金现值系数或1元普通年金现值，即普通年金1元、利率为i，经过n期的年金现值，记作（P/A, i, n），可据此做成普通年金现值系数表（见本书附表4），以供查阅。

例1-9：某君欲由银行代付3年房租，每年租金10万元，若银行存款利率为4%，问现应在银行存入多少钱？

P = 10 × 2.775 = 27.75（万元）

例1-10：某投资人筹得资金200万元，投资于一款期限为10年利率5%的基金定投产品，则每年至少要存入理财账户的资金是：

$$A = 200 \times \frac{1}{7.722} = 25.9 \text{（万元）}$$

（2）预付年金

预付年金是指在每期期初收入或支付的年金，又称为即付年金或先付年金。

预付年金终值计算公式是：

$$F = A(1+i) + A(1+i)^2 + \cdots\cdots + A(1+i)^n$$

整理得：

$$F = A\left[\frac{(1+i)^{n+1} - 1}{i} - 1\right]$$

公式中 $\frac{(1+i)^{n+1} - 1}{i} - 1$ 是预付年金终值系数或 1 元预付年金终值。它与普通年金终值系数 $\frac{(1+i)^n - 1}{i}$ 相比，期数加 1，而系数减 1。

例 1 - 11：某个人理财客户投资某种银行长期理财产品。按照协议每年初存入银行理财账户 100 万元，若理财产品年收益率为 8%，则第 10 年末的本利和应是：

$$F = 100 \times (16.645 - 1) = 1\,564.5 \text{（万元）}$$

预付年金现值计算公式为：

$$P = A + A(1+i)^{-1} + A(1+i)^{-2} + \cdots\cdots + A(1+i)^{-(n-1)}$$

整理得：

$$P = A\left[\frac{1 - (1+i)^{-(n-1)}}{i} + 1\right]$$

公式中 $\frac{1 - (1+i)^{-(n-1)}}{i} + 1$ 为预付年金现值系数或 1 元预付年金现值。它与普通年金现值系数 $\frac{1 - (1+i)^{-n}}{i}$ 相比，期数减 1，而系数加 1。

例 1 - 12：某银行客户 6 年分期付款购置设备，每年初付 200 万元，若想从银行取得利率为 5% 的一次现金贷款，其金额是：

$$P = 200 \times (4.33 + 1) = 1\,066 \text{（万元）}$$

（3）递延年金

递延年金是指第一次收入或支付发生在第二期或第二期以后的年金。

递延年金终值的大小与递延期无关，其计算方法和普通年金终值相同；递延年金的现值计算有以下两种方法：

一是把递延年金视为 n 期的普通年金，求出递延期末的现值，然后再将此现值调整到第一期期初。

二是假设递延期中也发生收付，先求出（m + n）期的年金现值，然后扣除实际为收入或支付的递延期 m 的年金现值，就可得出最终结果。

资金时间价值的计算，在个人财富管理中有着非常广泛的应用。随着个人财富问题的日益受到重视，资金时间价值观念在理财活动中的重要作用也被越来越多管理者及投资者认可。

从经济学角度看，肯定的一元钱收入与不肯定的一元钱收入是不一样的，这是因为不肯定的收入要承担可能收不回来的后果。企业的任何一项投资，通常都要经过一定时期才能逐渐收回，而在这段时间内往往会发生许多不肯定的因素，这就是企业所冒的风险问题。投资风险越大，投资者为了补偿可能出现的风险，对投资收益率的要求自然也就越高。

风险是指一定条件下和一定时期内可能发生的各种结果的变动程度，具有客观性。首先，风险是在一定条件下的风险。你在什么时间、买哪一种或哪几种股票，每种股票买多少，风险都是不一样的。其次，风险的大小随时间的延续而变化，是一定时期内的风险。对一个项目投资成本的预计在项目开始前比较困难，不可能十分准确，但越临近项目完工时则越容易，预计也越准确。随着时间的延续，事件的不确定性在逐渐减小，而项目完成后，其结果自然而然也就完全肯定了。因此，风险总是一定时期内的风险。

风险可能给投资人带来超出预期的收益，也可能给投资人带来超出预期的损失。一般来说，投资人对意外损失的关切比对意外收益要强烈得多，因而人们研究风险时侧重减少损失，且主要从不利方面来考察风险，经常把风险看成是不利事件发生的可能性。从理财的角度来说，风险主要是指无法达到预期报酬的可能性。

从投资主体的角度看，风险可以分为市场风险和产品特有风险两类。

市场风险是指某些因素对市场上所有投资造成经济损失的可能性，如战争、经济衰退及通货膨胀，等等。这类风险涉及所有的投资对象，不能通过投资组合分散掉，因此又称为不可分散风险或系统风险。

产品特有风险是指某些因素对个别投资造成经济损失的可能性，如投资项目被延期、项目投资领域受到严格管制、项目投资失败、没有争取到重要投资合同及被相关金融证券政策禁止，等等。这类事件只是影响个别投资，因而可以通过投资组合将其分散，即发生于一个投资项目的不利事件可以被其他投资项目的有利事件所抵消。这类风险又称作可分散风险或非系统风险。

在通常情况下，投资者都力求回避风险，但为什么还要有那么多投资者乐于进行风险投资？这是因为风险投资可以获得额外报酬，这种额外报酬就是投资风险价值。投资风险价值也有两种表现形式：风险报酬额和风险收益率。风险报酬额是指投资者因冒风险进行投资而获得的超过货币时间价值的那部分额外报酬；风险收益率是指投资者因冒风险进行投资而获得的超过货币时间价值率的那部分额外收益率。

投资风险价值计算实际上是风险报酬计算问题。风险报酬计算是一个比较复杂的程序和过程，下面结合实例加以说明。

例 1－13：某个投资者有两个投资机会，投资额均为 200 万元，A 项目是一个高风险高收益理财项目，若经济发展状况较好，理财收益会很大，否则理财收益会很小，甚至亏本。B 项目是一个中低收益理财项目，销售状况比较平稳。

1. 确定概率分布

概率就是指一个事件可能发生的机会，用 P_i 表示，例如一个理财项目的收益有 60% 的机会增加，有 40% 的机会减少。如果把所有可能的事件或结果都列示出来，且每一个事件都给予一定概率，便构成了概率分布。概率分布必须符合以下两个基本条件：

（1）所有的概率 P_i 都在 0 和 1 之间，即 $0 \leq P_i \leq 1$；

（2）所有结果的概率之和应该等于 1，即 $\sum_{i=1}^{n} P_i = 1$，这里 n 为可能出现结果的个数。

设 Fun 公司未来经济情况有繁荣、正常、衰退三种，有关概率分布及相应收益率如表 1－6 所示。

表 1－6　　　　　　　　投资者理财项目收益率和概率分布表

经济情况	发生概率	A 项目收益率（%）	B 项目收益率（%）
繁　荣	0.3	90	20
正　常	0.4	15	15
衰　退	0.3	－50	10

2. 计算期望收益率

期望收益率是各种可能收益率按其概率进行加权平均得到的收益率。期望收益率可按下列公式计算：

$$\overline{X} = \sum_{i=1}^{n} X_i P_i$$

式中：$\overline{X}$——期望收益率

　　　X_i——第 i 经济情况的收益率

　　　P_i——第 i 经济情况的概率

　　　n——经济情况的个数

根据期望收益率计算公式，计算该理财客户两个投资方案各自期望收益率如下：

A 项目期望收益率：$\overline{X} = 0.3 \times 90\% + 0.4 \times 15\% + 0.3 \times 15\% = 18\%$

B 项目期望收益率：$\overline{X} = 0.3 \times 20\% + 0.4 \times 15\% + 0.3 \times 10\% = 15\%$

3. 计算标准离差

标准离差是各种可能的收益率偏离期望收益率的综合差异。标准离差是反映离散程度的一个量度。若用 δ 表示标准离差，则其计算公式如下：

$$\delta = \sqrt{\sum_{i=1}^{n}(x^i - \overline{X})^2 P_i}$$

标准离差越大，说明偏离程度越大，风险越大；标准离差越小，说明偏离程度越小，风险越小。依据上述公式计算 Fun 公司两个投资方案标准离差如下：

A 项目标准离差：

$$\delta = \sqrt{(90\% - 18\%)^2 \times 0.3 + (15\% - 18\%)^2 \times 0.4 + (-50\% - 18\%)^2 \times 0.3} = 54.28\%$$

B 项目标准离差：

$$\delta = \sqrt{(20\% - 15\%)^2 \times 0.3 + (15\% - 15\%)^2 \times 0.4 + (10\% - 15\%)^2 \times 0.3} = 3.87\%$$

4. 计算标准离差率

标准离差只能用来比较期望收益率相同的各项投资的风险程度，而不能用来比较期望收益率不同的各项投资的风险程度。要对比分析期望收益率不同的各项投资的风险程度，应该用标准离差同期望收益率的比值，即标准离差率。若以 V 代表标准离差率，其计算公式如下：

$$V = \frac{\delta}{\overline{X}} \times 100\%$$

标准离差率越大,风险越大;标准离差率越小,风险越小。根据上述公式计算该投资者两个理财方案标准离差率如下:

A 项目标准离差率:$V = \dfrac{54.28\%}{18\%} \times 100\% = 301.56\%$

B 项目标准离差率:$V = \dfrac{3.87\%}{15\%} \times 100\% = 25.8\%$

5. 计算风险收益率

标准离差率虽然能够正确地评价投资风险程度的大小,但这毕竟还不是风险收益率。计算风险收益率还需要借助于一个系数,也就是风险报酬系数。风险收益率、风险报酬系数以及标准离差率之间的数学关系公式表述如下:

R = V · b

式中:R——风险收益率

b——风险报酬系数

风险报酬系数是将标准离差率转化为风险收益率的系数,若 A、B 两项目风险报酬系数分别为 8% 和 3%。其风险收益率计算如下:

A 项目风险收益率:R = 301.56% × 8% = 24.12%

B 项目风险收益率:R = 25.8% × 3% = 0.77%

6. 计算风险报酬额

风险报酬额计算公式如下:

Rr = C · R

式中:Rr——风险报酬额

C——投资金额

根据上述公式计算 A、B 两个投资项目风险报酬额如下:

A 项目风险报酬额:Rr = 200 × 24.12% = 48.24(万元)

B 项目风险报酬额:Rr = 200 × 0.77% = 1.54(万元)

在 A、B 两个投资项目中,A 项目投资报酬额要比 B 项目多出 46.7 万元,两个项目的经济效益差距是非常突出的。应该选择 A 项目进行投资。

【工作过程】

进入 2 月是银行理财产品销售的旺季。夏汇银行北京白广路支行客户经理李红根据网点的工作安排,到附近的恒富大厦进行理财讲座。恒富大厦是众多商业公司选择的办公地点,云集了许多商业精英和高收入职员,是不少商业银行产品业绩挖掘的"蓝海"。

李红在讲座前一个星期做了理财知识的调研,经过收回的调查表资料分析,发现虽然大多数被调查者对理财产品有投资的强烈欲望,但相关的理财知识大多数人并不了解,甚至连理财产品收益的计算方法都不清楚。李红详细规划了自己两次的讲座方案,且第一次的理财讲座重点放在普及理财产品资金时间价值计算方面。

面对众多听讲的客户,李红说道:"改革开放以来,中国经济高质量发展,人们生活水平和可支配收入不断提高,手中积累的财富也越来越多,人们的投资理念也发生了转变,手中的钱从早先的用来'应急'逐渐转变为用来'增值',这说明人们的理财意识在逐渐增强。理财并非是少数有钱人的专利。我们每个人在日常生活中都需要对钱财进行有效的打理,这样才能使其保值、增值。"

"理财的道理很简单:资金是具有时间价值的,今天的1元钱比明天的1元钱要值钱。在理财时,是不能忽略资金时间价值的客观存在的,即资金经历一定时间的投资和再投资增加的价值。"

"怎样理解价值产生的实质?我们先来看一个简单的例子:假设您今天将10 000元现金存入银行,银行存款税后年利息率为2%,那么1年后的今天,您可以从银行取出10 200元现金。在不考虑通货膨胀的情况下,这200元实质上是10 000元在1年的时间里发生的增值,即资金时间价值。它反映的是由于时间因素的作用而使现在的一笔资金高于将来某个时期的同等数量的资金的差额或者资金随时间推延所具有的增值能力。也就是说今天的10 000元和1年后的10 000元是不能同日而语的。那么,资金的时间价值到底是如何产生的呢?多数经济学家都认为资金时间价值是对货币所有者推迟消费所给予的报酬,其做法就是上例中您将10 000元存入银行,存期1年后消费者得到的银行回报200元。如果真是这样,那我们大可以现在不消费而是等到以后再消费,将闲置不用的钱存入银行。显然这种现象说明了资金时间价值的本质,特别是告诉我们货币如果闲置不用是没有时间价值的,只有银行将你存入的资金投入生产和流通后才能增值。资金时间价值来源于工人创造的剩余价值。如果资金闲置不用,也就是未将资金投入生产经营过程,那又怎么可能产生资金时间价值呢?"

"个人理财本身就是在保值的基础上实现资产的增值,其核心是复利效应,复利效应的三个要素是:本金、足够的时间(此处就是资金的使用时间)、长期稳定的投资回报率。所谓的复利效应就是将第一年的利息计入本金中参与第二年的滚动,如此循环,让资产呈指数型增长,时间越长,增速越快,时间价值更加体现出来。"

"但从目前银行推出的大多数理财产品来看,投资期限在1年以内的产品,其投资回报的计算方法基本上是采取资金时间价值计算中的单利计算方法。例如本行今年1月推出的期限为90天的理财产品"天天赢1号"其年化收益率是3.54%。若理财客户投资30万元,则其到期价值 = 300 000 × (1 + 3.54% × $\frac{90}{365}$) = 302 618.63(元)"

"若您是购买的投资期限为3年期的理财产品"年年红3号",其年化收益率是5.1%。若理财客户投资产品40万元,则其到期价值 = 400 000 × (1 + 5.1%)^3 = 464 374.26(元)。应该讲,目前大多数银行的跨年度理财产品的到期价值是按照复利方法计算收益的。"

现场有人提出了累计投资理财产品收益的问题。李红解释:"若客户在本行年度内有连续投资银行某活期理财产品的问题,则投资者理财收益 = 第1笔投资的理财收益 + 第2笔投资的理财收益 + 第3笔投资的理财收益 + … + 第i笔投资的理财收益。"

"第i笔投资的理财收益 = 第i笔投资本金 × (银行第1个理财计划交易日公布的该笔投资的实际投资期对应档次的预期最高年化收益率 + 银行第2个理财计划交易日公布的该笔投资的实际投资期对应档次的预期最高年化收益率 + 银行第3个理财计划交易日公布的该笔投资的实际投资期对应档次的预期最高年化收益率 + … + 银行第N个理财计划交易日公布的该笔投资的实际投资期对应档次的预期最高年化收益率) ÷ 365"

李红给大家进行了理财收益的测算示例。假设本理财产品自7月1日开始每日的预期最高年化收益率分档如表1-7所示。

表1-7　　　　　　　　　　　不同投资期年化收益率分档表

产品投资期	预计最高年化收益率
1天≤投资期≤6天	2.60%
7天≤投资期≤13天	2.80%
14天≤投资期≤20天	3.00%
21天≤投资期≤30天	3.20%
31天≤投资期≤60天	3.50%
61天≤投资期≤90天	3.75%
91天≤投资期≤180天	3.95%
181天≤投资期≤364天	4.15%
365天≤投资期	4.35%

情景一：某客户于7月1日申购确认100 000元，于9月1日对该笔申购确认赎回50 000元，该笔申购份额实际投资期为62天，该笔投资的实际投资期内，如夏汇银行在每个理财计划工作日公布的该笔投资的实际投资期对应档次的预期最高年化收益率均为3.75%，则投资者全部赎回份额对应的理财收益 = 50 000 × 3.75% × 62 ÷ 365 = 318.49（元），客户的持有期收益率为：318.49 × 365 ÷ 62 ÷ 50 000 = 3.75%。

情景二：某客户于7月1日申购确认100 000元，于8月1日申购确认50 000元，于9月1日赎回确认100 000元。则按"后进先出"的赎回原则：（1）先赎回对应8月1日申购份额（即第2笔投资）中50 000元，该部分赎回份额对应的第2笔投资的存续天数为8月1日至9月1日，共31天。第2笔投资的实际投资期内，夏汇银行在每个理财计划工作日公布的该笔投资的实际投资期对应档次的预期最高年化收益率为3.50%。（2）再赎回对应7月1日申购份额（即第1笔投资）中的50 000元，该部分赎回份额对应的第1笔投资的存续天数为62天。第1笔投资的实际投资期内，夏汇银行在每个理财计划工作日公布的该笔投资的实际投资期对应档次的预期最高年化收益率均为3.75%，则第1笔投资赎回份额的理财收益 = 50 000 × 3.75% × 62 ÷ 365 = 318.49（元），客户第1笔投资的持有期收益率为：318.49 × 365 ÷ 62 ÷ 50 000 = 3.75%，第2笔投资赎回份额的理财收益 = 50 000 × 3.50% × 31 ÷ 365 = 148.63（元），客户第2笔投资的持有期收益率为：148.63 × 365 ÷ 31 ÷ 50 000 = 3.50%。

情景三：某客户于7月1日申购确认100 000元，于9月1日赎回确认50 000元，赎回份额存续天数为62天。期间夏汇银行于7月15日开始将61天至90天区间收益率由3.75%调整为3.85%，则7月1日至7月14日间，夏汇银行在每个理财计划工作日公布的该笔投资的实际投资期对应档次的预期最高年化收益率均为3.75%，7月15日至9月1日间，夏汇银行在每个理财计划工作日公布的该笔投资的实际投资期对应档次的预期最高年化收益率均为3.85%，则投资者全部赎回份额的理财收益：50 000 × (3.75% × 14 + 3.85% × 48) ÷ 365 = 325.07（元），客户的持有期收益率为：325.07 × 365 ÷ 62 ÷ 50 000 = 3.83%。

只有将资金进行有目的的投资，才可能使其在一段时间内有所增值。同时资金的循环和周转以及因此实现的增值，需要或多或少的时间，每完成一次循环，货币就增加一定数额，周转的次数越多，增值额也就越大。因此，随着时间的延续，资金总量在循环和周转中按几何级数增大。衡量理财资金时间价值的方法有多种，一般是按照复利方法计算。所谓复利就是人们常说的利滚利，即不仅对本计算利息，而且利息在下期也转为本金与原来的本金一起计息。但资金如果闲置不用是不会增值的，而且还可能随着通货膨胀贬值。而在实际生活中很多时候我们面临的是在多种不同的理财投资方案中进行选择，我们将现金存入银行是一种选择，用它去购买股票、债券、基金是另一种选择。由于不同的选择会创造不同的资金时间价值，因此在决策时要考虑其科学性、合理性。

李红就现场大家提出的房贷还款规划问题给出了思路和建议。她讲道："买房子让你背负几百万的贷款很正常。既然有贷款，我们就需要考虑如何还款更划算。目前流行等额本金还款和等额本息还款。其中，等额本息是指，把按揭贷款的本金总额与利息总额相加，然后平均分摊到还款期限的每个月中。等额本息贷款采用的是复合利率计算。在每期还款的结算时刻，剩余本金所产生的利息要和剩余的本金一起被计息。等额本息法下月还款金额的计算：贷款本金×月利率×（1+月利率）^{还款月数}÷（1+月利率）$^{还款月数-1}$；而所谓等额本金还款，是指贷款人将本金分摊到每个月内，同时付清上一交易日至本次还款日之间的利息。等额本金法下月还款金额计算方法如下：（贷款本金／还款月数）+（本金－已归还本金累计额）×月利率。"

"若按现在的房贷基准利率4.90%计算，不考虑提前还款，假如一个人在20年内要还100万元的房贷，按照等额本金法还款：第一年每月需要还款8 250.00元，其中应还本金4 166.67元，应还利息4 083.33元；第二年每月需要还款8 232.99元，其中应还本金4 166.67元，应还利息4 066.32元，依次计算，利息在逐年减少，而每期偿还本金都是4 166.67元；按照等额本息法还款：每期还款额为6 544.44元，第一年每月应还本金2 461.11元，应还利息4 083.33元；第二年应还本金2 471.16元，应还利息4 073.28元，由此可见，等额本息法是每期还款总额不变，每期应还本金逐年增加，每期偿还利息在逐年减少。"

"由上可知，第一年每月等额本金比等额本息多还1 705.56元，直到101月，也就是8年3个月后，等额本金的还款额开始小于等额本息。也就是说在还房贷后面的11年零9个月里，每月等额本金还款额会比等额本息少。因为货币的时间价值的存在，前8年多付的钱比后面11年少付的钱要值钱得多。如果选择等额本息，把前8年零3个月多支付的9万元用来购买基金产品，按照目前年化收益率8%计算，房贷到期时这笔钱会是41.94万元。如果选择等额本金，在后面11年零9个月里，把这笔钱做同样的投资，会是17.27万元，两者相差24.69万元。而在刚开始时计算的差额两者仅仅相差8万元。若有理财的机会，同样在不考虑提前还款的情况下，在购房后还款时应该选择等额本息法。这也应该是目前大多数人应选择的还款方式，是植入理财计划后最划算的还款方式。"

现场的气氛逐渐活跃起来！大家感觉到时间价值无处不在，而自己以前并没有很好地意识到理财里面潜藏着这么多的学问……

有不少人提出了理财有没有风险的问题！由于李红事前做了大量的调研工作和听课人员基本信息的了解，她判断这部分听众应该主要是银行的存款客户。

李红解释道："作为大家投资的每一款理财产品，投资者关注的首先应该是本金的安全，其次才是收益的获取。我们产品所投资的项目都是正常收益来源，具备收益支付能力的优质项目，但运营理财资金我们也要考虑融资成本的承受能力。目前，理财产品的年收益比起以前都有所下降，若运营成本过高，反而容易造成对投资人的收益缩水问题，收益和本金的稳定性毕竟是最重要的。高收益肯定伴随高风险。承诺收益越高，银行运营理财资金的压力会越大，风险也越大。你图理财的收益，银行图的是你的本金。况且我行理财的收益率在整个行业中间不算是最高的，但也不是最低的，属适中的收益率。理财资金运营过程中，理财团队对能承受高回报的客户我们自然也须考虑其面临的经营或财务风险。投资最重要的是收益的稳定和资金的安全！您说对不对？"

李红结束了两个多小时的讲座，仍然被许多听众围拢着、不断被询问着……

讲座结束后，李红回到营业网点之后把大家现场提出的理财问题认真梳理一遍，准备下次给大家更好的理财建议。

【工作模拟】

请根据下列资料拟写一份关于该款理财产品收益计算示例方案以帮助客户理解理财价值，并在方案中写出解释产品风险的基本话术。

资料：夏银汇增－A 计划产品说明书（代码：ZYHZA－GBP2108）产品登记编码：C1010421000739（投资者可根据登记编码在夏汇理财网（www.xiahuiwealth.com.cn）查询产品信息）

特别提示：

1. 理财非存款、产品有风险、投资须谨慎。投资者（客户）应本着"充分了解风险、自主选择购买"的原则自愿将其合法所有的资金用于认（申）购夏汇银行股份有限公司（以下简称"夏汇银行"）发行的理财产品。本理财产品有投资风险，不保证资金本金和理财收益，如出现所投资的金融资产市场价格下跌、未按时足额支付本金及/或收益或提前终止等不利情况，则将出现理财收益为零或本金损失的情形，并存在被夏汇银行提前终止的可能，请充分认识投资风险，谨慎投资。

2. 理财产品过往业绩不代表其未来表现，不等于理财产品实际收益，投资须谨慎。

3. 本产品适合于机构客户和有投资经验的个人客户，如影响投资者风险承受能力的因素发生变化，请及时完成风险承受能力评估。

4. 主要风险列示：包括市场风险、汇率风险、信用风险、流动性风险、操作风险、管理风险、法律风险、政策风险、提前终止的风险、信息传递风险、产品延期风险、其他风险等。（详见本文"九、风险揭示"部分）。

5. 夏汇银行股份有限公司郑重提示：在购买理财产品前，投资者应仔细阅读《夏汇银行股份有限公司理财产品总协议书（2019 年版）》，机构投资者应仔细阅读《夏汇银行股份有限公司机构客户投资产品总协议书（2019 年版）》和《产品说明书》《风险揭示书》《投资者权益须知》，确保自己完全明白该项投资的性质和所涉及的风险，详细了解和审慎评估该理财产品的资金投资方向、风险类型及预期收益等基本情况，在慎重考虑后自行决定购买与自身风险承受能力和资产管理需求匹配的理财产品；本理财产品的预期年化投资收益率不具有法律约束力，不代表投资者最终可获得的实际收益，亦不构成夏汇银行股份有限公司对本理财产品的任何收益承诺或保证，投资者所能获得的最终收益以银行根据理财产品说明书支付给客户的为准。对于理财产品本金及收益的约定，双方应以本理财产品的《产品说明书》内容为准，双方不得以签署补充协议在内的任何形式进行修改。

6. 购买理财产品后，投资者应随时关注该理财产品的信息披露情况，及时、主动获取相关信息。

下面关于本理财产品的风险评级和相关描述，为夏汇银行内部评级，仅供投资者参考。

续表

风险级别：2	中低风险产品	本金亏损的概率较低，但预期收益存在一定的不确定性的产品。
流动性评级	低	本产品期限较长，不能提前赎回。
适合客户类别	经产品销售机构风险承受能力评估为稳健型、平衡型、进取型和激进型的个人投资者、机构投资者	

一、产品基本信息

投资者类型	经产品销售机构风险承受能力评估为稳健型、平衡型、进取型和激进型的个人投资者、机构投资者	
初次认购起点金额	初次认购起点金额为1 500英镑，追加认购单笔须为100英镑的整数倍，具体详见"二、认购"部分。	
产品名称	夏银汇增－A计划（英镑）2021年第8期	
产品代码	ZYHZA－GBP2108	
全国银行业理财信息登记系统登记编码	C1010421000739 投资者可根据登记编码在夏汇理财网（www.xiahuiwealth.com.cn）查询产品信息	
产品类型	固定收益类	
产品收益类型	非保本浮动收益型	
投资及产品收益币种	英镑	
产品面值	1英镑	
产品管理人	夏汇银行股份有限公司	
产品销售机构	夏汇银行股份有限公司	
产品托管人	夏汇银行股份有限公司	
投资目标	运用较为稳健的策略，尽可能保护资产价值并获取较为平稳的收益。	
投资比例	资产类别	配置比例
	现金	≤5%
	货币型资产（剩余期限不超过1年的资产）	≥5%
	债券类资产（剩余期限超过1年的资产）	0～95%
	汇率敞口限额	5%
募集规模上限	0.3亿英镑	
产品成立募集规模下限	0.001亿英镑	
产品募集期	2021年3月12日至2021年3月17日	
产品投资收益起算日	2021年3月18日	
产品存续期	183天（若产品提前终止，以理财计划实际存续天数为准）	
产品到期日	2021年9月17日，但在本理财计划提前终止情况下，为本理财计划提前终止日。	
产品固定及浮动管理费率	固定管理费0.01%（年率），理财计划资产实际投资运作收益超过理财计划预期投资收益的部分作为理财计划管理人的浮动管理费，详见本产品说明书"五、理财计划费用"。	

续表

产品托管费率	0.10%（年费率）
预期年化投资收益率	0.10%
提前终止	理财客户无提前终止权。理财计划管理人有权按照本理财计划的实际情况，提前终止本理财计划。触发提前终止的条件包括但不限于：在理财计划存续期内，若国家相关法律、法规、监管规定出现重大变更或者其他突发事件和因素引起金融市场情况出现重大变化以及其他原因导致理财计划管理人认为理财计划已经不适合继续帮助投资者实现投资目标的，理财计划管理人有权宣布提前终止本理财计划。 如理财计划管理人提前终止本理财计划，将至少提前 1 个工作日（含）在夏汇银行股份有限公司网站（www.xhc.cn）上予以公告，并在提前终止日后 5 个工作日内将理财计划资产变现，并将变现后资金按照投资者持有份额分配，划入投资者指定资金账户。提前终止日至资金实际到账日之间不计息。
投资收益计算方法	详见本产品说明书"四、投资收益"部分
投资收益分配频率	理财产品到期后一次性分配
投资者资金到账日	理财产品到期日后 3 个工作日内，理财产品到期日至投资者资金到账日期间不计利息。
工作日释义	指除去周六、周日、所有国内法定节假日以及本产品投资币种所适用的国家和地区的法定节假日之外的正常工作日。
税款	根据夏汇税收相关法律法规、税收政策等要求，本理财产品运营过程中发生的增值税应税行为，以理财产品管理人为纳税人。签约各方同意本理财产品在运营过程应缴纳的增值税及附加税费（包括但不限于城市维护建设税、教育费附加及地方教育附加等）由管理人从理财产品财产中支付，并由管理人根据夏汇税务机关要求，履行相关纳税申报义务，由此可能会使理财产品净值或实际收益降低，请投资者知悉。投资者从理财产品取得的收益应缴纳的税款，由投资者自行申报及缴纳。

二、认购

1. 认购期间：2021 年 3 月 12 日至 2021 年 3 月 17 日，每日 9：00—17：00

2. 挂单时间：北京时间 17：05—次日 9：00

3. 认购期内投资者先到先得，认购期间募集资金累计金额达到上限后，管理人有权停止接受认购，认购期间提前结束。

4. 认购期间，认购申请日交易截止时点之后不得撤销认购申请。

5. 认购方式：本产品通过夏汇银行股份有限公司各理财中心、理财工作室、开放式柜台、对公柜台、网上银行进行认购。产品管理人可根据情况变更或增减产品的销售机构及网点，并进行公告。

6. 投资者认购起点金额为 1 500 英镑，高于认购起点金额以 100 英镑的整数倍递增，追加认购金额为 100 英镑的整数倍。

7. 个人投资者以自有外汇资金购买本产品的，不能直接使用外币现钞，只能使用投资者本人存放于夏汇银行股份有限公司的外币现钞存款和外币现汇存款。机构投资者认购本产品时，不得以外债性资金认购。

8. 扣款方式：客户认购资金将被实时扣划或先被冻结，然后在投资收益起算日统一扣划。若为实时扣划方式，认购期利息按照活期存款利率计算，并于投资收益起算日后2个工作日内支付。

认购费：无。

9. 理财计划份额的计算：理财计划份额＝认购金额÷理财计划份额面值

三、理财计划的成立

1. 理财计划成立的条件：认购期届满（或提前结束），募集资金累计金额超过0.001亿英镑（含0.001亿英镑），且拟投资的标的金融工具在理财计划成立日当日或之前发行或成立。

2. 理财计划不能成立的条件：认购期届满时，若认购期内理财募集的资金累计金额低于0.001亿英镑，或拟投资的标的金融工具在理财计划成立日不能成立，则本理财计划不成立。本理财计划不成立时，理财计划管理人将在认购期届满后5个工作日内，退还投资者认购资金，认购结束日至资金到账日间不计利息。

四、投资收益

1. 预期年化投资收益率：0.10%
2. 投资收益起算日：2021年3月18日
3. 投资收益计算：

投资收益计算基础：投资收益天数÷365

预期投资收益＝理财份额面值×理财份额×预期年化投资收益率×投资收益天数÷365。

4. 实际年化投资收益率：

投资收益分配时，若理财计划资产实际投资运作收益等于或高于本条第3款第（2）项所示预期投资收益，则实际年化投资收益率等于本条第3款第（2）项所示的预期年化投资收益率。

5. 投资收益分配时，若理财计划资产实际投资运作收益低于本条第3款第（2）项所示预期投资收益，则实际年化投资收益率按照理财计划资产实际投资运作产生的收益计算，并在夏汇银行股份有限公司网站（www.xhc.cn）上予以公告。

6. 理财计划资产实际投资运作收益指在理财计划到期日，将理财计划资产全部变现后，扣除理财计划应当承担的各项费用（浮动管理费除外）和理财本金之后的剩余资产。理财本金＝理财计划全部理财份额×1英镑。

7. 计算示例

假设理财份额面值为1英镑，理财份额为5 000 000份，理财产品预期年化投资收益率为1.60%，若本期理财产品存续100天，投资者收益＝1×5 000 000×1.60%×100/365＝21,917.81（英镑）（上述示例采用假设数据计算，并不代表投资者实际可获得的理财收益）。

投资收益天数的计算：遵循"算头不算尾"的原则。本理财计划的投资收益天数为自投资收益起算日（含）起至理财产品到期日（理财产品提前终止的，则为提前终止日）（不含）的实际天数。

适用的节假日调整惯例：如遇夏汇和本产品投资币种和投资行为所属国家和地区的法定节假日，延后至节假日后的第一个工作日。

最不利投资情形示例：本理财计划所投资的国债、金融债、中央银行票据、企业债、公司债、短期融资券、超短期融资券、中期票据、非公开定向债务融资工具、银行存款（含存放同业）、债券回购、资金拆借、外汇交易工具等金融工具全部出现债券发行人和交易对手违约。在该种情形下，本理财计划收益为零，本金全部损失。

五、理财计划费用

1. 托管费

理财计划成立后，按照"认购金额×0.10%×投资收益计算天数÷365"计算并从理财计划财产中计提，并定期支付给理财产品托管人。

2. 固定管理费

理财计划成立后，按照"认购金额×0.01%×投资收益计算天数÷365"计算并从理财计划财产中计提，定期支付给理财计划管理人。

3. 浮动管理费

投资收益分配时，若理财计划资产实际投资运作收益低于按照预期年化投资收益率计算的预期投资收益，则管理人不收取浮动管理费。

投资收益分配时，若理财计划资产实际投资运作收益高于按照预期年化投资收益率计算的预期投资收益，则理财计划资产实际投资运作收益超出预期投资收益部分为管理人的浮动管理费，浮动管理费于理财计划到期日后从理财计划财产中计提并支付给理财计划管理人。

4. 其他税费

本理财计划在投资运作过程中可能产生以下税费，包括但不限于：增值税、附加税、所得税，清算费等投资运作时涉及的税费，上述税费（如有）在实际发生时按照实际发生额支付。

六、产品的投资

1. 投资目标

投资目标：运用较为稳健的策略，尽可能保护资产价值并获取较为平稳的收益。

投资理念：理财计划管理人将通过对宏观经济的分析和相关市场的研判，将募集的外币资金直接投资于境内外币固定收益市场和货币市场；或通过外汇交易工具将本理财计划募集的外币资金转换成其他币别的外币，投资于境内外币固定收益市场和货币市场；或通过外汇交易工具转换为人民币，投资于境内人民币固定收益市场和货币市场产品。积极进行资产配置，并合理规避汇率风险，努力增加投资组合价值。

2. 投资范围：

本产品将募集而来的外币资金直接投资于境内外币固定收益和货币市场产品；或通过外汇即、远、掉期等金融工具将本理财计划募集的外币资金转换成其他币别的外币投资于境内外币固定收益市场和货币市场；或通过外汇即、远、掉期等金融工具将本理财计划募集的外币资金转换成人民币，直接或通过券商资产管理产品间接投资于以下金融工具：国债、金融债、中央银行票据；高信用级别的企业债、公司债、短期融资券、超短期融资券、中期票据、非公开定向债务融资工具；银行存款（含存放同业）、债券回购、资金拆借；以及法律、法规、监管规定允许范围内的其他低风险的金融工具。

七、申购和赎回

1. 本理财计划认购期结束后至到期日之前，不办理申购。投资者无权追加投资。
2. 本理财计划到期日之前，不办理赎回。投资者无权提前终止。

八、理财计划本金和收益的支付

1. 本理财计划到期后一次性支付理财本金及投资收益。
2. 理财本金和投资收益到账日为理财计划到期日后的 3 个工作日之内，理财产品到期日至理财产品本金和收益到账日期间不计利息。
3. 理财本金和投资收益以理财计划财产为限进行支付。

九、提前终止

1. 理财计划管理人有权按照本理财产品的实际情况，提前终止本理财产品。触发提前终止的条件包括但不限于：在理财产品存续期内，若国家相关法律、法规、监管规定出现重大变更或者其他突发事件和因素引起金融市场情况出现重大变化以及其他原因导致理财计划管理人认为理财产品已经不适合继续帮助投资者实现投资目标的，理财计划管理人有权宣布提前终止本理财产品。
2. 如理财计划管理人提前终止本理财产品，将至少提前 1 个工作日（含）在夏汇银行股份有限公司网站上予以公告，并在提前终止日后 5 个工作日内将理财产品资产变现，并将变现后资金根据理财产品说明书的规定分配，划入投资者指定资金账户。提前终止日至资金实际到账日期间不计息。
3. 如理财计划管理人提前终止本理财产品，浮动管理费依照第四条第 3 款的约定计算和支付。

十、风险揭示

本理财产品为非保本浮动收益型中低风险产品，理财产品管理人将本着"恪守信用、勤勉尽责"的原则管理和运用理财产品财产，但并不对本产品提供保证本金和收益的承诺，投资者的本金和收益可能会因市场变动而蒙受一定程度的损失，投资者应充分认识投资风险，谨慎投资。

1. 市场风险：受各种市场因素、宏观政策因素等的影响，本理财产品所投资的各类资产价值可能下跌，导致理财收益下降甚至本金损失。理财产品管理人将密切跟踪货币市场、债券市场及其他证券市场走势，在各类资产间灵活配置，设定单类资产的配置比例，降低市场风险。同时限制理财产品财产的投资范围和比例，严格按投资原则进行投资运作。
2. 汇率风险：本理财产品将通过外汇衍生工具的使用来规避汇率波动的风险。由于技术上的原因，如市场规则、利息收入、资本利得等多方面因素影响，外汇敞口无法事先完全规避，从而可能会使投资人承担汇率风险。本产品将尽量通过事先估计，及时交易，以最大程度规避汇率波动的风险。
3. 信用风险：如果本理财产品的交易对手或者所投资的各类债券、非标准化债权类资产和其他债权发生信用违约、托管人破产，可能影响投资收益，甚至致使理财产品本金受到损失。理财产品管理人将对所投资的各类债权类资产的风险承担主体的财务状况、行业背景以及公司治理等进行密切跟踪及分析,并根据内部投资评级的要求,严格控制风险暴露;另外,理财产品管理人将基于谨慎性原则,对交易对手的资质进行严格挑选。

4. 流动性风险:投资者在理财存续期限内没有提前终止权。

5. 操作风险:产品运作过程中,因内部控制存在缺陷或者人为因素造成操作失误或违反操作规程等引致的风险,例如,越权违规交易、交易错误、IT系统故障等风险。

6. 管理风险:由于本理财产品管理人受技能和管理水平等因素的限制,可能会影响本理财产品的本金和投资收益,导致本金遭受损失和理财收益处于较低水平甚至为零的风险。

7. 法律风险:法律风险包括但不限于因监管措施和解决民商事争议而支付的罚款、罚金、违约金或者赔偿金所导致的风险。

8. 政策风险:本理财产品是针对当前的相关法规和政策设计的,如国家宏观政策及市场相关法规政策发生变化,可能影响本理财产品的受理、投资、偿还等的正常进行,甚至导致本理财产品收益降低甚至本金损失。

9. 提前终止的风险:在投资期内,如本理财产品发生本《产品说明书》"一、产品基本信息"提前终止部分规定的情形,理财产品管理人有权提前终止本理财产品,投资者可能面临不能实现收益目标及不能进行再投资的风险。

10. 信息传递风险:本理财产品存续期内,投资者应根据本《产品说明书》所载明的信息披露方式及时、主动查询本理财产品的相关信息。如果投资者未及时、主动查询,或由于通讯故障、系统故障以及其他不可抗力等因素的影响使得投资者无法及时了解产品信息,并由此产生的责任和风险由投资者自行承担。

11. 产品延期风险:本理财产品到期后,如因本产品投资的资产无法及时变现等原因造成不能按时支付本金和收益,则客户面临产品期限延期、调整等风险。

12. 其他风险:包括但不限于自然灾害、金融市场危机、战争等不可抗力因素造成的相关投资风险。理财产品管理人在代理本理财产品买卖投资标的物时,交易对手可能为理财产品管理人。理财产品管理人将秉承公允市价交易的原则进行交易,并且保留交易记录以备相关部门查询。理财产品管理人将本着"恪守信用、勤勉尽责"的原则管理和运用理财产品财产,但并不对本理财产品提供保证本金和收益的承诺。

十一、特别提示

1. 本《产品说明书》是投资者与夏汇银行股份有限公司所签订的理财计划相关法律文件的组成部分,请认真阅读。

2. 投资者签署《夏汇银行股份有限公司理财产品总协议书(2019年版)》,机构投资者签署《夏汇银行股份有限公司机构客户投资产品总协议书(2019年版)》以及与本《产品说明书》配套的《风险揭示书》后,即视为投资者授权及同意夏汇银行作为本理财产品的管理人,代表理财产品的投资者将募集资金进行投资和执行相关操作,并且有权代表投资者行使基础资产交易项下与其他交易各方进行交易所享有的全部权利。

3. 如果发生理财产品的交易对手未按时足额付款等情形,投资者同意,夏汇银行有权向上述各方进行追索,追索期间所发生的费用(包括但不限于诉讼费、仲裁费、执行费、律师费等全部费用)将从追索回来的款项中优先扣除。

4. 本《产品说明书》与《夏汇银行股份有限公司个人客户理财产品总协议书（2019 年版）》《夏汇银行股份有限公司机构客户投资产品总协议书（2019 年版）》《风险揭示书》《客户权益须知》共同规范投资者与理财计划管理人之间的权利义务关系，本《产品说明书》与《夏汇银行股份有限公司个人客户理财产品总协议书（2019 年版）》《夏汇银行股份有限公司机构客户投资产品总协议书（2019 年版）》不一致的，以本《产品说明书》为准。

5. 咨询或投诉请致电夏汇银行客户服务热线：95568

表 1-8　　　　　　　　　　　计算客户的理财价值评价表

评价指标	分值	得分
计算公式正确无误	10	
举例有利客户理解	20	
解释耐心细致	10	
不存在收益严重高估问题	20	
收益影响因素解释严谨	10	
风险揭示全面无遗漏	10	
价值说明抓住重点	10	
正确使用话术	10	
合计	100	

【注意事项】

使用资金时间价值观念在计算比较不同理财方案收益的时候，应该在同一时间点上进行对比。要么都比现值，要么都比终值。

当我们在表示现金流的时候，如果没有特别指明，我们就默认这个现金流是在期末收到的。贴现是计算未来资金流的现值。

年化收益率是把当前收益率（日收益率、周收益率、月收益率）换算成年收益率来计算的，是一种理论收益率，并不是真正的已取得的收益率。例如理财产品预计日利率是 $1‰$，则换算成年化收益率是 3.65%（按 365 天计算）。银行的某款理财产品，预期 91 天年化收益率 3.1%，那你买了 10 万元，实际上你能收到的利息是 10 万元 ×3.1%/365×91 = 772.88（元），而不是 3 100 元。银行的理财产品不像银行定期存款那样在存期内天天计息，到期就返还本金及利息。理财产品都有认购期及其清算期问题，而期间的本金是不计利息或只计算活期利息的。假若该款理财产品的认购期有 5 天，清算期又是 5 天，那你的资金占用就用了 10 天，若理财期间无收益变化，则实际年收益率只有 772.88×365/（101×100 000） = 2.79%。对于较长期限的理财产品来讲，认购期及清算期的时间也是可以忽略不计；但对于 7 天或者一个月为周期的理财产品而言，认购期及清算期的时间占用就有非常大的影响了。理解年化收益率指标，不是看他的预期数字，而要看实际的收入。在不同的收益结方式下，年化收益率计算公式也有所不同。日日分红，按月转账，相当于日日单利计算；若是日日分红，按日结转，则相当于日日复利计算。

拓展练习

选择题：

1. 关于投资风险报酬，下列表述中正确的是（　　）。
   A. 风险报酬有风险报酬额和风险报酬率两种表达方式
   B. 风险越大，获得的风险报酬应该越高
   C. 风险报酬额是投资者因冒风险进行投资而获得的超过资金时间价值的那部分价值
   D. 风险报酬率是风险报酬额与投资额的比率

2. 年金应满足（　　）条件。
   A. 等额性　　　　　　　　　　　B. 时间间隔为一年
   C. 连续性　　　　　　　　　　　D. 每期期末发生

3. 现在存入银行100万元现金，求第5年末的本利和是多少时应按（　　）计算。
   A. 复利终值系数　　　　　　　　B. 复利现值系数
   C. 年金终值系数　　　　　　　　D. 年金现值系数

4. 在普通年金终值系数的基础上，期数加1，系数减1，其所得的结果在数值上等于（　　）。
   A. 普通年金现值系数　　　　　　B. 普通年金终值系数
   C. 预付年金现值系数　　　　　　D. 预付年金终值系数

5. 在理财活动中，经常用来衡量风险大小的指标有（　　）。
   A. 标准离差　　　　　　　　　　B. 风险报酬率
   C. 边际成本　　　　　　　　　　D. 标准离差率

6. 投资者甘愿冒风险进行投资的主要原因是（　　）。
   A. 可获得报酬　　　　　　　　　B. 可获得利润
   C. 可获得相同于资金时间价值的报酬率　　D. 可获得风险报酬率

7. 在期望投资报酬率相同的情况下，标准离差越大的方案，其风险（　　）。
   A. 越大　　　　　　　　　　　　B. 越小
   C. 不变　　　　　　　　　　　　D. 很难判断

8. 多个方案相比对，标准离差率越小的方案，其风险（　　）。
   A. 越大　　　　　　　　　　　　B. 越小
   C. 不变　　　　　　　　　　　　D. 很难判断

判断题：

1. 在利率和计息期数相同的情况下，复利现值系数与复利终值系数互为倒数。（　　）
2. 资金在投入生产经营过程后，其价值随着时间的推移呈现几何级数增长。（　　）
3. 在本金和利率相同的情况下，若只有一个计算期，则单利终值与复利终值的计算结果是相同的。（　　）
4. 一般来说，投资人对意外损失的关切比对意外收益的关切要强烈得多。因此，人们

在研究风险时,总是侧重于如何减少损失,多是从不利的角度去考察风险,并经常把风险看作是不利事件发生的可能性。( )

5. 投资者的资金在投入生产经营过程后使其产生增值。也就是说,资金时间价值是在生产经营过程中产生的,而不是在对外投资活动中所产生的。( )

6. 对于多个投资方案而言,无论各方案的期望投资报酬率是否相同,标准离差率最大的方案一定是投资者面临风险最大的方案。( )

7. 根据风险和收益对等的理论,高风险的投资项目,必然会获得高收益。( )

8. 标准离差反映风险的大小,因此可用来比较各种不同投资方案的风险程度。( )

计算分析题:

1. 某投资者投资于某理财产品,投资额4 000万元,投资期5年,投资报酬率8%。问5年后该笔投资总回报额是多少?

2. 投资者准备将闲置资金投资于某理财产品,该理财产品投资报酬率8%。若准备在3年后拿到本息额5 000万元,问现在应投入本金多少钱才合适?

3. 某投资者拥有资金1 200万元,拟投入报酬率为8%的投资机会,计算需要经过多少年才可使现有资金增加1倍?

4. 某投资者现有资金1 200万元,欲在19年后使其达到原来的3倍,计算选择投资机会的最低投资报酬率应该是多少?

5. 某投资者准备在5年后获得本利和1 000万元,若某款理财产品投资报酬率为10%,计算现在应投入多少资金?

6. 某理财产品需要在5年内每年底存入理财账户10万元。若年收益率8%,计算第5年末本利和是多少?

7. 拟在5年后得到10万元的理财总回报,从现在起每年等额存入银行一笔款项。若理财年收益利率10%,计算每年末需存入银行理财账户多少资金?

8. 某投资者每年初存入理财账户100万元,理财产品年收益利率8%,计算第10年末本利和应是多少?

9. 某投资者现在投资理财产品,计划在8年后每年末得到6 000万元,连续获得10年,若投资报酬率是7%,计算其现在应一次投入资金的数额是多少?

10. 某投资者准备以5 000万元投资理财产品。根据所收集资料,提供重要数据如表1-9所示。

表1-9 投资预测表 单位:万元

金融市场表现	概率	预计年净收益	风险报酬系数
繁荣	0.2	1 200	
平稳	0.5	1 000	0.06
衰退	0.3	600	

要求：
(1) 计算理财方案期望报酬率；
(2) 计算理财方案标准离差和标准离差率；
(3) 计算理财方案风险报酬额。

任务 3　介绍金融理财产品

银行客户经理销售理财产品时是从推介理财产品开始的，但这种推介并非只是简要的介绍理财产品内容，而是根据准确的客户信息进行量身定制的推送。当然，客户经理会不会使用话术也是非常重要的，要把话说到客户的心房里。

【任务分析】

表 1-10　　　　　　　　　　介绍金融理财产品任务分析表

工作内容	业务知识	业务技能	工具使用	职业意识
介绍基金理财产品	基金产品主要特征 基金产品适应人群 基金产品投资要求	规范使用语言 基金收益计算	产品宣传单 金融计算器	服务准确规范

【知识准备】

基金是指为了某种目的而设立的具有一定数量的资金。包括信托投资基金、公积金、保险基金、退休基金，各种基金会的基金。基金投资者、基金管理人与基金托管人是基金的当事人。

1. 基金投资者。基金投资者即基金份额持有人，是基金的出资人、基金资产的所有者和基金投资收益的受益人。按照《中华人民共和国证券投资基金法》的规定，基金投资者享有以下权利：分享基金财产收益，参与分配清算后的剩余基金财产，依法转让或者申请赎回其持有的基金份额，依据规定要求召开基金份额持有人大会，对基金份额持有人大会审议事项行使表决权，查阅或者复制概况披露的基金信息资料，对基金管理人、基金托管人、基金份额发售机构损害其合法权益的行为依法提出诉讼。

2. 基金管理人。基金管理人是基金产品的募集者和基金的管理者，其最主要职责就是按照基金合同的约定，负责基金资产的投资运作，在风险控制的基础上为基金投资者争取最大的投资收益。基金管理人在基金运作中具有核心作用，基金产品的设计、基金份额的销售与注册登记、基金资产的管理等重要职能多半都要由基金管理人或基金管理人选定的其他服务机构承担。在我国，基金管理人只能由依法设立的基金管理公司担任。

3. 基金托管人。为了保证基金资产的安全，《证券投资基金法》规定，基金资产必须由独立于基金管理人的基金托管人保管，从而使得基金托管人成为基金的当事人之一。基金托管人的职责主要体现在基金资产保管、基金资金清算、会计复核以及对基金投资运作的监督等方面。在我国，基金托管人只能由依法设立并取得基金托管资格的商业银行担任。

从会计的角度看，基金是具有特定目的和用途的资金。我们提到的基金主要是指证券投资基金。基金作为一种现代化的投资工具，主要具有以下三个特征：

1. 集合投资。根据投资专家的经验，要在投资中做到起码的分散风险，通常要持有足够品种的股票。然而，中小投资者通常无力做到这一点。如果投资者把所有资金都投资于一家公司的股票，一旦这家公司的股票价格大幅下跌乃至公司破产，投资者便可能尽失其所有。而证券投资基金通过汇集众多中小投资者的小额资金，形成雄厚的资金实力，可以同时把投资者资金分散投资于各种股票，分散了投资风险。基金就是这样一种投资方式：它将零散的资金巧妙地汇集起来，交给专业机构投资于各种金融工具，以谋取资产的增值。基金对投资的最低限额要求不高，投资者可以根据自己的经济能力决定购买数量，有些基金甚至不限制投资额大小，完全按份额计算收益的分配，因此，基金可以最广泛地吸收社会闲散资金，汇成规模巨大的投资资金，从而解决中小投资者"钱不多、入市难"的问题。在参与证券投资时，基金资本越雄厚，优势越明显，而且可能享有大额投资在降低成本上的相对优势，从而获得规模效益的好处。为了支持基金的发展，我国还对基金的税收给予合理政策，使投资者通过基金投资证券所承担的税赋不高于直接投资于证券须承担的税赋。

2. 分散风险。以科学的投资组合降低风险、提高收益是基金理财的一个重要特征。在投资活动中，风险和收益总是并存的，因此，"不能将所有的鸡蛋都放在一个篮子里"，这是证券投资的箴言。但是，要实现投资资产的多样化，需要一定的资金实力，对小额投资者而言，由于资金有限，很难做到这一点，而基金则可以帮助中小投资者解决这个困难。基金可以凭借其雄厚的资金，在法律规定的投资范围内进行科学的组合，分散投资于多种证券，借助于资金庞大和投资者众多的公有制使每个投资者面临的投资风险变小，另一方面又利用不同的投资对象之间的互补性，达到分散投资风险的目的。

3. 专业理财。基金资产由专业的基金管理公司负责管理。基金管理公司配备了大量的投资专家，他们不仅掌握了广博的投资分析和投资组合理论知识，而且在投资领域也积累了相当丰富的经验。他们善于利用基金与金融市场的密切联系，运用成熟的技术手段分析各种信息资料，能对金融市场上各种品种的价格变动趋势做出比较正确的预测，最大限度地避免投资决策的失误，提高投资成功率。对于那些没有时间，或者对市场不太熟悉，没有能力专门研究投资决策的中小投资者来说，投资于基金，实际上就可以获得专家们在市场信息、投资经验、金融知识和操作技术等方面所拥有的优势，从而尽可能地避免盲目投资带来的失败。

根据基金单位是否可增加或赎回，可分为开放式基金和封闭式基金。开放式基金称作"上市型开放式基金"，又称作"共同基金"。也就是上市型开放式基金发行结束后，投资者既可以在指定网点申购与赎回基金份额，也可以在交易所买卖该基金。不过投资者如果是在指定网点申购的基金份额，想要上网抛出，须办理一定的转托管手续；同样，如果是在交易所网上买进的基金份额，想要在指定网点赎回，也要办理一定的转托管手续。开放式基金是一种发行额可变，基金份额（单位）总数可随时增减，投资者可按基金的报价在基金管理人指定的营业场所申购或赎回的基金。开放式基金具有发行数量没有限制、买卖价格以资产净值为准、在柜台上买卖和风险相对较小等特点,特别适合于中小投资者进行投资。封闭式基金属于信托基金,是指基金规模在发行前已确定、在发行完毕后的规定期限内固定不变并在证券市场上交易的投资基金。由于封闭式基金在证券交易所的交易采取竞价的方式,因此交易价格受到市场供求关系的影响而并不反映基金的净资产值,即相对其净资产值,封闭式基金的交易价格有溢价、折价现象。从我国封闭式基金的运行情况看,无论基本面状况如何变化,封闭式基金的交易价格走势始终未能脱离先溢价、后折价的价格波动规律。开放式基金与封闭式基金的区别主要如下:

1. 基金规模的可变性不同。封闭式基金均有明确的存续期限,在此期限内已发行的基金单位不能被赎回。虽然特殊情况下此类基金可进行扩募,但扩募应具备严格的法定条件。因此,在正常情况下,基金规模是固定不变的。而开放式基金所发行的基金单位是可赎回的,而且投资者在基金的存续期间内也可随意申购基金单位,导致基金的资金总额每日均不断地变化。换言之,它始终处于"开放"的状态。这是封闭式基金与开放式基金的根本差别。

2. 基金单位的买卖方式不同。封闭式基金发起设立时,投资者可以向基金管理公司或销售机构认购;当封闭式基金上市交易时,投资者又可委托券商在证券交易所按市价买卖。而投资者投资于开放式基金时,他们则可以随时向基金管理公司或销售机构申购或赎回。

3. 基金单位的买卖价格形成方式不同。封闭式基金因在交易所上市,其买卖价格受市场供求关系影响较大。当市场供小于求时,基金单位买卖价格可能高于每份基金单位资产净值,这时投资者拥有的基金资产就会增加;当市场供大于求时,基金价格则可能低于每份基金单位资产净值。而开放式基金的买卖价格是以基金单位的资产净值为基础计算的,可直接反映基金单位资产净值的高低。在基金的买卖费用方面,投资者在买卖封闭式基金时与买卖上市股票一样,也要在价格之外付出一定比例的证券交易税和手续费;而开放式基金的投资者需缴纳的相关费用(如首次认购费、赎回费)则包含于基金价格之中。一般而言,买卖封闭式基金的费用要高于开放式基金。

4. 基金的投资策略不同。由于封闭式基金不能随时被赎回,其募集得到的资金可全部用于投资,这样基金管理公司便可据以制定长期的投资策略,取得长期经营绩效。而开放式基金则必须保留一部分现金,以便投资者随时赎回,而不能尽数地用于长期投资,且一般投资于变现能力强的资产。

根据投资对象的不同,可分为股票基金、货币基金、债券基金、混合型基金四大类。股票基金是以股票为投资对象的投资基金,是投资基金的主要种类。股票基金的主要功能是将大众投资者的小额投资集中为大额资金。投资于不同的股票组合,是股票市场的主要机构投资者。股票基金按投资的对象可分为优先股基金和普通股基金,优先股基金可获取稳定收益,风险较小,收益分配主要是股利;普通股基金是数量最大的一种基金,该基金以追求资本利得和长期资本增值为目的,风险较优先股基金大。按基金投资分散化程度,可将股票基金分为一般普通股基金和专门化基金,前者是指将基金资产分散投资于各类普通股票上,后者是指将基金资产投资于某些特殊行业股票上,风险较大,但可能具有较好的潜在收益。按基金投资的目的还可将股票基金分为资本增值型基金、成长型基金及收入型基金。资本增值型基金投资的主要目的是追求资本快速增长,以此带来资本增值,该类基金风险高、收益也高。成长型基金投资于那些具有成长潜力并能带来收入的普通股票上，具有一定的风险。股票收入型基金投资于具有稳定发展前景的公司所发行的股票，追求稳定的股利分配和资本利得，这类基金风险小，收入相对也较低。

1. 与投资者直接投资于股票市场相比，股票基金具有分散风险、费用较低等特点。对一般投资者而言，个人资本毕竟是有限的，难以通过分散投资种类而降低投资风险。但若投资于股票基金，投资者不仅可以分享各类股票的收益，而且可以通过投资于股票基金而将风险分散于各类股票上，大大降低了投资风险。此外，投资者投资了股票基金，还可以享受基金大额投资在成本上的相对优势，降低投资成本，提高投资效益，获得规模效益的好处。

2. 从资产流动性来看，股票基金具有流动性强、变现性高的特点。股票基金的投资对象是流动性极好的股票，基金资产质量高、变现容易。

3. 对投资者来说，股票基金经营稳定、收益可观。一般来说，股票基金的风险比股票投资的风险低，因而收益较稳定。不仅如此，封闭式股票基金上市后，投资者还可以通过在交易所交易获得买卖差价。基金期满后，投资者享有分配剩余资产的权利。

货币基金是指投资于货币市场上短期有价证券的一种基金。主要投资于短期货币工具如国债、商业票据、银行定期存单、政府短期债券及其企业债券。货币市场基金投资的范围都是一些高安全系数和稳定收益的品种，所以对于很多希望回避证券市场风险的企业和个人来说，货币基金是一个天然的避险产品，在通常情况下既能获得高于银行存款利息的收益。

1. 本金相对安全。货币基金投资品种决定了其在各类基金中风险是最低的，货币基金合约一般都不会保证本金的安全，但在事实上由于基金性质决定了货币基金在现实中极少发生本金的亏损。

2. 资金流动强。基金买卖方便，流动性可与活期存款媲美。资金到账时间短，流动性很高，基金赎回资金一两天或者当日就可以到账。

3. 收益率较高。多数货币基金具有国债投资的收益水平。货币基金除了可以在投资机构投资一般投资工具外，还可以进入银行间债券及回购市场、中央银行票据市场进行投资，其年净收益率一般可和一年定存利率相比，高于同期银行储蓄的收益水平。不仅如此，货币基金还可以避免隐性损失。当出现通货膨胀时，实际利率可能很低甚至为负值，货币基金可以及时把握利率变化及通胀趋势，获取稳定的高收益。

4. 投资成本低。买卖货币基金一般都免收手续费，认购费、申购费、赎回费都为0，资金进出非常方便，既降低了投资成本，又保证了流动性。目前大多数货币基金首次认购/申购1 000元，再次购买以百元为单位递增。

5. 分红免税。多数货币市场基金面值永远保持1元，收益天天计算，每日都有利息收入，投资者享受的是复利，而银行存款只是单利。月分红额结转为基金份额，分红免征收个人所得税。

债券基金是以债券为主要投资标的共同基金，除了投资债券产品之外，还可投资于定期存款、短期票券金融产品，绝大多数以开放式基金型态发行，并采取不分配收益方式，合法节税。国内大部分债券基金属性偏向于收益型债券基金，以获取稳定的利息为主，因此，收益普遍呈现稳定成长。债券基金的买卖方式与股票基金大致类似，但是费用上有所差别。一般来说，债券型基金不收取认购或申购的费用，而赎回费率也较低，如某债券基金规定，持有期限在30日内，收取0.1%的赎回费；持有期限超过30日，就免收赎回费。

1. 低风险，低收益。债券基金通过集中投资者的资金对不同的债券进行组合投资，能有效降低单个投资者直接投资于某种债券可能面临的风险。由于投资于债券定期都有利息回报，到期还承诺还本付息，因而债券基金收益稳定、风险也较小。而从另一角度来看，投资者投资于非流通债券，则只有到期才能兑现，而通过债券基金间接投资于债券，则可以随时将持有的债券基金转让或赎回，减少风险的反应程度明显加强。相对于股票基金，债券基金风险低但回报率也不算高。

2. 费用较低。由于债券投资管理不如股票投资管理复杂，因此债券基金的管理费开支也是相对较低的。

3. 注重当期收益。债券基金主要追求当期较为固定的收入，相对于股票基金而言缺乏增值的潜力，较适合于不愿过多冒险，谋求当期稳定收益的投资者。

混合基金是指同时投资于股票、债券和货币市场等工具，没有明确的投资方向的基金。其风险低于股票基金，预期收益则高于债券基金。它为投资者提供了一种在不同资产之间进行分散投资的工具，比较适合较为保守的投资者。投资于股票、债券和货币市场工具，并且股票和债券的投资比例不符合股票型和债券型基金规定的，统称为混合型基金。混合型基金会同时使用激进和保守的两种投资策略，调配股债比例：股市上涨，多配股票获取巨大收益；股市下跌，转投债券以隔离风险。混合基金，一般其回报和风险要低于股票型基金，高于债券和货币市场基金。混合基金的目的是让投资者通过选择基金类型来分散投资，而不是购买不同风格的股票基金、债券基金和货币市场基金。混合基金是一种风险适中的金融产品。运营良好的混合基金甚至可以胜过股票基金。

混合基金的最大作用就是给投资者提供了多种投资的方式，以达到最大程度地分散风险，混合基金的投资风险的大小，并不一定，有激进型的高风险收益，还有相对保守的投资低风险少收益的类型。目前，股票型基金有60%的最低仓位限制，即使基金经理判断市场出现危机，也不能将股票全部卖出；而混合型基金配置则灵活，市场行情看涨时可以大量买进股票获取收益，当市场行情不好时也可以大量卖出股票买入债券稳定收益。根据股债比例配置不同，混合基金又可分为偏股型基金（股票比例50%~70%，债券比例20%~40%）、偏债型基金（与偏股型相反）、平衡型基金（股票、债券比例比较平均，大致在40%~60%）和配置型基金（股债比例按市场状况进行调整）。

混合型基金的投资风险主要取决于股票与债券配置的比例大小。一般而言，偏股型混合基金风险较高，但预期收益率也较高；偏债型混合基金风险较低，预期收益率也较低。目前全攻全守的混合基金产品（0~95%仓位全攻全守）越来越多，这类基金看起来仓位限制最小，但实际上，投资效果在很大程度上取决于基金公司团队和基金经理对市场的把握能力，把握不好的还不如其他类型混合基金，主要是存在有踏空市场的风险，一旦股市突然上涨时，基金股票仓位低于30%将损失大量的机会成本，也容易打乱投资节奏，需要高水平的基金经理才能把握住全攻全守型混合基金产品。

基金定投是定期定额投资基金的简称，是指在固定的时间以固定的金额投资到指定的开放式基金中，类似于银行的零存整取储蓄。由于基金"定额定投"起点低、方式简单，所以它也被称为"小额投资计划"或"懒人理财"。相对于定投，一次性投资收益可能很高，但风险也很大。由于规避了投资者对进场时机主观判断的影响，定投方式与股票投资或基金单笔投资追高杀跌相比，风险明显降低。而且基金定期定额投资具有类似长期储蓄的特点，能积少成多，平摊投资成本，降低整体风险。它有自动逢低加码，逢高减码的功能，无论市场价格如何变化总能获得一个比较低的平均成本，因此定期定额投资可抹平基金净值的高峰和低谷，消除市场的波动性。只要选择的基金有整体增长，投资人就会获得一个相对平均的收益，不必再为入市的择时问题而苦恼。而且由于银行自动扣款，自动依基金净值计算可买到的基金份额数。这样投资者购买基金的资金是按期投入的，投资的成本也比较平均。

1. 手续简便省时。定期定额投资基金只需投资者去基金代销机构办理一次性的手续，此后每期的扣款申购均自动进行，一般以月为单位，但是也有以半月、季度等其他时间限期作为定期的单位的。相比而言，如果自己去购买基金，就需要投资者每次都亲自到代销机构办理手续。因此定期定额投资基金也被称为"懒人理财术"，充分体现了便利的特征。办理基金定投之后，代销机构会在每个固定的日期自动扣缴相应的资金用于申购基金，投资者只需确保银行卡内有足够的资金即可，省去了去银行或者其他代销机构办理的时间和精力。

2. 定期投资。投资者可能每隔一段时间都会有一些闲散资金，通过定期定额基金投资计划所进行的投资增值（亦有可能保值）可以"聚沙成丘"，在不知不觉中积攒一笔不小的财富，其强有劲的后力支持就是当前越来越高速发展的中国经济。

3. 不用考虑时点。投资的要诀就是"低买高卖"，但却很少有人在投资时掌握到最佳的买卖点获利，为避免这种人为的主观判断失误，投资者可通过"定投计划"来投资市场，不必在乎进场时点，不必在意市场价格，无须为其短期波动而改变长期投资决策。

4. 复利回报。定投基金的资金是分期投入的，投资的成本有高有低，长期平均下来比较低，所以最大限度地分散了投资风险。而且"定投计划"收益是复利效应，本金所产生的利息加入本金继续衍生收益，通过利滚利的效果，随着时间的推移，复利效果明显。定投的复利效果需要较长时间才能充分展现，因而不宜因市场短线波动而随便终止。若长线前景看好，短期下跌反而是累积更多便宜单位数的时机，一旦市场反弹，长期累积的单位数就可以一次获利。

【工作过程】

夏汇银行北京白广路支行客户经理李红接待了客户王亚莉女士，为其提供基金理财产品咨询服务。客户龚女士30岁左右，在一家民营企业担任销售主管，平时因工作忙，没有时间打理自己的财务但又想了解一些基金理财产品的信息，获得一定的理财收益和财产增值。

龚女士进入白广路支行网点后，客户经理李红立即迎上前，精神饱满、面带微笑地接待龚女士。

李红经理："您好！请问您办理什么业务？"

龚女士："您好，我平时工作特别忙，没有时间打理自己的财务，但又想了解一些理财的知识，获得一定的收益，听朋友说有基金产品挺适合我这种人的，能麻烦您能给我介绍一下吗？"

客户经理李红认真倾听、仔细询问，以便为客户找到最适合的理财产品。

客户经理李红与王女沟通，了解到她平时工作很忙，又想获得比银行存款更高的收益，便打算先为龚女士介绍一下基金的相关知识。

李红一边为龚女士倒好水，一边为她讲起证券投资基金的相关知识："证券投资基金是指通过公开发售基金份额募集资金，由基金托管人托管，由基金管理人管理和运作资金，为基金份额持有人的利益，以资产组合方式进行证券投资的一种利益共享、风险共担的集合投资方式。基金主要具有以下三个特征……"

李红提供了在本行销售的基金产品宣传资料，强调了投资者可以在网上进行基金的申购、赎回等所有交易，实现基金账户与银行资金账户的绑定，设置申购日、金额、期限、基金代码等进行基金的定期定额定投。与此同时，网上银行还具备基金账户查询、基金账户余额查询、净值查询、变更分红方式等多项功能，投资者可轻松完成投资。

龚女士："哦，听起来还不错，普通老百姓还能享受专家理财的待遇！那我能买基金吗？我虽然在上大学的时候学过简单的理财理论，但大学毕业后一直在这个城市里面打拼，年轻的时候收入本身并不多，基本都是花在租房和生活费用开支方面，月工资薪金所剩不多。但随着自己工作年限的增加，工资收入近几年有了不少的增长，月月有了积蓄，但由于平时工作非常忙，很少有时间打理自己的财产，听周围的同事介绍基金产品是理财的不错选择，因而我也想来试试！"

李红经理："可以啊！对于开放式基金产品，个人投资者（依据中华人民共和国有关法律法规可以投资于证券投资基金的自然人）及机构投资者（在中国境内合法注册登记或经有权政府部门批准设立和有效存续并依法可以投资于基金的企业法人、事业法人、社会团体或其他组织）都可以作为其投资人。"

龚女士："那我都可以买什么样的基金啊？"

李红经理："现在银行里卖的基金一般都是开放式的基金，就是您在规定的时间内可以任意申购和赎回的。按投资品种不同主要分为四种，分别是股票型基金、债券型基金、货币型基金和混合型基金。"

龚女士："什么叫开放式的，什么又叫货币型的……您都给我说说吧。特别是怎样选对基金产品和入市时机？"

李红经理一边给龚女士填满水杯一边接着说道："开放式基金是可以随时根据市场供求情况发行新份额或被投资人赎回的投资基金……在选择产品方面，初始投资者要特别注重产品选择与风险承受能力和理财目标相匹配。对于中年人来讲、收入比较稳定，但家庭责任比较重，投资时应该在考虑投资回报率的同时坚持稳健的原则，分散风险，尝试多种基金组合。既然您对于风险和收益并没有特殊方面的偏好，还是建议您在货币型、债券型及其混合型基金产品里面选择投资产品，以后随着投资阅历的增加再适度调整。至于怎样选择入市时机则可以更多在理财经理的微信群听从理财经理的操作建议。"

龚女士："那我怎么买啊？"

李红经理："您在规定的开放日的时间内就可以购买，叫作认购。开放日是指为投资者办理基金申购、赎回等业务的工作日。一般来讲，证券交易所的交易日即为开放式基金的开放日。认购是指投资者在设立募集期内购买基金单位的行为。申购是指基金成立后，向基金管理人购买基金单位的行为。赎回是指基金投资者向基金管理人卖出基金单位的行为。这样吧，我先为您开个基金交易账户，这样您只要有意向就可以进行基金的投资了。"

龚女士："好的，那基金账户怎么开通啊？"

李红经理向龚女士详细介绍了开户的具体规定。个人投资者开立中行基金交易账户应提交以下证件资料：

1. 本人有效身份证明原件（二代居民身份证、户口簿、护照、港澳居民往来内地通行证、港澳居民居住证、台湾居民来往大陆通行证、台湾居民居住证或者其他有效旅行证件、军人证、武警证）。

2. 本银行的借记卡。

3. 个人风险评估书、风险提示书。

客户经理李红向龚女士提供基金开户申请文件，并特别着重提示个人必须填写的风险部分的文字（客户声明："本人在购买本理财产品前已完成风险承受能力评估，且该评估结果具有效力。本人风险承受能力评级：由客户自行填写）。"同时提示客户："根据监督部门的要求，为确保客户充分理解本产品的风险，请在确认栏抄录以下语句并签名'本人已经阅读风险揭示，愿意承担投资风险。'"客户抄录后还需要签名表明阅读理解了相关规定。客户声明文字如下："投资决策完全是由客户独立、自主、谨慎做出的。客户已经阅读客户权益须知、本产品风险揭示书、本产品说明书及客户协议书所有条款（包括面），充分理解并自愿承担本产品相关风险。"

龚女士："开立了你们银行基金交易账户就可以认（申）购基金吗？"

李红经理："是的。您开立了我行的交易账户并且开通了网银，就可以直接到我行代销网点或者通过网银认（申）购基金。我行接受了该认（申）购申请后，会先自动提交一个开立基金账户的业务申请，再录入投资者的认（申）购申请，也就是说，我行自动为投资者同时办理了开立基金账户和第一笔认（申）购的业务。如果您申购的是一个新成立的基金，这个基金有一个为期3个月的封闭期，基金公司在封闭期内不接受申购、赎回等业务，过了3个月的封闭期才可以。"

龚女士："认购费用和认购份额如何计算？"

李红经理："目前大多数基金产品的认购费用都是免掉的。如果收取的话，假设认购费率为1%，认购费用和认购份额的计算方法如下。"

"认购费用＝认购金额×认购费率"

"认购份额＝（认购金额—认购费用）/基金单位面值"

"基金认购费用计算时，若是小数，四舍五入，保留小数点后两位；认购份数保留小数点后两位，小数点两位后舍去，舍去部分代表的份额归基金资产所有。"

"举例来讲：若龚女士拟认购基金50万元。基金公司规定认购费率为1%，基金发行面值为100元。对于龚女士来讲："

"认购费用＝50×1%＝0.5（万元），即5 000元 认购份额＝（500 000－5 000）/100＝4 950份基金单位"

"申购基金单位金额计算方法如下："

"申购金额＝申购份额×交易日基金单位净值＋申购费用"

"申购费用＝申购份额×交易日基金单位净值申购费率"

龚女士："那我怎么进行赎回呢？"

李红经理："基金赎回采取份额赎回的方式，就是您申请赎回一定份额的基金单位，基金公司根据申请当日的基金单位净值计算投资者的赎回总额，再扣除赎回费用后即为您应得的赎回金额。每笔赎回的最低额为500份基金单位。龚女士：我要办理赎回需要什么证件资料？"

李红经理："您要办理赎回的话，需要提交赎回申请表、我行借记卡、我行基金交易卡。"

龚女士："赎回申请是当时就能到账吗？"

李红经理："本行不是的。作为投资者的您在 T 日提出的赎回申请一般在 T+1 日得到注册登记机构的处理和确认，投资者自 T+2 日起可以查询到赎回是否成功。基金持有人赎回基金份额，赎回款项通常在 T+3 日，最长不超过 T+7 日从托管行划出。"

龚女士："如果我的赎回又想撤销可以吗？"

李红经理："当日的赎回申请可以在当日交易停止前（即 15：00 前）撤销。撤销赎回申请所需提交的资料与撤销申购申请相同。龚女士：赎回费用和赎回金额如何计算？"

李红经理："赎回基金单位金额计算方法如下：赎回金额＝回份额交易日基金单位值－回费用回费用＝回份额×交易日基金单位净值回费率"

龚女士："如何选择适合我的基金？我应该从哪几个方面考虑更全面？"

李红经理："市场上的基金有很多不同的类型。而同类基金中各只基金也有不同的投资对象、投资策略等方面的特点。在选择基金时，您需要注意浏览各种报纸、销售网点公告或基金管理公司的信息，了解基金的收益、费用和风险特征，判断某种基金是否切合您的投资目标。具体说来，您应该考虑以下几点。"

"1. 基金的过往业绩表现。基金的回报水平是否有吸引力，它的过往表现是否一贯。我现在给您演示一下，您可以登陆本行的网站而后在个人理财业务板块查阅到相关基金产品的历史净值数据……"

"2. 基金管理水平。具体来讲就是如果属于基金公司推出的产品就要看基金管理公司是否值得信赖；若是银行推出的基金产品则要看基金经理对管理基金是否具有足够的专业知识和投资经验。"

"3. 基金是否适合个人需要。基金的投资目标、投资对象、风险水平是否与个人目标相符。"

"比如来讲。"

"投资目标方面：每个人因年龄、收入、家庭状况的不同而具有不同的投资目标。一般而言年轻人适合选择风险高些的基金，而即将退的人适合选择风险较低的基金。"

"可承受风险方面：一般来说，高风险投资的回报潜力也较高。然而，如果您对市场的短期波动较为敏感，便应该考虑投资一些风险较低及价格较为稳定的基金。假使您的投资取向较为进取，并不介意市场的短期波动，同时希望赚取较高回报，那么一些较高风险的基金或许符合您的需要。"

"此外，在其他条件相当的情况下，您还可以关注一下基金的资费水平是否合算。您可以对比您已经开卡银行基金理财产品的资费水平，看一下哪家银行更合算？"

龚女士："谢谢您的解释！我回去后会尽快做出决定并期待再次您见面！"

李红陪同龚女士在柜台办理完基金账户开通业务后，提醒龚女士可以在本行网上银行的基金理财频道选择合适的基金进行投资，并强调基金投资也有减值亏损的风险问题，龚女士要有思想准备。

【工作模拟】

请你根据下列基金产品资料从产品特征、认购方式、资费标准、赎回方式、产品风险等方面对该款基金产品展开模拟介绍,并根据你的现场表现对学习效果进行客观评价。

基金代码	00737707	基金类型	债券型基金
基金法定名称	金牛丰利聚利6个月定期开放债券型证券投资基金		
基金简称	金牛丰利聚利6个月定开债券C		
首次募资总额	143 766.49万元		
基金性质	证券投资基金		
投资风格	稳健成长型		
赎回款项支付日	T+7		
投资目标	在严格控制风险的基础上,通过积极主动的投资管理,追求较高当期收益和长期回报,力求获得超越业绩比较基准投资回报		
成立日期	2020-07-16		
场外日常申购起始日	2021-01-16		
最低认购金额	10元		
场外日常赎回起始日	2021-01-16		
分配原则	1. 在符合有关基金分红条件的前提下,本基金每季度收益分配次数最少为1次,若《基金合同》生效不满3个月可不进行收益分配;2. 本基金收益分配方式分两种:现金分红与红利再投资,投资者可选择现金红利或将现金红利自动转为相应类别的基金份额进行再投资;若投资者不选择,本基金默认的收益分配方式是现金分红;3. 基金收益分配后基金份额净值不能低于面值,即基金收益分配基准日的基金份额净值减去每单位基金份额收益分配金额后不能低于面值;4. 同一类别的每一基金份额享有同等分配权;5. 法律法规或监管机关另有规定的,从其规定。在符合法律法规及基金合同约定,并对基金份额持有人利益无实质不利影响的前提下,基金管理人可对基金收益分配原则和支付方式进行调整,不需召开基金份额持有人大会。		
投资范围	本基金的投资范围为具有良好流动性的金融工具,包括债券(包含国债、金融债、企业债、公司债、央行票据、中期票据、短期融资券、超短期融资券、次级债、可分离交易可转债的纯债部分)、资产支持证券、债券回购、银行存款、同业存单等法律法规或中国证监会允许基金投资的其他金融工具(但须符合中国证监会的相关规定)。本基金不投资于股票等资产,也不投资于可转换债券(可分离交易可转债的纯债部分除外)、可交换债券。如法律法规或监管机构以后允许基金投资其他品种,基金管理人在履行适当程序后,可以将其纳入投资范围。		

续表

投资策略	封闭期投资策略：本基金通过自上而下和自下而上相结合、定性分析和定量分析相补充的方法，确定资产在非信用类固定收益类证券和信用类固定收益类证券之间的配置比例。充分发挥基金管理人长期积累的信用研究成果，利用自主开发的信用分析系统，深入挖掘价值被低估的标的券种，以获取最大化的信用溢价。本基金采用的投资策略包括：久期管理策略、期限结构策略、杠杆投资策略、信用策略、互换策略、息差策略、个券挖掘策略、资产支持证券投资策略等。在谨慎投资的前提下，力争获取高于业绩比较基准的投资收益。在以上战略性资产配置的基础上，本基金通过自上而下和自下而上相结合、定性分析和定量分析相补充的方法，进行前瞻性的决策。一方面，本基金将分析众多的宏观经济变量（包括 GDP 增长率、CPI 走势、M2 的绝对水平和增长率、利率水平与走势等），并关注国家财政、税收、货币、汇率政策和其他证券市场政策等。另一方面，本基金将对债券市场整体收益率曲线变化进行深入细致分析，从而对市场走势和波动特征进行判断。在此基础上，确定资产在非信用类固定收益类证券（现金、国家债券、中央银行票据等）和信用类固定收益类证券之间的配置比例。灵活应用各种久期管理策略、期限结构策略、杠杆投资策略、信用策略、互换策略、息差策略、个券挖掘策略、资产支持证券投资策略，在合理管理并控制组合风险的前提下，最大化组合收益。1. 久期管理策略。在全球经济的框架下，本基金管理人对宏观经济运行趋势及其引致的财政货币政策变化做出判断，密切跟踪 CPI、PPI、汇率、M2 等利率敏感指标，运用数量化工具，对未来市场利率趋势进行分析与预测，并据此确定合理的债券组合目标久期，通过合理的久期控制实现对利率风险的有效管理。2. 期限结构策略。通过预测收益率曲线的形状和变化趋势，对各类型债券进行久期配置；当收益率曲线走势难以判断时，参考基准指数的样本券久期构建组合久期，确保组合收益超过基准收益。3. 杠杆投资策略。在考虑债券投资的风险收益情况，以及回购成本等因素的情况下，在风险可控以及法律法规允许的范围内，通过债券回购，放大杠杆进行投资操作。为控制风险，本基金的杠杆比例在每个封闭期内原则上保持不变，但是在回购利率过高、流动性不足或者市场状况不宜采用放大策略等情况下，基金管理人可以调整杠杆比例或者不进行杠杆放大。4. 信用策略。信用债收益率等于基准收益率加信用利差，信用利差收益主要受两个方面的影响，一是该信用债对应信用水平的市场平均信用利差曲线走势；二是该信用债本身的信用变化。发行人信用发生变化后，基金管理人将采用变化后债券信用级别所对应的信用利差曲线对公司债、企业债定价。影响信用债信用风险的因素分为行业风险、公司风险、现金流风险、资产负债风险和其他风险等五个方面。我们主要依靠内部评级系统分析信用债的相对信用水平、违约风险及理论信用利差。5. 互换策略。不同券种在利息、违约风险、久期、流动性、税收和衍生条款等方面存在差别，投资管理人可以同时买入和卖出具有相近特性的两个或两个以上券种，赚取收益级差。互换策略分为两种：一是在相同收益率下买入近期发行的债券，或是流动性更好的债券，或在相同外部信用级别和收益率下，买入内部信用评级更高的债券。二是如果预期信用利差扩大，则用国家信用债替换公司信用债；如果预期信用利差缩小，则用公司信用债替换国家信用债。6. 息差策略。通过正回购，融资买入收益率高于回购成本的债券，从而获得杠杆放大收益。7. 个券挖掘策略。本部分策略强调公司价值挖掘的重要性，在行业周期特征、公司基本面风险特征基础上制定绝对收益率目标策略，甄别具有估值优势、基本面改善的公司，采取高度分散策略，重点布局优势债券，争取提高组合超额收益空间。8. 资产支持证券投资策略。本基金将通过对资产支持证券基础资产及结构设计的研究，结合多种定价模型，根据基金资产组合情况适度进行资产支持证券的投资。 开放期投资策略：开放期内，本基金为保持较高的组合流动性，方便投资人安排投资，在遵守本基金有关投资限制与投资比例的前提下，将主要投资于高流动性的投资品种，防范流动性风险，满足开放期流动性的需求。
基金管理人	丰利利得基金管理有限公司
基金托管人	招商银行股份有限公司

续表

基金经理	严志群
投资标准	基金的投资组合比例为：本基金对债券资产的投资比例不低于基金资产的80%，但应开放期流动性需要，为保护基金份额持有人利益，在每次开放期开始前10个工作日、开放期及开放期结束后10个工作日的期间内，基金投资不受上述比例限制。开放期内现金或者到期日在一年以内的政府债券不低于基金资产净值的5%；在封闭期内，本基金不受上述5%的限制；其中，现金不包括结算备付金、存出保证金、应收申购款等。
风险收益特征	本基金为债券型基金，预期收益和预期风险高于货币市场基金，但低于混合型基金、股票型基金。
认购（申购）费率	0 收费模式：前端
赎回费率	0 天≤N＜7 天 1.5%；7 天≤N＜30 天 0.1%；30 天≤N 0 收费模式：后端
其他费用	管理费用0.60%；托管费用0.10%；销售费用0

表1-11　　　　　　　　　　　介绍理财产品评价表

评价指标	分值	得分
接待客户规范文明	10	
了解客户真实需求	20	
介绍产品规范细致	10	
预见协助相关业务办理	10	
业务技能过硬	20	
说明产品特征	10	
提示产品风险	10	
正确抄录风险语句	10	
合计	100	

【工作纪律】

销售人员从事理财产品销售活动，应当遵循以下原则：（1）勤勉尽职原则。销售人员应当以对客户高度负责的态度执业，认真履行各项职责。（2）诚实守信原则。销售人员应当忠实于客户，以诚实、公正的态度、合法的方式执业，如实告知客户可能影响其利益的重要情况和理财产品风险评级情况。（3）公平对待客户原则。在理财产品销售活动中发生分歧或矛盾时，销售人员应当公平对待客户，不得损害客户合法权益。（4）专业胜任原则。销售人员应当具备理财产品销售的专业资格和技能，胜任理财产品销售工作。

销售人员在向客户宣传销售理财产品时，应当先做自我介绍，尊重客户意愿，不得在客户不愿或不便的情况下进行宣传销售。

销售人员在为客户办理理财产品认购手续前，应当特别注意以下事项：（1）有效识别客户身份；（2）向客户介绍理财产品销售业务流程、收费标准及方式；（3）了解客户风险承受能力评估情况、投资期限和流动性要求；（4）提醒客户阅读销售文件，特别是风险揭示书和权益须知；（5）确认客户抄录了风险确认语句。

拓展练习

选择题：

1. 基金产品中，收益与风险由高到低的排序为（　　）。
   A. 股票基金债券基金混合基金货币基金
   B. 股票基金混合基金债券基金货币基金
   C. 混合基金股票基金债券基金货币基金
   D. 混合基金股票基金货币基金债券基金

2. 一般来说，对中庸稳健型投资者主要适合于营销（　　）。
   A. 货币型基金   B. 债券型基金
   C. 股票型基金   D. 混合型基金

3. 一般而言，股票型基金所募集资金的（　　）以上投资于股票。
   A. 30%   B. 40%
   C. 50%   D. 60%

4. 一般而言，债券型基金所募集资金的（　　）以上投资于债券。
   A. 30%   B. 50%
   C. 60%   D. 80%

5. 在下列产品中，适合于注重资金流动性、又希望获得高于储蓄存款收益的非常保守型投资者的产品是（　　）。
   A. 股票型基金   B. 货币型基金
   C. 债券型基金   D. 混合型基金

6. 在下列产品中，适合于追求较高回报而又能够承担较高风险的温和进取型投资者的产品是（　　）。
   A. 股票型基金   B. 货币型基金
   C. 债券型基金   D. 混合型基金

7. 个人客户在网上办理开放式基金等理财时，只能支持使用（　　）。
   A. 活期一本通   B. 借记卡
   C. 准贷记卡   D. 信用卡

8. 适合于债券型基金的营销对象，主要是（　　）。
   A. 非常保守型投资者   B. 温和保守型投资者
   C. 中庸稳健型投资者   D. 温和进取型投资者
   E. 非常进取型投资者

9. 客户经理在面对客户询问时应该注意的有（　　）
   A. 对口若悬河不着边际的客户，客户经理应认真别其中有用的信息
   B. 对于思维跳跃性很强的客户，客户经理应该很快地找到信息收集表栏目做记录而不打断客户的表达

C. 客户经理可以用录音机将整个会谈记录下来
D. 客户经理要用尽可能快的语速与客户交谈
E. 如果客户的回答含糊，容易引起误解，客户经理应该在适当的时候

10. 下面对理财产品介绍过程中客户表示拒绝的真实含义的理解中，正确的有（　　）。
A. 拒绝是客户习惯性的反射动作
B. 客户提出拒绝，可能表示有些顾虑
C. 客户提出拒绝、代表客户完全不可能与这家银行合作
D. 拒绝有真拒绝也有假拒绝
E. 从拒绝中可以了解到客户的真正想法

11. 介绍理财产品时能够获得客户良好第一印象的方法主要有（　　）。
A. 微笑开朗的表情　　　　　　B. 诚恳的态度
C. 干净利落的动作　　　　　　D. 周到细致的解释
E. 丰富的产品资料

判断题：

1. 投资基金按受益凭证是否可赎回分为公司型基金和契约型基金。（　　）
2. 为了保护投资者的利益，即使投资者回基金份额类别的份额余额于基金管理人规定的最低余额，基金管理人也无权将余额部分购回。（　　）
3. 证券投资基金通过集合资金充分，分散资产组合，使得基金的风险降低到无风险的程度。（　　）
4. 在商业银行开展的理财顾问服务活动中，商业银行提供理财顾问服务，管理和运用资金并承担由此产生的收益和风险。（　　）

问答题：

客户经理在向客户介绍基金理财产品时应该注意哪几个方面的问题？

任务4　初步达成理财意愿

初步达成理财意愿，是指银行客户经理引导客户对理财产品形成直观的认知，进行相关理财产品推介后，让客户产生了理财的需要，有了较稳定的理财想法。客户经理需要为客户讲清楚所推介理财产品的类型及推介理财产品的理由，才能让客户接受相关的理财产品，并与客户达成初步理财意愿。

【任务分析】

表1-12　　　　　　　　　　初步达成理财意愿任务分析表

工作内容	业务知识	业务技能	工具使用	职业意识
初步达成理财愿望	客户风险偏好基本测评方法 客户风险偏好基本分类 对客户进行资料收集与资料复核的步骤与手段	收集与复核理财客户信息 依照工作规范对客户进行风险评估 根据风险评估结果匹配不同产品类型	音频视频录制设备 风险测评表 客户风险评价标准	遵守银行从业者管理规定 对客户金融信息保密 严谨求实职业意识

【知识准备】

　　商业银行是保险产品重要的销售渠道。依照银保监会发布的《关于印发商业银行代理保险业务管理办法的通知》的相关规定，商业银行不能直接经营自己的保险产品销售。商业银行代理保险业务是指商业银行接受保险公司委托，在保险公司授权的范围内，代理保险公司销售保险产品及提供相关服务，并依法向保险公司收取佣金的经营活动。商业银行作为保险产品的销售主体，依法对其保险销售从业人员的代理销售行为承担主体责任。银保监会要求商业银行代理销售意外伤害保险、健康保险、定期寿险、终身寿险、保险期间不短于10年的年金保险、保险期间不短于10年的两全保险、财产保险（不包括财产保险公司投资型保险）的保费收入之和不得低于保险代理业务总保费收入的20%。

　　目前商业银行所代销的保险产品主要是由保险公司提供。理论上讲，保险公司向商业银行提供并可由客户取得、利用或消费的一切产品和服务，都属于保险产品服务的范围。

　　保险产品的种类主要是根据保险经营的性质、目的、对象和保险法规要求以及历史习惯来划分。目前银行代销的保险产品类型有：

　　（1）根据保险产品的标的不同，保险产品分为财产保险和人身保险两类。其中，财产保险是指投保人根据保险合同的约定，向保险人交付保费，保险人按照合同约定对所承保的财产及其有关利益因自然灾害或意外事故造成的损失承担赔偿责任的保险。财产保险是指投保人根据合同约定，向保险人交付保险费，保险人按保险合同的约定对所承保的财产及其有关利益因自然灾害或意外事故造成的损失承担赔偿责任的保险。财产保险业务包括财产损失保险、责任保险、信用保险等保险业务可保财产，包括物质形态和非物质形态的财产及其相关利益以物质形态的财产及相关利益作为保险标的，通常称为财产损失保险，例如，飞机、卫星、电厂、大型工程、汽车、船舶、厂房、设备以及家庭财产保险。以非物质形态的财产及其相关利益作为保险标的，通常是指各种责任保险、信用保险，例如，公众责任、产品责任、雇主责任、职业责任、出口信用保险、投资风险保险。但是，并非所有的财产及相关利益都可以作为财产保险的保险标的。只有根据法律规定，符合财产保险合同要求的财产及相关利益，才能成为财产。人身保险是指以人的生活或身体为保险标的，在被保险人的生活或者身体发生保险事故或者保险期满时，依照保险合同的规定，保险人对被保险人或者受益人给付保险金的保险。当人们遭受不幸事故或因疾病以致丧失工作能力、伤残、死亡或年老退休时，根保险合同的约定，保险人对被保险人或受益人给付保险金或年金，以解决其因病、残、老、死所造成的经济困难。人身保险包括人寿保险、健康保险、意外伤害保险等。人寿保险简称寿险，是以人的生死为保险标的，被保险人在保险责在期内生存或死亡，由保险人根据契约规定给付保险金的保险；健康保险也叫疾病保险，是以人的身体为保险标的，以非意外伤害而由被保险人本身疾病导致的伤残、死亡为保险条件的保险，人身意外伤害保险，是以人的身体为保险标的，以人的身体遭受意外伤害为保险条件的保险。人身保险的给付条件是，当被保险人遭受保险合同范围内的保险事件，并由此导致死亡、残、疾病、丧失工作能力或保期满、年老退休时，保险人根据保险合同的有关条款，向被保险人或受益人给付保险金。

（2）根据承保方式的不同，保险产品可分为个人保险和团体保险两类。个人保险是为了满足个人和家庭的人身和财产保险保障的需要，以个人作为承保对象的保险。团体保险一般用于人身保险，它是用一份总的保险合同，向一个团体中的众多成员提供人保险保障的保险。在团体保险中，投保人是"团体组织"，团体小如机关、社会团体、企事业单位等独立核算的单位组织，被保险人是团体中的在职人员。已退休、退职的人不属于团体的被保险人。它不是一个具体的险种，而是一种承保方式。团体保险包括团体人寿保险、团体年金保险、团体人身意外伤害保险、团体健康保险。

（3）根据实施形式的不同，保险产品可分为强制保险和自愿保险两类。强制保险又称作法定保险，它是国家通过法律或行政手段强制实施的保险。强制保险的保险关系虽然也属于保人与保险人之间的合同行为，但是，合同的订立受制于国家或政府的法律规定。强制保险实施方式有两种选择：一是保险标的与保险人均由法律规定；二是保险标的由法律规定，投保人可以自由选择保险人。强制保险具有全面性与统一性的特征，例如，交强险、雇主责任保险、损害责任险等都属于强制保险。自愿保险是在自愿的原则下，投保人与保险人双方在平等的基础上，通过订立保险合同而建立的保险关系。投保人根据自身需要可以自主决定是否投保、向谁投保、中途是否退保等，也可以自由选择保险金额、保障范围、保障程度和保险期限等，保险人也可以根据情况自愿决定是否承保、怎样承保。

（4）根据是否盈利的标准，保险产品可分为商业保险和社会保险两类。其中，商业保险是指通过订立保险合同运营，以营利为目的的保险形式，由专门的保险企业经营。商业保险关系是由当事人自愿缔结的合同关系，投保人根据合同约定，向保险公司支付保险费，保险公司根据合同约定的可能发生的事故，因其发生所造成的财产损失承担赔偿保险金责任，或者当被保险人死亡、伤残、疾病或达到约定的年龄、期限时承担给付保险金责任。社会保险，是指收取保险费，形成社会保险基金，用来对其中因年老、疾病、生育、伤残、死亡和失业而导致丧失劳动能力或失去工作机会的成员提供基本生活保障的一种社会保障制度。社会保险是不以营利为目的的保险。商业保险与社会保险的主要区别有以下几点。商业保险是一种经营行为，保险经营者以追求利润为目的独立核算、自主经营、自负盈亏；社会保险是国家社会保障制度的一种，目的是为人民提供基本的生活保障，以国家财政支持为后盾。商业保险依平等自的原则，是否建立保险关系完全由保险双方当事人自主决定。社会保险具有强制性，凡是符合法定条件的公民或劳动者，其缴纳保险费用，接受保障，都是由国家立法所规定的。商业保险的保障范围由投保人、被保险人与保险公司协商确定，不同的保险合同项下，不同的险种，被保险人所受的保障范围和水平是不同的。社会保险的保障范围一般由国家事先规定，风险保障范围比较窄，保障的水平也比较低，这是由它的社会保障性质所决定的。

（5）根据业务承保方式的不同，保险产品可分为原保险和再保险两类。原保险是指保险人对被保险人因保险事故所致的损失承担直接的原始的赔偿责任的保险。再保险是原保险人以其所承保的风险，再向其他保险人进行投保，与之共担风险的保险。原保险与再保险之间合同当事人不同。原保险合同的双方当事人是投保人和保险人；再保险合同的双方当事人都是保险人，即分出人与分入人，与原投保人无关。保险标的不同。原保险合同的保险标的是被保险人的财产或人身，也就是被保险人的财产及相关利益或者人的寿命和身体而再保险合同的保险标的是原保险人分出的，分出人将原保险的保险业务部分地转移给分入人。保险合同的性质不同。原保险合同具有经济补偿性或者保险金给付性而再保险合同具有责任分摊性或补充性。其直接目的是要对原保险人的承保责任进行分摊。再保险合同是以原保险合同为基础的合同，但它又是脱离原保险合同的独立合同。主要表现在：再保险合同有自己独立的当事人，即原保险人和再保险人；一般情况下，再保险人不得请求原投保人交付保险费，原保险的被保险人也不得向再保险人提出赔偿要求；不论再保险人是否履行再保险赔偿义务，原保险人都应对原被保险人履行赔偿义务；当原保险人因破产或其他原因未履行赔偿原被保险人的义务时，再保险人不得因此而免除对原保险人履行的再保险赔偿义务。

推介保险产品，客户经理为了使客户对保险产品有更清晰、更全面的认知，需要从保险产品的要素入手对保险产品及其服务进行说明，以协助客户进行是否投资的决策。

（1）保险责任。保险责任是保险人所承担责任的风险范围，即保险产品中约定的风险发生后，保险人承担赔偿或给付保险金的责任。除外责任是保险人不负责赔偿或给付保险金责任的范围。

（2）保险费率。是保险人向投保人收取的费用，作为保险人承担保险责任的报酬。保险费率指的是单位保险金额保险人应收取的保险费。在银行代销保险产品时以千分数表示保险费率。保险费率的确定主要依据是保险标的面临风险的程度、损失的概率、保险产品的责任范围、保险期限和保险人经营管理费用等多项因素综合考虑而制定的。

（3）保费交付方式。保险费用的缴费方式有两种：第一种，保险合同成立时投保人一次性缴纳，又称作趸交；第二种，投保人分期缴纳保费。

（4）保险期限。保险期限是指保险人对保险标的承担保险责任的时间范围，或者说是保险责任开始到终止的有效期间。保险期限是保险产品的重要内容，也是确定保险事故的重要依据。财产保险产品的保险期限较短，通常为一年；人寿保险产品的保险期限较长。投保人可在旧保单期满后继续缴纳保险费，并规定续保期限。

（5）保险赔偿或保险金给付方式。保险赔偿是指在保险有效期内发生责任范围内的损失或事件时，保险人要按照合同的约定向被保险人或受益人支付保险赔款或保险金。被保险人或受益人领取保险赔款或保险金的方式在财产保险与人寿保险中存在一定的区别。

确认客户的理财意向是银行客户经理与客户达成初步理财愿望的前提和基础，确认客户的理财意向一般包括以下三步重要工作内容：第一是提取交流信息点；第二是让客户萌生理财愿望；第三是了解客户偏好。

（1）客户经理提取交流信息点。客户经理在理财产品宣传与介绍的过程中，要采用引导式的提问方式，帮助客户挖掘自己的投资偏好，了解自身理财产品投资需求。例如客户经理可以通过封闭式的提问，客户通过是或不是，或者以做选择题的方式，选择自身较为偏好的理财产品。通过回答封闭式问题，客户经理可以从中提取客户的兴趣点，从而更好地发掘客户的潜在理财欲望。

（2）让客户萌生理财愿望。确认理财意向的核心是让客户萌生理财愿望，主旨在于客户经理在与客户交谈的过程中引导客户发现自己的愿望。客户在与客户经理交流过程中，通过不断回答问题的方式可以不断发现自身的理财需求，同时可以更了解内心对理财产品的真实感受，对自身有更深层的认知，帮助客户更好的认识自己。客户经理在交流的过程中可以帮助客户激发自身潜在理财需求，此时也是客户后期做出投资理财决策，建立与客户经理正式合作关系，购买理财产品的重要阶段。客户在客户经理宣传理财产品后对理财产品形成初步理财偏好，客户在真正出资购买理财产品前，会反复确认自己在此阶段的购买偏好，且在真正购买产品时一般不会做出相悖与此阶段预想购买的理财产品类型的决策，因此客户经理在此阶段应该引导客户发现自己真实的理财愿望。

（3）了解客户偏好。客户经理通过总结提炼与客户谈话的内容，并且以引导的方式能够让客户发现自己的投资偏好，以激发客户投资理财的愿望。此时，客户经理能够初步确认客户的投资意向，了解客户的投资偏好。例如客户更倾向的投资期限，能够接受的投资风险程度，拥有的资金量，是否对资金的流动性有要求等基本客户投资偏好信息。在此基础上客户经理可以在未来的推荐工作中更有针对性地对客户进行理财产品的推介。客户经理初步了解了客户的偏好与投资意向，为下一步正式开着理财产品营销工作打下良好的基础。

在了解客户偏好的基础上，客户经理应着重了解客户的风险偏好。同时，对客户的风险测评是客户经理与理财客户达成初步理财意愿中不可缺少的重要工作内容，体现了理财产品推荐要遵循适当性原则。应该讲，客户的风险能力决定了未来客户投资理财产品的类型。通过对客户的理财风险测评得出的结果能够较准确判断投资者为哪一种类型的客户。根据对风险的喜好程度不同一般可以将客户分为谨慎性、稳健性、平衡型、进取型和激进型五类客户，与之相对应的理财产品也分为谨慎性、稳健性、平衡型、进取型和激进型五类理财产品，这几类理财产品所面临的风险不同，风险最低的为谨慎性理财产品，风险最高的理财产品为激进型理财产品。通过评估结果为客户推介适合的理财产品是风险测评的主要目标。风险测评是银行客户经理推介理财产品的基础和依据，只有确定客户的风险偏好和风险承受能力，银行客户经理才能够根据客户的现状为客户推介最适合的银行理财产品。目前银行进行风险测评的主要方式是通过银行风险测试表来测验投资者对风险的偏好程度。

按照银行代销理财产品相关办法的规定，银行与客户签约之前需要对客户进行风险评估测试，风险评估主要内容如下。

1. 您家庭的月收入是   （   ）
   A. 5 000 元以下   B. 5 000 ~ 10 000 元
   C. 10 000 ~ 20 000 元   D. 20 000 元以上
2. 您在单位的职务   （   ）
   A. 一般员工   B. 基层管理人员
   C. 中层管理人员   D. 高层管理人员

3. 您有无详细的理财计划　　　　　　　　　　　　　　　　　　　　　（　　）
   A. 有　　　　　　　　　　　　　　　B. 没有
4. 您家庭收入中每年用于理财的比例是　　　　　　　　　　　　　　　（　　）
   A. 无　　　　　　　　　　　　　　　B. 10%以内
   C. 10%~30%　　　　　　　　　　　　D. 30%~50%
   E. 50%~80%　　　　　　　　　　　　F. 80%以上
5. 您自身有无理财的观念　　　　　　　　　　　　　　　　　　　　　（　　）
   A. 有　　　　　　　　　　　　　　　B. 没有
   若选B请说明没有选择做理财的原因　　　　　　　　　　　　　　　（　　）
   A. 还未有自己的理财意识
   B. 自己属于月光族，没有多余的钱去理财
   C. 不了解理财产品，不敢贸然把钱交给理财机构
6. 您的家庭理财的主要目标是　　　　　　　　　　　　　　　　　　　（　　）
   A. 合理安排资金　　　　　　　　　　B. 资产实现增值
   C. 提升生活质量　　　　　　　　　　D. 保障家人教育
   E. 安排退休后的生活
7. 您的家庭一般通过以下哪种渠道了解金融理财（可多选）　　　　　　（　　）
   A. 亲朋同事的介绍　　　　　　　　　B. 银行、证券公司客户经理的推荐
   C. 媒体宣传和广告　　　　　　　　　D. 银行、证券公司营业网点的宣传推介
   E. 销售机构组
8. 您的家庭一般通过以下哪种方式参与金融理财（可多选）　　　　　　（　　）
   A. 银行存款　　　　　　　　　　　　B. 债券
   C. 基金　　　　　　　　　　　　　　D. 股票
   E. 保险产品　　　　　　　　　　　　F. 信托产品
   G. 房地产　　　　　　　　　　　　　H. 黄金
   I. 其他（请说明产品类型）
9. 今年，您的家庭投资收益为　　　　　　　　　　　　　　　　　　　（　　）
   A. 0　　　　　　　　　　　　　　　B. 15%以内
   C. 15%~30%　　　　　　　　　　　　D. 30%~50%
   E. 50%~80%　　　　　　　　　　　　F. 80%以上
   G. 亏本
10. 您的家庭对今年的投资收益　　　　　　　　　　　　　　　　　　　（　　）
    A. 不满意　　　　　　　　　　　　　B. 比较满意
    C. 非常满意
11. 明年，您的家庭可能会选择下列项目中作为理财工具（可多选）　　　（　　）
    A. 银行存款　　　　　　　　　　　　B. 债券
    C. 基金　　　　　　　　　　　　　　D. 股票
    E. 保险产品　　　　　　　　　　　　F. 信托产品
    G. 房地产　　　　　　　　　　　　　H. 黄金

I. 其他（请说明产品类型）

12. 您的家庭觉得下列哪一类产品期限更有吸引力　　　　　　　　　（　　）
    A. 1个月左右　　　　　　　　　　　B. 3个月左右
    C. 半年左右　　　　　　　　　　　　D. 一年左右
    E. 三年左右

13. 您的家庭偏好下列哪种产品　　　　　　　　　　　　　　　　　（　　）
    A. 固定收益类　　　　　　　　　　　B. 保本浮动收益型
    C. 非保本浮动收益

14. 您的家庭对目前的理财产品中最不满意的方面是　　　　　　　　（　　）
    A. 收益低　　　　　　　　　　　　　B. 安全性差
    C. 设计太复杂　　　　　　　　　　　D. 信息透明度低
    E. 起始金额高　　　　　　　　　　　F. 期限不合理

15. 您的家庭对各种金融理财产品的了解程度　　　　　　　　　　　（　　）
    A. 不熟悉　　　　　　　　　　　　　B. 大概了解
    C. 比较熟悉　　　　　　　　　　　　D. 非常了解

16. 您的家庭在选择理财产品时，会最关注以下哪一方面　　　　　　（　　）
    A. 产品的投资风险和收益　　　　　　B. 金融机构工作人员是否专业
    C. 该机构的信誉和品牌　　　　　　　D. 报纸等媒体的投资建议

银行客户经理会最终对客户所选的答案对应的分数进行最终加总，加总后得到的分数与风险等级进行对照，查看客户属于哪一种风险偏好类型的客户。当客户选择风险更高的选项时，会被赋予更高的分值；当客户选择风险较低的选项时，被赋予较低的分值。客户在被测试过程中不会看到选项赋予的分值，以免对客户产生误导，该选项所对应的分值只有客户经理最终为客户统计加总时才知道。

表1-13　　　　　　　　　客户风险承受能力评估表

分数	10分	8分	6分	4分	2分
就业状况	公教人员	上班族	佣金收入者	自营事业者	失业
家庭负担	未婚	双薪无子女	双薪有子女	单薪有子女	单薪养三代
置业状况	投资不动产	自宅无房贷	房贷<50%	房贷>50%	无自宅
投资经验	10年以上	6~10年	2~5年	1年以内	无
投资知识	有专业证照	财经专业毕业	自修有心得	懂一些	一片空白

注：年龄因素，总分50分，25岁以下者50分，每多1岁少1分，75岁以上者0分；其他因素，总分50分。

表1-14　　　　　　　　　客户风险承受态度评估表

分数	10分	8分	6分	4分	2分
首要考虑因素	赚短差价	长期利得	年现金收益	抗通货膨胀保值	保本保息
过去投资绩效	只赚不赔	赚多赔少	损益两平	赚少赔多	只赔不赚
赔钱心理状态	学习经验	照常过日子	影响情绪小	影响情绪大	难以成眠
目前主要投资市场	期货	股票	房地产	债券	存款
未来回避投资市场	无	期货	股票	房地产	债券

注：对本金损失的容忍程度，可承受亏损的百分比（以1年的时间为基准），总分50分，不容忍任何损失为0分，

每增加 1 个百分点加 2 分,可容忍 25% 以上损失者为满分 50 分;其他心理因素,总分 50 分。

表 1-15　　　　　　　　　　　　　　风险矩阵　　　　　　　　　　　　　　单位:%

风险矩阵	风险能力	低能力	中低能力	中能力	中高能力	高能力
风险态度	工具	0~19 分	20~39 分	40~59 分	60~79 分	80~100 分
低态度 0~19 分	货币	70	50	40	20	10
	债券	30	40	40	50	50
	股票	0	10	20	30	40
中低态度 20~39 分	货币	40	30	20	10	10
	债券	50	50	50	50	40
	股票	10	20	30	40	50
中态度 40~59 分	货币	40	30	10	0	0
	债券	30	30	40	40	30
	股票	30	40	50	60	70
中高态度 60~79 分	货币	20	0	0	0	0
	债券	40	50	40	30	20
	股票	40	50	60	70	80
高态度 80~100 分	货币	0	0	0	0	0
	债券	50	40	30	20	10
	股票	50	60	70	80	90

按照对风险的喜好程度不同,主要将投资者分为保守型投资人、谨慎型投资人、稳健型投资人、积极型投资人、激进型投资人五种类型,保守型投资人是最厌恶风险的投资人而激进型投资人是最喜欢风险的投资人,他们对风险的喜好程度是依次递增的。

表 1-16　　　　　　　　　　理财客户风险偏好类型及对应理财产品

风险偏好 类型	风险偏好特征	理财产品特征	理财产品举例
保守型	此类型投资人风险承受能力极低,理财时优先考虑本金的安全性,在此基础上再对资金进行合理配置,保证投资人对资金流动性的需求。保守型投资人不追求资金高额回报率但追求确定的投资回报,不能承受短期内资金大幅波动。这类投资人能够在短期内克服投资风险,获得较为稳定的投资收益,但是长期来看投资收益回报率较低,保守型投资人是风险厌恶者。	该级别理财产品一般由银行保证本金的完全偿付,产品收益随投资表现变动,且较少受到市场波动和政策法规变化等风险因素的影响。产品主要投资于高信用等级债券、货币市场等低风险金融产品。	国债、存款、大额存单、小额保险产品、结构性存款、智能存款、货币基金

续表

风险偏好类型	风险偏好特征	理财产品特征	理财产品举例
谨慎型	该类型投资人的风险承受能力介于保守型和稳健型之间。谨慎型投资人在投资时可以重点配置低风险和中低风险的理财产品。	该级别理财产品不保证本金的偿付，但本金风险相对较小，收益浮动相对可控。在信用风险维度上，产品主要承担高信用等级信用主体的风险，如AA级（含）以上评级债券的风险；在市场风险维度上，产品主要投资于债券、同业存放等低波动性金融产品，严格控制股票、商品和外汇等高波动性金融产品的投资比例。此级别还包括通过衍生交易、分层结构、外部担保等方式保障本金相对安全的理财产品。	银行理财、债券基金、养老保险产品、券商理财
稳健型	此类投资人重视收入的稳定程度，强调收入的规律性和稳定性，对风险的关注程度要大于对收益的关注程度。投资者希望在较低风险水平下获得较为稳定的收益，在长期内实现收入的稳步增长。	该级别理财产品不保证本金的偿付，有一定的本金风险，收益浮动且有一定波动。在信用风险维度上，主要承担中等以上信用主体的风险，如A级（含）以上评级债券的风险；在市场风险维度上，产品除可投资于债券、同业存放等低波动性金融产品外，投资于股票、商品、外汇等高波动性金融产品的比例原则上不超过30%，结构性产品的本金保障比例在90%以上。	保险产品组合、银行理财、混合基金、信托
积极型	风险承受能力介于激进型投资人和稳健型投资人之间，此类投资人注重从投资中获得较为丰厚的回报，要求规避风险难以控制的投资品。此类投资者风险承受能力较高，会选择风险较高的投资产品，在一定投资期间内期望获得投资的较高回报。	该级别理财产品不保证本金的偿付，本金风险较大，收益浮动且波动较大，投资较易受到市场波动和政策法规变化等风险因素影响。在信用风险维度上，产品可承担较低等级信用主体的风险，包括BBB级及以下债券的风险；在市场风险维度上，投资于股票、商品、外汇等高波动性金融产品的比例可超过30%。	大额保险产品组合、股票、股票基金、指数基金、黄金
激进型	激进型投资人资产较多，风险承受能力强，一般追求高投资收益回报，投资人愿意承受资产价格的短期且大幅度的波动以期高回报，并且能够承受资产价格下跌带来的亏损。激进型投资者是典型的风险偏好者。	该级别理财产品不保证本金的偿付，本金风险极大，同时收益浮动且波动极大，投资较易受到市场波动和政策法规变化等风险因素影响。在信用风险维度上，产品可承担各等级信用主体的风险，在市场风险维度上，产品可完全投资于股票、外汇、商品等各类高波动性的金融产品，并可采用衍生交易、分层等杠杆放大的方式进行投资运作。	期货、期权、其他衍生品

初步形成理财关系是前期营销理财产品的主要目标。客户经理和客户达成初步理财意愿是未来开展理财产品重点推介的前提和基础。

(1) 强化客户理财意愿。理财客户在客户经理的有效引导下,发掘了自身的理财意愿,逐渐明确了自身的理财需求,特别是自己对理财产品风险偏好。虽然此阶段客户经理与客户没有形成正式、具有强制约束力的理财合约关系,是否要真正出资购买理财产品或购买哪种理财产品,容易出现摇摆不定的现象。客户经理应该帮助客户坚定自己的理财意愿的正确选择,帮助客户将现有理财产品与收益率较低的产品进行对比,帮助客户树立购买理财产品的坚定信念,稳定住客户购买理财产品的意愿。客户经理帮助客户强化购买理财产品的愿望能够使客户更明确自己的需求。

(2) 确认客户理财意愿。客户经理要保证客户自己了解自己的真实理财想法,同时还要保证客户理财意愿是合理的。如果客户的理财意愿望不合理,或者客户的理财目标不能通过现在投资理财产品实现,客户经理需要及时告知客户,引导客户对自己的理财愿望进行调整,或者改变投资理财产品。在保证客户投资的理财产品意愿真实、合理后,客户经理需要将自己理解的客户愿望用专业语言复述出来,在复述的过程中,客户听取客户经理的描述可以确认自己已经把意愿准确传达给客户经理。客户经理理解正确,对自己的愿望进行二次的确认,保证信息传递真实准确。

客户经理需要留下理财客户电话、微信、邮箱等联系方式;客户留存理财产品推介单。不同理财产品客户达成初步合作意愿所体现方式不同。保险产品客户与客户经理达成初步合作意愿的重要标志是客户已经购买保险产品但是尚处于冷静期,客户依然可以进行毁约。客户资料信息的收集与复核是初步达成理财愿望的最终步骤,当客户经理进行客户的资料收集与复核的时候明确表示双方已经初步达成理财愿望。客户资料收集与复核主要分为两个步骤,一是客户资料收集与建档;二是客户资料的复核。为与客户建立更密切的合作关系,顺利开展理财产品推介工作,需要对客户的基本资料进行收集、整理。引导客户填写纸质客户信息调查表,获取客户的姓名、年龄、联系方式、家庭住址、职业、收入状况、家庭状况等基本信息,对于纸质版本的资料要进行留存。为了防止纸质版本资料丢失,同时要对客户的资料进行电子版本留存,银行信息是联网的,要对客户信息要进行电子版本建档,方便以后进行业务操作或购买理财产品,可以及时读取客户信息,根据客户的状况进行有针对性的理财产品推介。客户经理完成客户信息收集后需要客户进行信息确认,保证录入客户信息真实准确性。在进行客户资料的确认,着重注意两方面的问题,一方面要关注客户资料的完整性,例如客户基本信息要全面,包括客户的姓名、联系方式、年龄、职业、家庭住址、家庭构成以及收入水平等信息,确保客户经理需要的信息都进行了留存,保证信息要全面,方便以后调取和查看客户信息;另一方面要保证客户信息和资料的真实性,与客户确认客户资料填写是否正确,对于留存进入单位系统的系统一定要保证客户留存资料真实、准确,不存在虚假信息的情况。保证客户资料准确性与完整性,再进行建档与留存,为以后开展工作,随时从银行后台系统调取客户信息做铺垫。

【工作过程】

周航目前是一名 IT 从业者,他今年 35 周岁,已经工作了 10 年,由于工作性质的原因,他的工作比较辛苦,工作内容比较繁杂,工作时间较长。周航人到中年感觉到工作压力大,身体的健康状况下降。他想为自己购买一份商业医疗保险产品,由于他曾在夏汇银行北京白广路支行购买过理财产品，认识了客户经理李红。他找到李红希望她能为自己推荐一些银行代销的优质理财产品。周航已经组成家庭，有一个6岁的可爱女儿，他考虑到自己作为家庭支柱和主要经济来源，选择优先给自己购买商业医疗保险。

客户周航："李红经理，您好！我之前跟您打电话约过时间想要购买保险。"

李红经理："当然没问题，您想买哪一种类型的保险，是财产保险还是人身保险呢？"

客户周航："我想购买人身保险产品。"

李红经理："夏汇银行代销的人身保险品种比较多，有不同保险公司的人身保险产品，当然同一公司也有多种类型的人身保险产品。您看看自己对哪一种人身保险产品感兴趣？"

客户周航："其实我不太了解人身保险产品，您能为我有重点地推介一下么？"

李红经理："当然没问题，您可以说一下您想购买哪一种类型的商业保险或者对于商业医疗保险的具体需求，我结合您的需求为您推荐保险产品。"

客户周航："我的想法比较简单，我现在年龄逐渐增长，感觉自己的身体不如之前好了，我有基本的医疗保险，但是很多进口的药品或者疾病不属于可保的范围，我想补充购买商业医疗保险，主要想法是为了给我不可保的疾病和药品部分一个保障。"

李红经理："您的想法很不错，您的基本需求我了解了，我根据您的需求为您选择了保险产品。"

客户周航："好的，谢谢您！"

李红经理："您看一下这款由太平洋保险公司开发的医疗险。该款保险产品保险的范围主要是基本医疗保险不能覆盖的疾病和药品，符合您对补充医疗保险产品的需求。"

客户周航："假如我真的生病了，投了这款保险产品能够为我报销的医疗费用是哪些？需要什么条件出险？"

李红经理就风险范围、除外责任、保险费率、保费交付方式、保险期限、保险赔偿给付方式都进行了详尽的解释，同时就周航担忧的保险赔偿是否能够及时的问题向周航解释道：夏汇银行代销的保险产品都是有信誉保障的产品，只要您发生了保险产品可保范围内的风险，一定会为您进行及时的理赔。

客户周航："我想问一下保险产品理赔的方式和理赔的周期。"

李红经理："保险理赔方式是线上一键式理赔，您线上提交相关医疗诊断证明，保险公司对您上传的信息进行核实。核实通过后保险公司为您立即办理理赔。保险产品的理赔周期受保险品种、保险金额、保险核实速度的影响，一般理赔周期是10～30天不等，您购买的这款保险理赔周期一般在10天左右。"

客户周航："咱们这个保险产品续保简便吗？"

李红经理："您可以办理到期自动续保的服务，当然您可以到期再进行购买，您的保险到期之后会有工作人员给您打电话进行提示。"

客户周航："您能为我计算这款产品的保费是多少么？"

李红经理："您购买的商业医疗险险种比较特殊，不同年龄段的人保费不同，您可以说一下您的个人具体情况，包括您的年龄、既往病史，我来帮助您计算一下保费，另外我们收集您的信息银行都是有严格保密制度的，不会对外泄露您的个人信息。"

客户周航："咱们银行的信誉我还是放心的，我今年35岁，IT从业者工作压力比较大，但是我没有什么既往病史。"

李红经理:"根据您的情况我帮您计算了一下保费,目前您投保每年的保费是4 000元,以后您每年都可以按照这个金额进行续保,如果您一旦发生风险,保险公司为您支付普通医疗险以外不可保的那部分的医疗费用。"

客户周航:"那这个保险产品还是挺好的,现在能为我办理么?"

李红经理:"当然没问题,我可以直接为您进行手机操作,以后您可以在手机上进行续保,而且我们产品有7天冷静期,您购买完可以返回,我们可以将保费全数退还给您。"

客户周航:"这个设计很人性化,您现在帮我办理吧。"

李红经理:"您可以在手机银行内输入产品名称,点击'投保'按钮,通过手机银行缴纳保费即可完成投保,等保险到期可以续保,投保之前需要为您进行风险测评。"

客户周航:"好的,我想现在就做保险产品风险偏好测试。"

李红经理:"您稍等。"

李红经理将周航引领到贵宾客户接待室,给周航倒了一杯茶水,将《客户风险偏好测试表》递给周航,并将填写的基本要求告诉周航。

李红经理:"请您看一下这张客户风险偏好测试表。请您按照上面的提问,选择测试表上的相关答案。但是您需要填写符合您内心真实想法的选项,这样才能让我们准确判定您是属于哪一类型的客户。"

"好的,我明白了。"客户周航开始填写《理财客户个人风险偏好测试表》。填写完成后,交给客户经理李红。

李红经理:"您的个人风险测试表仅用于评估您的风险偏好,您的个人信息本行有责任和义务为您保密,因此请您放心您的各方面信息本行不会泄露。下面我将对您的测试结果按照本行内部的评价标准为您打分,请您稍后。"

客户周航:"好的。"

李红经理按照银行代售保险的规定对周航进行了提示:"上面的测试旨在帮助您了解自己的风险偏好和险承受能力,从而有助于您选择合适的产品投资本测试以及资产配置建议可能并不全面和充分,最了解您的还是您自己请您依据自己的财务状况、收入预期、对资金的流动性要求、对风险的厌恶程度及投资产品的特点等多种因素做出投资决策。请您在产品购买过程中注意核对自己的风险承受能力和产品风险的匹配情况,即使是最激进的客户,也建议您做好资产在不同风险等级产品间的配置工作。"

"您提供的信息应当真实、准确、完整,我们的风险评价将基于您提供的有效信息,如因您提供虚假、无效或不完整的信息,导致的评价结果出现错误,银行不承担相应责任。本测试结果的有效期为12个月,如您的财务状况发生较大变化或发生可能影响您风险承受能力的其他情况,请您及时通知我们并重新进行测试。"

李红经理:"您的个人风险偏好测试表结果已经出来了,您的分数对应本行的积极型投资人,这种类型的投资者属于风险偏好较高的投资者,您可以购买这款保险产品。接下来就可以购买保险产品了。"

客户周航:"投保还需要准备什么证件么?"

李红经理:"您拿着在有效期内的二代身份证就可以了,您这边请,需要留存一下您的个人资料,方便后续为您提供服务。客户的个人资料我们都会严格保密的,不会出现泄露您信息的情况。"

客户周航："好的，您看一下我填写完，这样就可以了么？"

李红经理："稍等，我需要核实一下您的个人信息。您的姓名是？"

客户周航："周航"

李红经理："您的年龄？"

客户周航："35岁。"

……

客户经理逐项核对客户的信息，核对无误后，李红经理将纸质版本个人信息调查表存档，放入银行客户资料存档室。

李红经理："您今天业务就办理完了，我送您出去，您后续有什么问题，都可以问我。我把我的手机号给您，您方便加一下微信么？"

客户周航："可以，正好以后有什么不懂的地方可能还得问您。"

李红经理："好的，当然没问题，我扫您的微信码，我加您。好了，加上了。"

李红经理将周航送到银行门口，目送周航离开。

【工作模拟】

请根据下列客户银行账户资料及客户个人风险偏好测试结果，判断出该客户风险偏好类型，在此基础上判断客户购买哪一种类型的保险产品。

表1-17　　　　　　　　　　夏汇银行客户基本信息采集表

中文姓名	白文杰	汉语拼音	BAI WENJIE
证件类型	√1 居民身份证　2 临时居民身份证　3 户口簿　4 军人身份证　5 武装警察身份证			
证件号码	110103198806153559			
国籍	中国	性别	男
家庭电话	010-8621 2895	单位电话	010-8776 1457
邮编	100010	手机号码	130 9141 6689
工作单位	北京鑫荣科技有限责任公司	工作地址	北京市海淀区中关村北霞光路创业大厦四层4018室
单位性质	□国有企业　□国有控股企业□外资企业　□合资企业　√民营企业□事业单位□国家行政机关□政府	隶属行业	软件和信息技术服务
单位职务	技术研发人员	工作年限	5年
VIP标识	□是　　√不是			
通信地址	北京西城区阜成门内128号康信家园6号楼1单元301室			
家庭住址	北京西城区阜成门内128号康信家园6号楼1单元301室			
您在我行的开户情况			
账号/卡号1	6303 0358 1268 1825			
账号/卡号2				
账号/卡号3				

续表

以下信息为理财客户专有信息：	
出生日期	1988 年　6 月
VIP 卡号	无
婚姻状况	√未婚　　□已婚　　□离异　　□丧偶　　□其他
尊敬的客户：为了向您提供更优质的服务，请您协助我行提供以上个人信息，我行将严格为您保守秘密，敬请放心。 　　　　　　客户签字：白文杰	银行信息采集人签字：周里钊

白文杰填写的夏汇银行《理财客户个人风险偏好测试表》相关项目答案整理如下：

1. 您的年龄是？　客户答案：31～50 岁
2. 年的家庭年收入为（折合人民币？）　客户答案：20 万元～50 万元
3. 在您每年的家庭收入中，可用于作金融投资（储蓄存款除外）的比例为？客户答案：25%～50%
4. 以下哪项最能说明您的投资经验？客户答案：资产均衡分布在存款国债、银行理财产品、信托产品、股票、基金等
5. 您有多少年投资股票、基金、外汇、金融衍生产品等风险投资品的经验？客户答案：2～5 年
6. 以下哪项描述最符合您的投资态度？　客户答案：寻求资金的较高收益和成长性，愿意为此承担有限本金损失
7. 以下情况，您会选择哪一种？客户答案：有 25% 的机会赢取 50 万元现金
8. 您计划的投资期限是多久？　客户答案：5 年以上
9. 您的投资目的是？　　客户答案：资产稳健增长
10. 您投资产品的价值出现何种程度的波动时，您会呈现明显的焦虑？客户答案：出现轻微本金损失

表 1 – 18　　　　　　　　　夏汇银行代理保险产品信息资料

保险产品名称	国寿鑫禧宝年金保险（尊享版）	国寿鑫福稳盈保险产品计划
保险期间	保险期间分为十年、十五年和二十年三种，投保人可选择一种作为本合同的保险期间。	合同生效之日起至被保险人年满九十周岁的年生效对应日止。
投保范围	凡出生二十八日以上、七十五周岁以下，身体健康者均可作为被保险人，由本人或对其具有保险利益的人作为投保人向中国人寿保险股份有限公司投保本保险。	凡出生二十八日以上、七十四周岁以下，身体健康者均可作为被保险人，由本人或对其具有保险利益的人作为投保人向中国人寿保险股份有限公司投保本保险。
交费方式	按年交费	分期交费
风险等级	保守型	稳健型

续表

保险产品名称	国寿鑫禧宝年金保险（尊享版）	国寿鑫福稳盈保险产品计划
监管报备险种类型	年金保险	年金保险
设计类型	普通型	万能型
公司名称	中国人寿保险股份有限公司	中国人寿保险股份有限公司
类型说明	适合风险承受能力较低的投资者购买。	万能型保险产品结构比普通类型保险产品设计更复杂，投资领域更广泛，万能型保险设立投资账户，除债券投资外，还可以投资于股票二级市场，其面临的风险更高、不确定更大。万能型保险产品风险高于普通型保险产品。

表1-19　　初步达成理财愿望评价表

评价指标	分值	得分
对客户进行风险提示到位	10	
妥善保存客户个人信息	20	
对客户进行风险揭示全面	10	
根据风险测评结果判断客户类型	10	
依据客户类型匹配保险产品	20	
与客户进行有效沟通	10	
按照工作流程对客户信息进行收集	10	
按照工作流程对客户信息进行复核	10	
合计	100	

【工作纪律】

　　商业银行应当在客户首次购买理财产品前在本行网点进行风险承受能力评估。风险承受能力评估依据至少应当包括客户年龄、财务状况、投资经验、投资目的、收益预期、风险偏好、流动性要求、风险认识以及风险损失承受程度等。商业银行对超过65岁（含）的客户进行风险承受能力评估时，应当充分考虑客户年龄、相关投资经验等因素。商业银行完成客户风险承受能力评估后应当将风险承受能力评估结果告知客户，由客户签名确认后留存。

　　商业银行应当定期或不定期地采用当面或网上银行方式对客户进行风险承受能力持续评估。超过一年未进行风险承受能力评估或发生可能影响自身风险承受能力情况的客户，再次购买理财产品时，应当在商业银行网点或其网上银行完成风险承受能力评估，评估结果应当由客户签名确认；未进行评估，商业银行不得再次向其销售理财产品。

　　商业银行应当制定本行统一的客户风险承受能力评估书。商业银行应当在客户风险承受能力评估书中明确提示，如客户发生可能影响其自身风险承受能力的情形，再次购买理财产品时应当主动要求商业银行对其进行风险承受能力评估。

商业银行网点经营保险代理业务应当将所属法人机构许可证复印件置于营业场所显著位置。保险公司应当切实承担对其分支机构的管理责任，不得委托没有取得许可证的商业银行或者没有取得法人机构授权的商业银行网点开展保险代理业务。

商业银行网点应当将其保险销售从业人员执业登记情况置于营业场所显著位置，执业登记情况应包括从业人员姓名、身份证号、照片、执业登记编号、所属网点名称等。商业银行保险销售从业人员只能在其执业登记的商业银行网点开展保险代理业务。

商业银行网点应当在营业场所显著位置张贴统一制式的投保提示，并公示代销保险产品清单，包括保险产品名称和保险公司等信息。

商业银行及其保险销售从业人员应当向客户全面客观介绍保险产品，应当按保险条款将保险责任、责任免除、退保费用、保单现金价值、缴费期限、犹豫期、观察期等重要事项明确告知客户，并将保险代理业务中商业银行和保险公司的法律责任界定明确告知客户。

商业银行及其保险销售从业人员应当使用保险公司法人机构或经其授权的保险公司一级分支机构统一印制的保险产品宣传材料，不得设计、印刷、编写或者变更相关保险产品的宣传册、宣传彩页、宣传展板或其他销售辅助品。

各类宣传材料应当按照保险条款全面、准确描述保险产品，要在醒目位置对经营主体、保险责任、退保费用、现金价值和费用扣除情况进行提示，不得夸大或变相夸大保险合同利益，不得承诺不确定收益或进行误导性演示，不得有虚报、欺瞒或不正当竞争的表述。各类保险单证和宣传材料在颜色、样式、材料等方面应与银行单证和宣传材料有明显区别，不得使用带有商业银行名称的中英文字样或商业银行的形象标识，不得出现"存款""储蓄""与银行共同推出"等字样。

保险单册样式应当合理设计，封套及内页装订后为 A4 大小，封面用不小于 72 号字体标明"保险合同"字样，用不小于二号字体标明保险公司名称，用不小于三号字体标明规定的风险提示语及犹豫期提示语，保险合同中应当包含保险条款及其他合同要件。

商业银行及其保险销售从业人员应当对投保人进行需求分析与风险承受能力测评，根据评估结果推荐保险产品，把合适的保险产品销售给有需求和承受能力的客户。

投保人存在以下情况的，向其销售的保险产品原则上应当为保单利益确定的保险产品，且保险合同不得通过系统自动核保现场出单，应当将保单材料转至保险公司，经核保人员核保后，由保险公司出单：投保人填写的年收入低于当地省级统计部门公布的最近 1 年城镇居民人均可支配收入或农村居民人均纯收入；投保人年龄超过 65 周岁或期缴产品投保人年龄超过 60 周岁。保险公司核保时应当对投保产品的适合性、投保信息、签名等情况进行复核，发现产品不适合、信息不真实、客户无继续投保意愿等问题的不得承保。

销售保单利益不确定的保险产品，包括分红型、万能型、投资连结型、变额型等人身保险产品和财产保险公司非预定收益型投资保险产品等，存在以下情况的，应当在取得投保人签名确认的投保声明后方可承保：趸缴保费超过投保人家庭年收入的 4 倍；年期缴保费超过投保人家庭年收入的 20%，或月期缴保费超过投保人家庭月收入的 20%；费缴费年限与投保人年龄数字之和达到或超过 60；保费额度大于或等于投保人保费预算的 150%。

在投保声明中，投保人应当表明投保时了解保险产品情况，并自愿承担保单利益不确定的风险。

商业银行及其保险销售从业人员应当向投保人提供完整合同材料，包括投保提示书、投保单、保险单、保险条款、产品说明书、现金价值表等，指导投保人在投保单上如实、正确、完整地填写客户信息，并在人身保险新型产品投保书上抄录有关声明，不得代抄录有关语句或签字。投保提示书应当至少包括以下内容：客户购买的是保险产品；提示客户详细阅读保险条款和产品说明书，尤其是保险责任、犹豫期和退保事项、利益演示、费用扣除等内容；提示客户应当由投保人亲自抄录、签名；客户向商业银行及保险公司咨询及投诉渠道；中国银保监会规定的其他内容。

商业银行保险销售从业人员应当请投保人本人填写投保单。有下列情形的，可由保险销售从业人员代填：投保人填写有困难，并进行了书面授权；投保人填写有困难，且无法书面授权，在录音录像的情况下进行了口头授权。在代填过程中，保险销售从业人员应当与投保人逐项核对填写内容，按投保人描述填写投保单。填写后，投保人确认投保单填写内容为自己真实意思表示后签字或盖章。商业银行应当将书面授权文件、录音、录像等资料交由保险公司进行归档管理。

拓展练习

选择题：

1. 同样用 10 万元买股票，对于一个仅有 10 万元养老金的退休人员和一个有数百万元资产的富人来说，其情况是截然不同的，这是因为各自有不同的（   ）。
   A. 风险分散   B. 风险承受能力
   C. 风险认知   D. 风险偏好

2. 小李的投资以储蓄、理财产品和债券为主，并结合高收益的股票、基金、信托，优化组合模式。小李属于（   ）的客户。
   A. 保守型投资人   B. 稳健型投资人
   C. 激进型投资人   D. 积极型投资人

3. 风险承受能力一般的投资者类型属于（   ）。
   A. 保守型投资人   B. 谨慎型投资人
   C. 激进型投资人   D. 积极型投资人

4. （   ）是初步达成理财愿望的最终步骤。
   A. 强化客户理财愿望   B. 确认客户理财愿望
   C. 为客户进行风险偏好测试 D. 客户资料收集与复核

5. 在理财产品销售过程中，应遵循风险匹配原则，根据这一原则，商业银行只能向客户销售的（   ）理财产品。
   A. 风险评级高于客户风险承受能力评级   B. 风险评级低于客户风险承受能力评级
   C. 风险评级与客户风险承受能力评级匹配 D. 风险评级与客户风险承受能力评级不匹配
   E. 风险评级等于客户风险承受能力评级

6. 确认客户理财意向包括以下（   ）步骤。
   A. 提取交流信息点   B. 客户资料信息收集建档

C. 客户发现自身理财愿望　　　　　　D. 了解客户偏好

7. 初步形成理财意愿的重要标识是指（　　）。
A. 强化客户理财意愿　　　　　　　　B. 确认客户理财愿望
C. 达成初步合作意向　　　　　　　　D. 客户资料收集建档

判断题：

1. 风险承受能力较低的投资人可以投资高风险的理财产品。（　　）
2. 按照客户风险偏好分类可以分为保守型投资人、谨慎型投资人、稳健型投资人、积极型投资人、激进型投资人。（　　）
3. 客户资料信息的收集与复核是初步达成理财愿望的最终步骤。（　　）
4. 积极型的投资人风险承受能力介于激进型投资人和稳健型投资人之间，此类投资人不注重从投资中获得较为丰厚的回报。（　　）
5. 达成初步合作意向的标志是客户与客户经理留下电话、微信、邮箱等联系方式。（　　）

问答题：

1. 按照风险偏好分类，理财客户一般可以分为哪几种类型？
2. 保险产品的主要分类是什么？
3. 推介保险产品应该从哪几个方面展开？

活动题：

按照自己真实状况填写风险测评表相关内容，完成测试后对自己所得分数进行加总，加总后按照风险测评判断标准判断自己是哪种类型的客户，以及适于投资哪一类产品，并说明理由。

第二单元
分析和诊断客户的财务状况

本单元将学习如何分析判断客户理财需求；在掌握资产、负债及收支含义和主要内容的基础上，准确无误获取到客户或者其家庭的资产、负债及收支财务信息；培养学生分析客户财务信息的基本能力；掌握客户及家庭资产负债表、利润表的编制方法。

表 2-1　　　　　　　　　　分析诊断客户的财务状况学习目标分析

任务名称	知识目标	能力目标	素养目标
任务1　分析客户的理财需求	银行客户的主要理财需求分类	能准确分析判断出客户的理财需求个性	做事认真细致，注重分析研究
任务2　编制客户的财务报表	客户资产负债表、利润表及其现金流量表主要内容	能够规范编制资产负债表、利润表及其现金流量表	
任务3　分析客户的财务状况	理财客户财务状况分析的基本方法	能够准确判断客户的财务状况	

任务1　分析客户的理财需求

银行客户经理需运用专业的分析方法，综合分析和评估客户的财务状况，明确客户理财目标，为客户提供合理的理财建议或规划完整可行的理财方案，更好地满足客户的财富增值需求。银行的客户经理不同于银行其他销售人员，需要与客户形成长期的合作关系，为客户提供综合有效的投资理财建议。全面深入分析客户、精准把握其需求，是开展理财合作关系的前提与关键。分析客户的需求，是客户经理工作的第一步，也是最关键的一步。客户经理提供专业化服务和形成稳定客户关系，主要是通过对客户资料的收集整理来分析挖掘客户的需求，为客户制定能够满足其理财需求和理财目标的理财规划，同时该理财规划的风险水平以及投资金额要能够适应客户的风险投资偏好、能够符合客户的承受能力。分析客户理财需求是规划最优理财方案的前提和基础。

第二单元 分析和诊断客户的财务状况

【任务分析】

表 2-2　　　　　　　　　　　分析客户的理财需求任务分析表

工作内容	业务知识	业务技能	工具使用	职业意识
分析客户的理财需求	客户理财需求的主要种类 客户理财需求的主要影响因素 客户理财需求的差异化特征 客户理财的主要关注点	客户理财需求分析主要技术手段 根据客户信息分析判断理财需求的类型	客户信息采集表	合理利用客户信息，为客户推荐最适合的理财产品，站在客户角度想问题

【知识准备】

　　正确分析客户的理财信息是客户理财规划方案制定前重要的工作内容，其重要性主要体现在以下几个方面：

　　1. 掌握客户信息是分析客户理财需求的前提。深入了解客户是提供理财专业性服务的前提条件。银行客户经理面对理财客户时，需要对客户各个方面的信息有一个深入且全面的了解才能更好地为客户说明推介这种理财产品的充分根据。借助多种多样的信息平台和金融数据形成技术，可以让客户经理获得更多的客户信息。信息的广度和深度在很大程度上决定着我们对客户了解是否有更多的层面，是否能够抓住客户的消费"习惯"。现实中，即使是面对陌生的理财咨询客户，同样需要了解客户的年龄、职业、工作、家庭状况和学历等基本状况信息，以及家庭主要资产、负债、收入、开支等财务信息。借助大数据技术，客户经理可以对客户进行画像，根据不同类型的客户特征有针对性地进行理财产品推介，可以最大程度提高理财产品推介成功的概率。有针对性地推介产品，才能让客户获得适合的理财产品，提高客户对银行的信赖程度和依赖程度，获得最好的客户口碑。掌握客户信息是分析客户理财需求的前提和基础。

　　2. 分析客户信息是推介理财产品的基础。客观的讲，客户处于生命周期的不同阶段、对风险的偏好差异、现阶段的个人及家庭收入水平、是否具有偿债压力及其大小、是否具有理财的丰富经历及其现阶段理财市场的整体表现等因素，都会对客户的理财活动特别是理财产品的具体选择产生积极或者消极的影响。对于理财规划服务而言，没有完整的客户信息资源，难以提供全面综合的建议。当然，仅仅是获取了客户的基本信息和财务信息是远远不够的。客户的信息是多维的，你的分析是多维的，才能真正掌握了客户，你才真正读懂了客户。大数据时代的金融数据特征是客户数据的自动留痕及平台间信息共享。而面对繁杂琐碎的信息碎片，银行客户经理需要用专业的手段及方法对所服务客户的信息进行加工整合甚至是深度挖掘。通过对客户的基本信息、财务信息及社会信息相互对照多方面的信息分析，挖掘出科学、准确的客户理财需求。精准的客户理财需求分析，是客户经理推介理财产品和规划理财方案的重要依据。

银行客户经理在进行客户信息收集行动前，需要进行合理可行的信息收集策略思考，工作过程中要保证获得的客户信息是真实有效的信息，能够从已经获得的客户信息中提炼出准确的客户理财需求。客户经理获取客户信息的主要工作步骤如下：

1. 建立客户对客户经理的信任。客户经理收集客户准确信息的前提和基础是要建立起与客户的信任、合作关系，客户面对客户经理对自己敏感信息包括年龄、职业和家庭状况和财务信息等信息的询问时，本身由于不信任的原因会充满戒备心和警惕性，因而客户经理需要安抚客户的警惕情绪，尝试与客户在轻松的谈话氛围内建立合作关系，获得客户对自己的好感并最终获得信任，为未来建立更深层的合作关系，进行理财产品销售打下良好的基础。

2. 引导客户讲述自己理财需求。客户经理须要了解客户的状况包括：客户的基本信息，例如客户家庭状况、年龄、职业等信息；客户的财务状况，例如家庭的资产、负债、家庭的月收入、家庭的月支出等信息；客户相关的社会信息，例如客户的消费习惯、客户的社会活动记录、客户的交往信息等。客户相对隐私的信息，主要依靠经济或者社会行踪的平台留痕或者其自身的讲述而得到。在建立信任的基础上，客户经理需要尽力引导客户去描述自己的情况，并且清楚地讲述自己对理财产品的需求，这样从客户自己口中讲述的需求，才是客户内心最真实的想法。未来客户经理以客户最真实的需求此作为配置产品的前提和基础，为客户推介本人最需要、最理想的理财产品，能够提高理财产品推介成功概率，更好的形成客户与客户经理的长期合作关系。

3. 制定收集信息框架。客户经理不能漫无目的的搜集客户信息，也不能收集无效信息，应该有针对性地进行信息收集，保证通过既得信息能够得到准确客户需求。在大多数情况下，客户经理主要是在营业网点或者通过走访客户的方式来和理财客户面对面接触。客户经理需要制定信息收集框架，一方面通过信息框架对需要向客户提问的信息进行预设，保证谈话的内容不会"跑偏"；另一方面，能够让谈话更有延展性，将谈话的内容按照框架的轨迹延展出去，保证预设的问题得到答案，也能够更全面地了解客户的理财背景。需要强调的是，有时透过补充的客户信息可以看到一个客户理财需求的偏好。

银行客户经理收集客户信息主要是从银行网点哪些渠道，通过哪些具体方式能够收集到客户信息，是银行客户经理要思考的重要问题。从不同渠道搜集客户信息，客户经理能够获得客户不同的信息"内涵"。获得信息的内容不同，获得的信息量不同，获得的信息性质不同。现有银行网点有些渠道可以获得客户少量非隐私信息，有些渠道可以获得客户大量非公开财务信息。增加获取信息的渠道，扩大单一渠道信息获取量是目前银行客户经理考虑的重要内容。

1. 开户资料获取信息。客户初次到银行填写开户资料的过程中，银行客户经理可以通过开户资料获得客户基本信息，例如客户的姓名、年龄、证件号码、出生日期、联系地址、电话号码、邮箱号码等基础客户信息，银行客户经理可以根据基础信息判断客户的状况。除开户资料外，银行客户经理可以抓准机会，对有投资理财意向的客户，辅助客户填写"客户信息采集表"，表内调查的项目可以更加细致，涵盖的内容可以包括客户的学历、客户的工作单位、客户的兴趣爱好、客户的家庭构成等更加私人的问题，通过开户资料获取的客户信息虽然比较基础，但是客户经理根据对客户以上信息的综合分析能够对客户的理财需求进行综合性的预判，有利于为客户推介适合的理财产品。

2. 银行调查问卷。问卷调查是客户经理获取客户信息的最主要的手段。相比于开户资料获得的客户信息，这种方式获得的客户信息更加全面、清晰，获得的资料更加深入，是客户非公开相对隐私的信息。这种获取客户信息的方式相比于开户资料获取信息，更加简便易行、操作简单，获取信息的目的性更强，获得的信息更有针对性，通过调查问卷获得的客户信息可量化的内容更多，对于后续分析客户理财需求可用性更高。从客户心理接受度来讲，客户更容易接受，在客户的认知中银行调查问卷是购买理财产品的必须环节，更愿意配合，因此填写的问卷内容真实度和可信度更高，这种手段获取的信息也是银行客户经理分析客户需求的重要原始资料。

3. 与客户面谈沟通。银行客户经理与客户进行面谈沟通是继银行调查问卷之后另一种客户信息获取方式，这种信息获取方式是获得客户信息第二重要的手段。通过这种方式获得的客户信息相比于银行调查问卷获得的信息，更加深入，更加隐私，但是这部分信息是难以量化的个人信息，甚至这部分信息带有很多私人性质，包括客户的个人理想和个人偏好，这部分信息对于分析客户理财需求起到关键性作用，客户个人理财需求的个性化差异就是这部分信息导致的。在面对面的接触中，客户经理需要注意的事项更多。首先，客户经理作为服务行业的代表，需要秉承为客户服务的态度，在会面的过程中不能迟到，迟到会给客户带来不好的印象。此时的客户经理代表的不是个人，而是整个银行的形象，客户经理迟到，会导致客户认为该家银行整体的服务不好，从而以后拒绝选择这家银行为自己提供服务。其次，客户经理需要做好准备，谈话的内容和对客户提问的问题要经过精心的准备，不能当场设计问题，漫无目的的对客户进行提问。这样的提问不仅浪费时间，而且还不能从中得到有效信息去分析客户的理财需求。最后，银行客户经理要掌握一些谈话的技巧，谈话不能引起客户的厌烦，有些问题要委婉的提完并得到答案，并且得到的信息是能够提炼出客户理财需求的有效信息。

4. 与客户进行电话沟通。与客户进行电话沟通是理财营销中常见得营销方式。相比于其他的客户信息获取手段，与客户进行电话沟通是成本最低、效率最高的信息获取手段，电话沟通方式打破了时间、空间的界限，能够随时随地获取信息，但这种方式也存在一定的制约性，不能够了解客户的沟通时的状态，得到的客户信息也不一定是有效的信息，因此在能够与客户面谈的情况下尽量不选用电话沟通的方式。电话沟通方式不适用于前期理财产品的推介，但是可以被应用于后期服务反馈。使用电话与客户沟通一定要注意沟通的频率和沟通的时间。客户工作时间内不适宜给客户打电话，打电话之前要先给客户发信息询问是否方便沟通，打电话的频率不要过高。

分析掌握不同客户的理财需求特征，可以更好地为客户勾勒出不同的理财画像，后期根据用户画像为客户推介最适合的理财产品，能够提高产品的推介效率。分析客户理财需求特征，并对需求进行分类是理财推介活动中重要的一步。目前，根据理财目标的不同将理财客户的需求主要分为保障性理财需求、改善性理财需求、投资性理财需求三类。

1. 保障性理财需求。对于此类客户来说，购买理财产品，参与理财投资活动主要目的是为了维持基本生活需求。保障性理财需求客户在理财人群中整体占比重较低，但是银行客户经理对于这部分客户依然不能忽视。财务状况方面，此类客户一般特征是收入水平较低，且收入水平相对比较稳定，每个收入期间的收入差距不大。风险偏好方面，由于此类客户购买理财产品的初衷是为了维持基本生活需求，客户的风险偏好较低，此类客户风险承受能力较差，因此客户经理在推介理财产品时一定要主要控制理财产品的风险。理财目标方面，此类客户为了满足基本生活需求，因此他们可以接受理财产品较低的收益。综合以上情形，客户经理适宜推介风险、收益较低的理财产品。保障性理财需求人群一般集中于较为年轻的大学生以及年龄较大的理财人群中。大学生没有步入社会，一般依靠于家长和兼职工资生活；老年人由于受到投资年龄和投资心态的限制，一般仅希望理财产品能够平稳略有收益即可。理财产品，这两类人群对理财产品的期待收益期待着较低，但是他们同时也希望理财产品风险较低，为了维持生活进行理财产品投资对理财产品的流动性也有一定的要求，要求产品流动性不能太低，要具备一定的变现能力。

2. 改善性理财需求。改善性理财需求客户主要是理财目标为收益稳定增长的客户，这部分客户是投资理财客户中占比最高的客户。大部分客户进行投资理财的目的都是为了实现收益长期、稳定的增长，他们在投资过程中的诉求就是收益要在一定时间内实现预期内的财富增长。由于这部分客户在群体中比重较大，因此此类客户是银行客户经理在实践过程中的主要目标人群。银行客户经理需要对这类人群有更为深入、细致的研究，紧抓此类人群理财需求，从需求痛点下手吸引目标人群进行投资理财活动。客户财务状况方面，此类客户收入相比于保障性理财需求的客户，他们的收入略高，收入水平在整个投资理财人群中占据中等地位，并且这部分人群他们的收入在实现自己自娱的目标外，每个月有收入剩余，将这部分剩余收入进行投资理财。此类客户收入较为稳定，每个收入区间内收入波动小，正是因为此特征这部分群体投资活动具有稳定性，每个人都能有剩余的资金进行投资理财，由于其财务状况较好，相对稳定，成为投资理财市场客户中重要客户群体。以收益稳定增长为理财目标的客户群体是整个理财市场中占比最高的客户。风险偏好方面，此类客户购买理财产品的初衷是为了实现收益稳定增长，理财产品在带来一定收益的前提下风险要可控，因此客户风险偏好是中等风险，有一定的风险承受能力，但是风险要控制在一定范围内，客户经理在推介理财产品时在考虑理财产品的收益，但是同时不能忽视理财产品的风险。理财目标方面，此类客户购买理财产品主要是为了让自己剩余资金不要闲置，在投资过程中能够获得一定的投资收益，为了实现投资收益，需要投资收益略高，但是同时风险可控的平衡型理财产品。此类客户难以承受过高的投资风险，可能导致投资本金的损失；也不能接受过低的理财收益，过低的投资收益不能实现预定的投资收益目标，不符合此类投资者的理财需求。相比于保障性理财需求和大幅收益的理财需求的投资者，这类投资者对于理财目标不保守也不激进，更容易实现。理财人群方面，此类客户的理财人群，一般是具有稳定收入的工薪阶层。工薪阶层全体收入稳定且不同收入区间薪资水平变动较小，且大部分为青壮年，有一定的风险承受能力，也渴求较高收入，一般希望理财产品能有较高的收益。理财产品选择方面，由于收益稳定增长理财客户，不追求高额的理财收益，只希望产品在保证本金安全的基础上获得一定的收益，因此在选择理财产品的时候要选择风险适中的理财产品。相比于投资目标是保障性需求的客户，此类投资者投资的资产变现能力不用很强，保持一定的变现能力即可。

3. 投资性理财需求。此类客户在整体理财客户中占比较低，购买理财产品的主要目的在于获得超额回报，属于投资性的投资需求。投资性理财需求的客户主要是经济实力较强，渴望通过投资理财的方式获得高额的收益与汇报的理财客户。投资性理财需求客户的资金投入量较大，且相关的银行统计数据显示，20%的VIP客户是银行存款来源80%的制造者，投资性理财需求客户应该是银行理财经济重点关注的客户，都是级别较高的VIP客户。投资性理财需求客户经济实力较强，他们投资愿望是获得超过市场收益的高额收益。此类客户不依靠投资理财收益生活，资金量投入量大，且不同收入期间的收益波动较大，单笔理财资金投入量就非常多。投资性理财需求客户追求高投资收益，高投资收益对应着高风险。由于客户资金量较大，经济实力又强，能够承受较大的投资风险，属于风险偏好较高的客户类型。客户经理对此类客户推介理财产品时可以推荐一些高风险同时也能够带来高收益的理财产品，但是这种风险也要适度。一方面，理财产品表现最差的时候可能只有风险让客户独享却没有任何收益可言。客户经理对于投资经验较少的投资者哪怕其风险偏好较高，要提前说清楚理财产品面临的风险有哪些，面临风险的程度有多大。另一方面，对于投资经验较多的投资者可以推荐高风险、高收益的理财产品的，预先与投资者讲清理财产品的风险类别，并确保该风险能够在投资者的可承受范围内即可。投资性理财需求的客户理财目标是为了保证自身的财产能够有一个幅度较大的收益，实现自身资产的保值和增值。与前两类客户不同，此类客户目标更加明确，更加关注资产的增值幅度，对资产带来的预期收益更加激进。投资性理财人群范围较小，属于社会中掌握大部分财富的塔尖上的人群。这部分投资者多是行业中的精英和翘楚，一般以中青年为主，他们正处于年富力强的人生阶段，风险承受能力较强，希望自身的资产能够通过投资理财的方式获得高额收益。由于客户对理财产品的收益有更高的期待，投资高风险的理财产品才能获得高回报得到预期的收益率，此类客户资金实力有相对较强，对理财产品的流动性和变现能力要求较低，可以投资于金融市场风险较高的衍生产品。

要想准确把握客户理财需求，进而分析客户的理财需求，客户经理就需要掌握客户的理财需求受到哪些因素的影响，掌握需求影响因素就能从根本上了解理财需求变化，并且根据其需求"对症下药"，保证理财产品能够满足客户的需求。市场中影响客户的理财需求因素众多，众多因素中对理财需求起决定性影响的因素主要集中在以下几点：

1. 客户的年龄。不同年龄段的人生目标存在着差异，对于理财产品的需求和理财目标制定自然也不一样。老年人和中青年的对于风险的态度有着不同，中青年人的风险承受能力更强，老年人的风险承受能力较弱。处于不同的人生阶段对于财富的认识不同，老年人不仅对于风险的态度保守，对于新鲜理财产品的态度也非常谨慎，他们喜欢熟悉操作简便、风险小的理财产品，例如银行的活期和定期存款；但是中青年人对于风险的态度比较开放和包容，对于新鲜理财产品接受能力强，喜欢高收益的理财产品也能够接受高风险，例如股票和期货以及其他金融衍生产品，因此客户年龄影响着客户的理财需求。

2. 客户的职业。不同职业的客户对理财产品的偏好不同，不同职业的客户需要配备的理财产品也不同。现在社会中职业多种多样，通过职业选择银行客户经理可以了解客户对于人生的态度，从而推测其对于理财产品的态度，尤其是面对理财产品风险的态度；另一方面由于职业性质的不同，我们也可以看到客户对于不同理财产品需求不同。例如，老师和公务员以及机关和事业单位的从业者，由于此类职业从业者追求稳定的生活，客观条件决定了此类客户的收入相对而言比较稳定，虽然有一定的风险承受能力，但是从职业来看此类客户可能比较讨厌风险，追求稳定，在职业上追求稳定，那么在理财产品的选择也追求风险可控。再例如，极限运动的教练和高风险行业的从业者，此类客户从职业选择上选择了高风险的行业，客户经理可以合理推测这类客户是风险偏好较高的客户，喜欢风险也能够承受高风险，可以在征求客户同意的前提下推荐风险和收益较高的理财产品。

    3. 客户的经济实力。相比于其他影响理财需求的因素，客户经济实力是对客户理财需求影响最大的因素。客户的经济实力从根本上限制了投资者投资选择，一方面经济实力制约了理财产品的投资品种；另一方面经济实力制约了客户的风险承受能力。金融市场理财产品种类多，有些产品对起投金额较高，同时此类理财产品风险高，仅适于资金实力雄厚、风险承受能力较高的投资者投资。其他因素影响理财需求都是软性的，可以改变的，经济实力是影响理财需求的硬性因素，经济实力不足难以满足某些理财产品的起投金额不能购买该种理财产品。经济实力强的 VIP 级理财客户在购买理财产品时享有一定的优先权，对于部分限制起投金额的理财产品或不对公众发售的私募理财产品，普通投资者不能投资该类产品。经济实力强的 VIP 客户和普通投资客户由于手中资金量不同，经济实力决定了理财需求。

    4. 客户的对理财产品了解程度。人总是愿意相信熟悉的人，做自己熟悉的事情，理财活动也一样。如果投资者有了一定的投资经历及相关经验，并且从投资活动中获得了一定的收益，这类投资者更愿意购买理财产品。因为此类投资者熟悉理财产品并且从中获益，客户经理为他们推介理财产品时可以从他们投资过的理财产品入手，有投资经历了解理财产品蕴含的风险，可以为此类投资者推荐一些风险较高的理财产品。但是对于没有投资经历或者投资经历较少的客户，难以接受理财产品带来的本金亏损的风险，因此需要为此类客户推荐风险较小、操作简便易行的理财产品。客户经理在推荐产品时要充分考虑到投资经历对理财产品需求的影响。

    客户经理在分析客户理财需求过程中最重要的是分析客户个性化的理财需求，针对不同客户之间理财需求差异进行分析，找到差异点，才能够在工作过程中游刃有余的针对不同客户的需求推介相对应的理财产品。不同理财客户对理财产品的关注点都不一样，客户经理应从理财产品的结构、理财产品收益差异、理财产品面临的风险、理财产品的市场表现、理财产品投资金额差异及其理财产品发售机构结构角度出发，分析客户个性化的理财需求，以及如何针对客户个性化的多样理财需求进行理财产品推介。

    1. 理财产品结构。金融市场上理财产品结构复杂多样，不同类型的客户对理财产品需求不同，有些客户了解理财产品，能够接受设计较为复杂的理财产品的，当然设计结构复杂的理财产品收益水平相对较高。但是部分客户由于没有足够的投资经验或者没有足够的精力进行自主投资，不喜欢设计结构复杂的理财产品，对于这部分客户，客户经理在推介产品的时候要提前与客户说明，理财产品的投资层次和理财产品投资构成，充分满足不同理财客户个性化理财需求。

    2. 理财产品收益差异。不同类型的投资者，对待理财产品的收益的态度不同，一方面是收益波动的程度，另一方面是收益实现的周期。不同客户对于理财产品收益不同，一般来说正常的客户进行投资活动都是追求理财产品的收益，理应收益越高越好，但是投资理财活动中，产品收益并不能全部达到高收益。另外，理财产品的收益分为短期回报型和长期回报型，有些投资者可以接受长期回报型理财产品，能够长期持有理财产品，仅追求长期持有带来的收益。但是部分投资者投资心态较为急迫，希望理财产品短期投资就能看到收益，不能长期持有理财产品。部分投资者可以接受投资收益出现周期性波动，尤其是理财产品收益向下波动，甚至是本金亏损；但一部分投资者不能接受理财产品的大幅波动，讨厌理财产品收益的不确定性，仅喜欢保本的理财产品，因此不同类型的客户对理财产品收益偏好的差异也导致了对理财产品的需求不同。

3. 理财产品面临的风险。不同客户对于理财产品的风险的偏好不同、风险承受能力不同。风险偏好较高的投资者喜欢高风险、高收益的理财产品，他们对风险有较清晰的认识，也能够承受风险，客户经理可以根据此类客户的个性化要求为客户推介高风险、高收益的客户。当然，针对个性化需求，客户经理应该在符合职业道德范围内、客户可以承受的范围内进行推介。风险偏好较低的投资者喜欢低风险、低收益的理财产品，此类客户不愿意也不能承受较高风险，客户经理此时可以为客户推介低风险的理财产品。面对客户对风险偏好的个性化差异，客户经理需要重视这一部分个性化需求，因为风险是投资产品前着重需要考虑的因素。

4. 理财产品市场表现。金融市场理财产品种类繁多，市场表现也不尽相同。市场表现的衡量标准，其重要指标之一是理财产品的收益程度和理财产品收益的波动性。有些理财产品市场表现稳定，不同收益期间的收益差距较小即理财产品收益波动较小。风险偏好较小的投资者喜欢此类理财产品，市场表现稳定，产品收益波动较小；但是部分投资者追求投资带来的刺激感，喜欢市场表现不稳定，难以预计投资收益的理财产品，能够接受不同期间理财产品收益的波动。客户经理在配置资金的时候要关注理财产品历史市场表现和收益变动的程度。

5. 理财产品投资金额差异。客户的理财需求的个性表现也会体现在不同理财产品投资金额不同，此个性化差异受到客户资金实力的制约。资金实力越强的客户，理财产品的起投金额较高，这部分客户有意愿也有实力投资高额理财产品。高额理财产品投资门槛高，当然其收益也越高。但是资金实力较弱的客户只能起投购买金额较低的理财产品，没有实力也没有意愿投资高额理财产品。银行客户经理在向客户推荐产品的时候需要充分考虑客户的资金实力，确定客户理财需求，再进行理财产品推介。

6. 理财产品发售机构。客户对不同理财产品发售机构存在着不同的偏好，有些客户喜欢购买大型金融机构发售的理财产品，认为大型金融机构发售的理财产品从信誉上更有保证，例如大型的国有银行和大型信托、保险公司等。但是，部分理财客户在投资理财产品时，并不注意理财产品的发售机构是否规模大或者著名，而更关心产品的本身的收益水平，那么这部分客户的理财需求不会受到理财产品发售机构的左右。客户经理在推介产品时不能过度瞄准关注理财产品收益的客户或将忽视偏爱金融发售机构的客户需求，应该对发售机构有特殊偏好的客户进行有侧重的推介，在掌握客户喜欢或熟悉某个机构理财产品后，客户经理可以以此为基础进行重点推介。

【工作过程】

为了得到营业网点理财客户的有效数据，客户经理李红和同事们在支行营业部做了为期一个月的现场调查。调查工作的一个重要内容是调查问卷的设计工作。问题设计主要是以下三个部分的内容：

（1）理财产品的需求方面的问题。第一是客户投资理财产品的目的。客户购买理财产品有些为了保值并获得较低的增值，有些为了获得相对高的增值，有的为了短期盈利。有些却是为了长期的资产增值，详细了解投资者投资理财产品的目的有利于工作人员分析客户更适合哪一类型的理财产品，便于销售服务。第二是客户在选择购买理财产品时主要考虑的因素。由于银行理财产品十分多样，风险收益及流动性都存在很大差别，虽然可以更大程度地满足不同客户的需求，但是也给银行工作人员的工作带来了挑战。准确掌握客户购买理财产品时主要考虑的因素，可以指导工作人员直接切入要害，提高工作效率，提高服务质量。第三是初始认购金额。银行现阶段经营的理财产品最低认购金额均为5万元或者5万元以上，虽然很多客户前来购买理财产品，但是他们心目中理想的初始认购金额却不得而知。了解客户心目中的合理初始认购金额有利于银行工作人员引导客户合理消费。第四是客户综合风险和收益后，对不同风险等级理财产品的选择。理财产品大体可以分为保本型和非保本型，保本型收益相对较低但是实现预期收益的可能性较高，而非保本型预期收益相对较高而实现预期收益的概率低于保本型产品。客户根据自己对收益的期望及风险承受能力来权衡自己更倾向于哪一种理财产品。第五是客户心中理想的理财产品期限。由于政策调整，商业银行理财产品的期限普遍短于一年，一般在28天到360天不等，考虑到客户资产的流动性，理财产品的期限长短也是客户购买理财产品时会考虑到的重要因素。第六是银行具有理财产品提前终止权的影响。银行理财产品这一特点并不为大多数客户所了解，在理财产品协议中有条文明确规定，银行在理财产品投资期间有权利提前退回投资，实际投资期内将按预期收益率向客户支付收益。最后是客户投资是否有理财结构的考虑。在销售理财产品的过程中，银行工作人员应注意客户是否具备通过理财产品结构来规避风险、稳定收益的想法，客户是否足够专业的投资水准，将左右商业银行工作人员的工作内容。

（2）理财产品服务方面的问题。要从与理财产品相关服务方面着手，了解金融服务在客户选择理财产品时起到什么样的作用。根据支行营业部工作人员销售理财产品的过程，主要从以下几个方面来了解客户理财服务的不同需求：银行工作人员能否在承诺的时间内提供所承诺的服务；办理业务等待时间的长短是否十分重要；个人隐私的保护是否影响客户对银行的选择；购买理财产品所需手续的繁简程度有何影响；请客户对银行理财产品及相关服务提出意见。

（3）客户方面的问题。影响理财产品不同需求的因素很多，调查以家庭生命周期理论作为调查问卷的基本理念，借以比较不同周期阶段中客户群体对理财产品及服务的不同需求，并分析得出结论。为此，将设计基本背景调查的问题，区分客户处于家庭生命周期的哪一个阶段。主要内容涉及客户的性别、客户所属的年龄段、个人或家庭的年收入、客户对银行业理财产品的熟悉程度。

白广路支行接受调查的客户的年龄分布情况是：41～50岁这一年龄段占白广路支行营业部理财客户的比重较大，为39.0%左右，其次是21～30岁和31～40岁的客户，分别为28.4%和28.0%，50岁以上的客户很少，只占总样本数的4.7%。

表2-3　　　　　　　　白广路网点理财客户年龄结构调查数据分析

项目	21～30岁	31～40岁	41～50岁	51～60岁	60岁以上	合计
有效样本数（份）	67	66	92	11	0	236
占总数比例（%）	28.4	28.0	39.0	4.7	0	100

表2-4　　　　　　白广路网点客户对理财产品认知程度调查数据分析

项目	不了解	知道一点	大概了解	比较熟悉	非常了解	合计
有效样本数（份）	3	81	93	51	8	236
占总数比例（%）	1.3	34.3	39.4	21.6	3.4	100

调查结果显示，对理财产品只知道一点相关信息或者大概了解的客户占比达到73.7%，而对理财产品比较熟悉和非常了解的客户却不足三成。客户的收入水平、对理财产品的了解程度都与年龄有一定的关系，而由于多数人购买银行理财产品时都是家庭行为，并不完全遵照自身意愿，因而这里不再区分客户的性别差异。结合家庭生命周期理论与调查结果，将接受调查的客户分为21～30岁、31～40岁、41～50岁三个阶段。从对年龄样本描述可以看出，存在极少数年龄在50岁以上的客户，但是占比非常低，用于分析阶段性需求不具有代表性，那么在分析过程中，将50岁以上的少数样本归于41～50岁这一阶段。为了让调查结果对比明显，客户经理李红将数据进行统计后绘制成了条形图。在理财业务服务需求方面，客户的偏好如图2-1，图2-2所示。

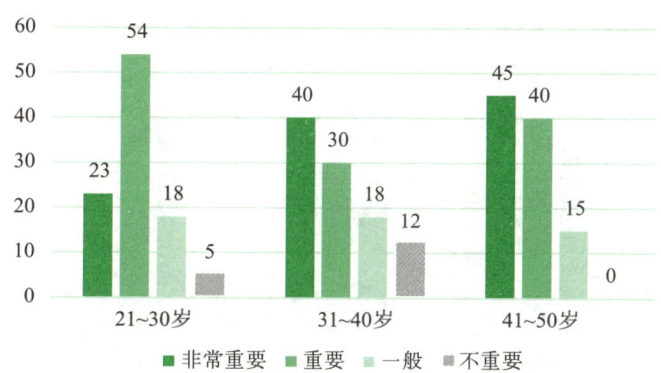

图2-1　银行能否在承诺时间内提供服务数据分析

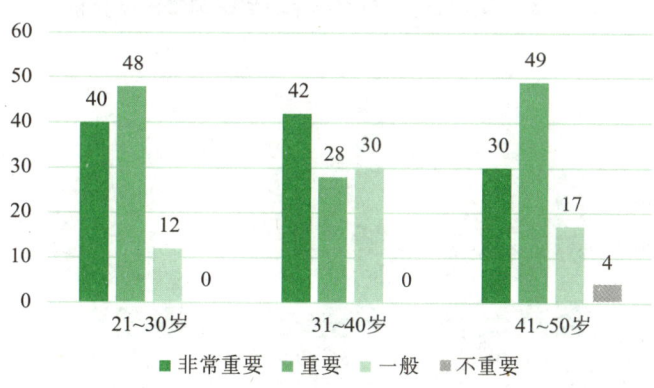

图2-2　客户购买理财产品手续繁琐程度数据分析

北京白广路支行营业部的理财客户存在很多的共同点。最明显的是理财客户对银行的服务质量有着很高的要求。不论年轻的客户还是年长的客户都要求银行尽量减少其办理业务前等待的时间，要求银行工作人员提供有效率的服务，要求购买理财产品手续尽量简单，以此减少享受金融服务的时间成本。在理财产品本身需求方面,白广路支行营业部的客户偏好如图 2-3 至图 2-8 所示。

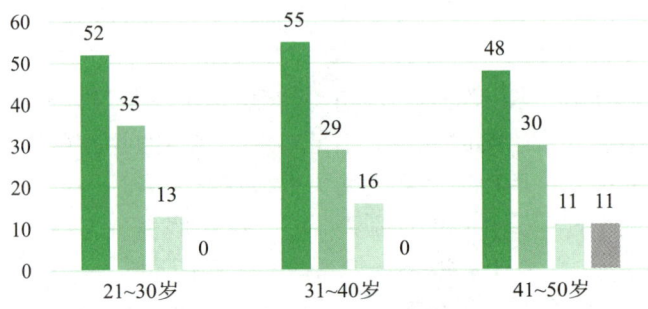

图 2-3　客户选择理财产品主要投资目标数据分析

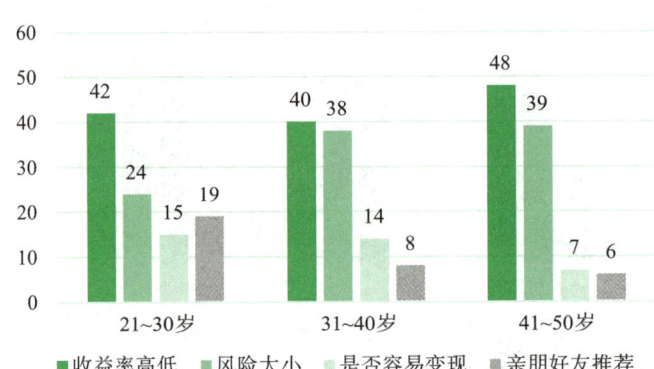

图 2-4　客户选择理财产品主要影响因素数据分析

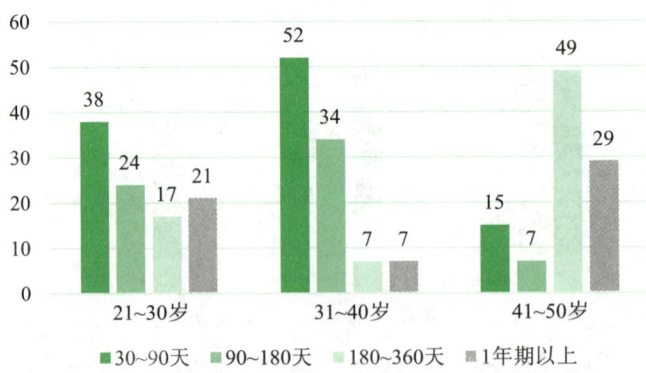

图 2-5　客户选择理财产品投资期限数据分析

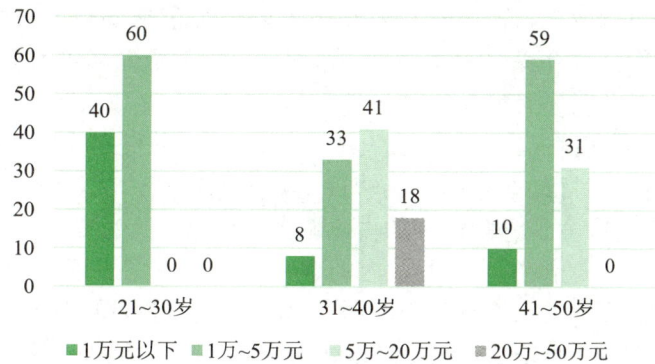

图 2-6　客户选择理财产品初始投资额数据分析

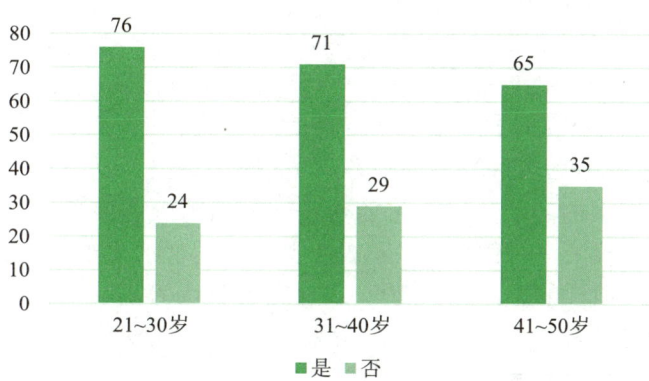

图 2-7　客户选择理财产品受提前终止权影响数据分析

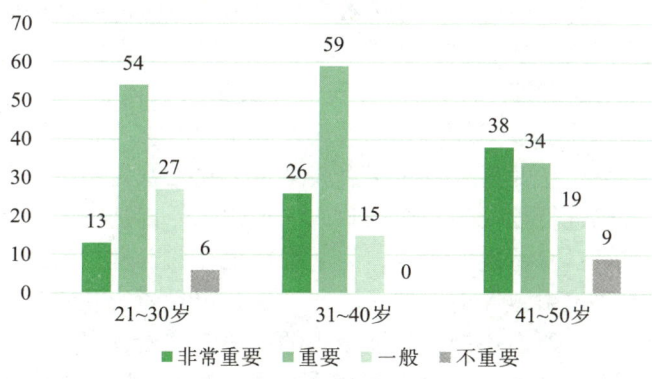

图 2-8　客户购买理财产品是否考虑理财结构问题数据分析

从统计图中不难看出，白广路支行的理财客户总体上来说都属于风险规避型的客户，在衡量风险和收益时都以确保本金安全为第一选择，但是在其他方面每一个年龄段的客户都存在着差异。

（1）21~30 岁客户中有 52% 的人希望在保证本金安全的前提下可以获得短期的固定收益，35% 的人希望可以通过短期的资产价值波动获益，仅有 13% 的人关注长期的收益。与之对应的，21~30 岁的客户在购买理财产品时除了考虑到风险收益外，也有 15% 的人首先充分考虑到理财产品的变现能力，确保其自身不会发生流动性危机，所以有 65% 的人更希望购买期限在 180 天以内的理财产品。从对理财产品特征了解的角度来看，有 15% 的人认为了解理财产品的投资结构和投资方向是没有必要的，他们更倾向于将自己的财产完全的交给银行，只关心自己的收益是否能够实现。

（2）31～40 岁客户在投资的目的方面与上一阶段的客户呈相同的特征，但是值得关注的是，在 31～40 岁这一阶段的客户中，能够接受短期的资产价值波动，希望获得长期受益的客户所占比例比 21～30 岁这一阶段中的占比略高。但是，其对资产变现能力的要求更高，有 65% 的人更希望投资与期限在 180 天以内的理财产品。在购买理财产品时考虑手续繁简度等与实质收益无关的因素的人所占比例相对于 21～30 岁这一阶段减少了近 20 个百分点。从对理财产品特征了解的角度看，处于这一阶段中的客户更加专业，有 84% 的人认为了解银行理财产品所筹资金的投资方向是十分必要的，他们更倾向于自己根据实际情况决定如何理财，愿意为自己的收益与损失承担责任，也更相信自己的能力。

（3）41～50 岁客户逐步走向成熟投资。虽然大多数都还是关注资产能否保值，但是也有 22% 的人认为长期的投资收益更值得关注，同样的，在购买理财产品时所考虑的因素中，投资产品的变现能力，资产的流动性显得并不重要了，只有 7% 左右的人关注产品的变现能力，却有 78% 的人考虑收益与风险。在选择不同期限的理财产品方面，这一阶段的客户也更倾向于选择 180 天以上的产品，如果可能实现，他们更愿意投资期限大于一年的理财产品。这与前两个阶段的投资者对比来看，都是投资理念越来越成熟的表现，也是投资的实力不断加强的表现。这一阶段的客户只有 70% 以上的客户认为了解银行理财产品所筹资金的投资方向与投资结构是非常重要，这一比例反而小于上一阶段，有 30% 的人愿意将自己的资产交给客户经理或完全听从其建议进行理财产品的购买。

客户对个人理财产品的需求呈现多样化的特征，虽然被调查者都在购买理财产品，但是他们购买的原因及购买时所考虑的因素是有着很大差别的。而造成这种差异存在的原因是多样化的，下面从收入、消费习惯、教育水平、心理因素等几个方面来进行分析。

（1）收入。随着我国经济的飞速发展，我国居民个人收入水平也有了很大的提高，也正是因为收入水平的提高才引致了居民对个人理财产品的需求。而居民收入的不同水平严重影响了其对居民个人理财产品的需求。对于个人来说，收入首先用于消费和储蓄，慢慢随着储蓄的增多，引致了人民进行投资的需求，收入水平的高低直接决定了人们消费、储蓄和投资的结构。无论居民是否具有一定的收入，为了维持生存的自发性消费都会存在，而收入的多少及边际消费倾向会决定引致性消费的大小。但是，边际消费倾向是呈递减趋势的，也就是说随着收入的增加，消费所占比例是逐渐减小的，那么收入越高，用于储蓄和投资的资产就越多，而且所占比例也不断增大。21～30 岁这一阶段的客户多数是刚刚步入社会，经验缺乏，能力不足，所以他们取得的收入也相对较少，所以在所有理财产品投资客户中他们的占比也是比较少的，与之相对的，41～50 岁这一阶段的客户事业上已经走向巅峰，收入高且稳定，所以这一阶段的客户用于投资的资产更多一些。另外，收入水平高低对理财产品需求的影响还表现在不同年龄段的客户对流动性的偏好上，年轻的客户由于收入的大半用于消费，手中能够满足预防性动机这一心理的资产很少，那么他们必然会要求自己购买的理财产品有较高的变现能力，以备突发事件发生时不会出现个人的财务危机。对于中年人来说，事实却是相反的，所以，他们更倾向于购买期限较长收益较高的产品，放弃流动性而追逐收益。

（2）客户财富结构。虽然大多数人的主要资产是个人的能力，但其财富的结构还是存在着不同，而这种不同对其理财产品需求产生了很大的影响。如果个人或家庭财富构成中人力财富的绝对比重非常大，那么他们出于谨慎性动机而持有的货币就会相对较多。谨慎性动机的多少在理财产品购买过程中主要表现在他们的投资目的及对不同期限的理财产品的选择。21~30岁这一阶段的客户要么还未婚，要么刚刚组成家庭，他们的个人或家庭财富结构主要组成部分就是个人能力，几乎没有或少有非人力财富的积累，所以他们在投资时会非常谨慎，希望手中能够持有一定的流动性高的理财产品，所以他们在确保自己投入本金绝对安全的前提下，更想追逐稳定安全的收益，不愿意接受资产价值的波动，在选择理财产品时，他们多数选择了期限在180天以下的产品。相对应的，41~50岁这一阶段的中年客户，家庭已经进入成熟期，在个人或家庭财富构成中非人力财富的比重相对较高，甚至有些家庭非人力财富的比重高于人力财富，他们在投资的时候会显得比较果断，关注理财产品的长期收益，对于短期的资产贬值不会太在意，在投资时多数选择周期在180天以上的产品。

（3）消费观念。随着商品经济的快速发展，现在的商品市场可谓商品多样服务多样，供应商尽可能地满足各种消费者的不同消费需求和消费心理。在这种市场环境下，中老年人大都保持着以往经济时代所养成的消费观念，他们注重产品本身的质量，希望物品物美价廉，经久耐用，而对于价格较高的物品或者服务，他们多坚持先积累财富，手中的钱足够时再一次性付全款购买；而年轻人却受到了现代商品市场的影响，消费时更注重自己的感觉，对较量高、创新型的产品有着浓厚的兴趣，年轻人更接受跨期消费，对于高价格的产品多通过分期付款方式进行购买。消费观念方面的差异加大了其财富构成方面的差异。中老年人财富构成中非人力财富的增长速度更快，而年轻人财富构成中非人力财富的增长速度愈加缓慢。年轻人这种消费观念也影响着银行理财业务对21~30岁客户需求的定位，他们在购买理财产品的过程中会比中老年人更注重感觉上的享受。年轻的客户对银行工作人员着装、工作时的礼貌态度、工作效率有更高的要求，也更加挑剔。年轻人会考虑到购买理财产品所需手续的繁简度问题，而中老年人对于这一点几乎没有任何好恶。

（4）受教育程度。对理财产品的了解程度多与受教育程度呈正相关关系，受教育程度越高的理财客户对理财产品的熟悉度越高；相反，受教育程度低的客户对理财产品的了解则相对较少。由于经济的发展快速，资源丰富，白广路支行营业部又处于城市中心区，被调查客户中大多数41~50岁的中年人大都没有接受高等教育经历，他们对新事物的理财多基于生活经验而不是有逻辑框架的知识；而21~40岁这一阶段的客户多数是大专或大学本科的学历，尤其是21~30岁的客户接受大学本科教育的人所占比例较大。调查结果显示，青年人对理财产品的了解要更多一些，而且，在购买理财产品的过程中，他们也更有欲望了解理财产品的具体情况，比如理财产品所筹资金的投资结构等，更希望在了解理财产品的基础上通过自己的分析判断进行合理投资；中老年人则大多数只关注理财产品的收益、风险等内容，对理财产品的具体情况不大感兴趣，也更愿意直接接受理财经理所推荐的产品。另外，受教育程度的高低也影响了客户对个人隐私的重视程度，受教育程度较高的年轻人更有维护个人隐私权的意识，希望银行工作人员能够充分保护他们的隐私；与之相对的，中老年人中的一部分并不重视个人隐私，甚至有人将密码交给客户经理保管。

对支行网点客户的理财需求有了科学的需求分析，客户经理李红把本行的理财产品种类重新进行了梳理。今天，李红要接待一位事前约好的理财客户王森林。王的理财经历比较简单,毕业后参加了工作,目前在网点周围的一所中学里任高二物理老师,27岁,已经工作了两年的时间,小有积蓄。由于平日工作比较忙的原因,难有较多的空闲时间打理自己的资产特别是存款。主要是购买过国债和大额可转让存款产品,基本上是在柜台转存定期存款时由银行柜员推介并帮助操作购买。

王森林利用换卡的机会来到夏汇银行北京白广路支行网点向当班的客户经理李红进行咨询。王森林目前仍是单身一人,父母均有稳定的工资收入,不需要供养父母也没有子女问题。王森林个人经济负担较轻,每个月的工资仅需要负担个人生活支出。

和王森林握手时,李红经理似乎感觉到这个人好像就在周围的工作单位上班,是个"熟脸"客户。她非常热情地对王森林说:"您好,有什么可以为您服务的?"

王森林讲:"您好。我想购买一些理财产品。咱们银行有什么理财产品目前收益还比较好?您给推荐一下。"

客户经理李红向王森林介绍了债券类、银行类、结构型以及基金类理财产品的不同特征及其会面临的主要投资风险。王森林则在李红经理的详细讲解后,了解了不同类别理财产品的收益特征,以及它们的风险特性。王森林结合自己的状况及自身的投资偏好对投资产品有了自己的初步想法。

李红想:既然这位客户这么询问,大概是对理财产品并没有太多的了解。于是,她将王森林引到贵宾接待室,打算具体分析一下王森林的财务信息后,再向王森林推荐相关理财产品或者提出规划理财方案的想法。想到这里,李红为王森林倒了一杯水后对其说:"您先喝点水"。

王森林回答说:"谢谢您。"

李红想:是有些私人信息不适合上来直接问客户,需要慢慢了解。于是李红问了问王森林对于理财的了解情况,将话题引到理财产品上,引导王森林说出自己的理财需求。

王森林比较健谈:"我对于理财产品不是很了解,因为工作比较忙,所以自己没有时间打理,所以直接想购买些银行理财产品,自己平日可以比较省事,不用像股票那样老是盯盘,当然这些信息都是平日里在办公室听同事们介绍的。自己也没有去验证过!"

李红经理听了王森林的想法,心里已经有了初步的判断:"鉴于您了解银行理财产品不深,需要先问一下您对理财产品风险的看法。理财产品风险越高,收益越高;风险越低,收益越低。我想了解一下您对理财产品风险和收益的需要是怎样的,如果时间要是允许的话,请您现在详细说说您的情况,我会根据您的需要为您配置理财产品。"

王森林讲:"因为我现在的情况是一个人独居,并且我的父母尚未退休,都有稳定的经济来源,因此我只需要考虑自己的情况。我的经济负担比较低,对风险损失有思想准备,所以我能够承担的风险比较大。我比较看中理财产品的收益,并且我能够承担一定的风险,您可以给我推荐一些高风险、高收益的理财产品。"

李红判断王森林是个标准的追求高收益型的大幅收益追求者,但她知道王森林是一名普通的中学老师,一般这样稳定职业的投资者都是追求稳定收益的投资者,但是王森林却强调自己是追求高收益的,并不惧怕高风险问题。出于谨慎性的原则,她觉得需要对王森林进一步了解才能得出正确的判断。

李红经理:"目前大致了解了您的基本状况信息和对理财产品的主要需求,但是为了更精确地为您推荐适合的理财产品,有些问题还需要进一步向您核实一下。我想问一下,您以前虽然没有购买过理财产品，但是关注过理财产品么？"

王森林："我曾经关注一段时间的理财产品，但是受制于我工作性质、工作时间，我没有太多时间关注理财产品，所以说我希望能够把专业的事情交给专业的人做，希望有类似银行这种专业的机构来帮我运作自己的理财产品。"

李红经理："您对资金的流动性有要求么？也就是您急用钱的时候多么？您能接收理财产品投资期限长么，您能接受理财产品投资期限最长到什么程度？"

王森林思索了一下说道："我对资金流动性要求不高，除理财资金外我为自己预留了生活用资金，我最长能够接受理财产品期限3年左右，但是对于有封闭期的产品一般我期待其收益还是应该更高一些为好。"

李红更加确认了自己的想法，王森林明显是个风险偏好较高的客户，未来在推介理财产品的过程中可以推荐一些风险略高的产品，而且王森林对于资金流动性要求比较低，推介的时候可以有所偏重较高收益及风险产品。

李红经理："我想了解一下您对理财产品有什么特殊的要求或者偏好么？"

王森林："我想购买本银行推出的理财产品，但品质须有保证。"

李红经理："我们银行推出的这三款理财产品从产品质量表现来看目前是排在理财产品收益榜前十位的，您可以投资购买，其近期的收益回报应该是没有什么问题的！特别是嘉时赚产品的客户对其年收益率表现是相当满意的！是我们目前销售最好的理财产品。"

……

李红双手将客户个人信息采集表递给王森林，并且告知王森林该表如何进行填写，表内的信息包括客户的姓名、性别、年龄、身份证号码、联系方式、工作地址、是否在本行开卡、婚姻状况等客户个人基本信息。

王森林认真的填写客户信息采集表，李红对王森林信息采集的过程进行全程录像，在王森林完成信息采集后查看了王森林的个人基本信息，并结合以上谈话内容和个人基本信息，掌握了王森林的基本理财需求。最后李红对王森林的个人基本信息进行建档留存。

李红经理："金融理财产品种类众多，但有很多理财产品并不符合您的需求与财富实力，为了给您筛除不符合的理财产品，有几个小问题想与您确认一下。""想问一下您目前可流动的金融资产有多少？"

王森林感觉比较陌生了："可流动金融资产是什么意思？"

李红经理："简单来说就是您目前能够拿出来用于金融理财产品购买的资金有多少？您是希望一次性大额购买理财产品，还是希望多次分批购买理财产品。"

王森林："我目前资金有限，还是希望多次分批购买理财产品，我现在手中可用的流动资产大概20万元。"

李红经理："您能够接受长期的理财产品么，还是说您对资金的流动性和可用性要求比较高，希望资金能够随时回笼，想要流动性较好的理财产品呢？"

王森林："我目前没有需要急需用资金的事情，但是我也需要留一些资金以备不时之需，一部分资金可以做长期投资，一部分购买流动性较好的理财产品吧。"

李红经理："好的，您的风险偏好状况和资金状况以及您对理财产品投资期限的诉求我大致了解了，现在还有一个问题想问一下您，您平时有时间看理财产品么，或者自己有时间、有兴趣研究理财产品么？"

王森林："我本人对理财产品很感兴趣，但是受到工作性质的制约，我本人研究理财产品的时间很少，周围也没有多少懂行的人，所以我希望理财产品能够让我比较省心省时最好。"

李红经理："您对于理财产品的诉求我基本掌握了，您可以购买我们夏汇银行这款年收益率5.8%的夏行盈系列的理财产品，起投金额1 000元，您可以用一部分存款购买这种理财产品，另一部分资金购买我行代销的这款天天赢基金产品，年化收益率预期能够达到25%，但是风险会较高一些，基本符合您的投资需求。这款产品有一定的封闭期限，申购和赎回的周期较长。您想要购买理财产品，可以着重考虑这两款理财产品。"

王森林："谢谢您推荐的理财产品，我着重的看一下这两款理财产品。目前我的存款还在定期存款里没到期取不出来，我想等我的存款两个星期到期之后再购买理财产品，您看这样行么？"

李红经理："没问题，您已经在我们这里进行客户建档，我们也对您的信息进行了留存，您随时过来找我购买理财产品。另外我需要跟您说明，我们以上在这里的谈话，因为涉及您的个人信息，您的信息我们银行工作人员会为您保密，请您放心，未来您进行理财产品购买，如果您个人对于理财产品投什么要求都可以随时与我联系，我会根据您最新的需求为您推介适合的理财产品，帮助您更好地进行理财规划。"

王森林感觉这个理财经理非常的专业，更坚定了未来通过该客户经理进行理财产品的购买与投资。李红经理将王森林送到营业大厅外，目送王森林离开。

【工作模拟】

根据下列资料模拟在与客户的不断接触过程中对客户理财需求做出基本分析判断并适时推出客户可能感兴趣的理财产品。

12月15日下午，一位穿着时尚的年轻女孩来网点查询卡内余额，等候时大堂经理向其发放了基金定投折页，并运用基金定投话术向客户解释基金定投，客户表示有兴趣，并打算办理定投，但当时时间已过，客户表示第二天上午过来办理定投。12月16号上午客户按约定过来，当即办理了每月1 000元的基金定投。大堂经理通过KYC，了解到客户在某家商业银行还有20万元的活期存款，且此笔钱将近有一年的时间不会动用，客户欲打算做理财产品，大堂经理遂将客户转介绍给客户经理处。客户经理运用KYC了解到客户所拥有的总资产，且客户还有投资金条的打算，但20万元的活期可能会在某个时间取出来，由于当时不知道网点能够办理金条业务，理财经理遂向其推荐银行的日积月累产品，客户表示当日下午会将其商业银行的存款转到本网点来做"日积月累"。当天下午客户如约而至，办理了10万元的日积月累。客户经理将此客户录入本行FTS，继续后续的跟踪与维护。在得知网点能够投资金条时，表示会在近期对该客户进行电话邀约营销金条的计划。表2-5是客户个人信息采集表，本行个人银行流水表，个人消费记录信息。

表 2-5　　　　　　　　夏汇银行北京白广路支行个人客户信息采集表

中文姓名	李玉	汉语拼音	LI YU
证件类型	√居民身份证 □临时居民身份证 □户口簿 □军人身份证 □武装警察身份证		
证件号码	110103200007135673	职业	工程技术
国籍	中国	性别	女
住宅电话	86212895	单位电话	8771453
家庭住址	北京市西城区白广路枣林前街甲 5 号榆林家园 13 楼 2 单元 903 室	手机号码	13091416689
通信地址	北京市西城区白广路枣林前街甲 5 号榆林家园 13 楼 2 单元 903 室	邮编	100010
VIP 标识	□是　　　　　√不是		
账号/卡号	6301157700002836		
出生日期	2000 年 07 月 13 日		
VIP 卡号	无		
婚姻状况	√未婚 □已婚 □离异 □丧偶 □其他		

交易时间	交易类型	交易明细	交易金额	账户余额	对手信息
2021.09.01	消费	生活日用品	-100.30	4 187.59	北京新蕾零售有限责任公司
2021.09.01	报酬	工资	19 007.30	23 194.89	北京星云软件技术有限公司
2021.09.02	转账	工资	20 415.20	43 610.09	北京科创信息技术有限公司
2021.09.03	转账	利息	3 021.45	46 631.54	北京科创信息技术有限公司
2021.10.04	消费	服装	-605.40	46 026.14	王府井百货股份有限公司
2021.10.05	转账	工资	13 425.87	59 452.01	北京科创信息技术有限公司
2021.10.07	消费	LV 专柜店	-19 000.00	40 452.01	深圳世贸路唯品店有限公司
2021.10.10	转账	工资	6 005.98	46 457.99	北京科创信息技术有限公司
2021.10.11	代发	工资	9 086.23	55 544.22	北京立信信息技术有限公司
2021.10.17	消费	生活日用品	-1 450.00	54 094.22	北京顺兴信息技术有限公司
2021.11.03	工资	工资	15 678.49	69 772.71	北京科创信息技术有限公司
2021.11.20	消费	保险费用	-2 000.00	67 772.71	友邦保险北京有限公司
2021.12.02	工资	工资	21 008.97	88 781.68	北京科创信息技术有限公司
2021.12.13	报酬	转账	4 509.88	93 291.56	北京寰宇科技有限责任公司

表 2-6　　　　　　　　　　分析客户理财需求评价表

评价指标	分值	得分
与客户信息沟通的方法正确	10	
适当使用话术	10	
获取客户信息全面	10	
按照规定进行业务操作	10	
预防客户财务信息泄露提示	10	
根据信息判断理财类型	20	
分析客户个性理财需求	20	
考虑理财需求的影响因素	10	
合计	100	

【工作纪律】

理财需求分析要适合客户的年龄特征、生命周期特征、知识储备水平、风险承受能力及其理财产品消费实力要求。

营销人员要建立客户信息登记表，对搜集到的客户信息，要在第一时间登记建档，登记的信息要尽可能准确、详尽、完善。

对客户信息选择合适的方式进行交流沟通，根据信息反馈，对客户情况进行评估，根据评估结果分类登记为目标客户，潜力客户，暂时无效客户。对目标客户和潜力客户要及时登记到公司统一的销售客户分类登记表对有潜力的客户信息进行留存，为了日后更好地开展营销工作做铺垫。

营销人员在与目标和潜在客户取得联系后，要充分与客户沟通，了解客户详细信息，选择合适的供货产品，制订切实可行的销售达成方案，包括公司总体管理框架内的样品制度、价格政策、技术支持、结算方式、包装物流，售后服务等合同要素的综合运用。进行实质性谈判前要有已经获得申请授权的变预案。

拓展练习

选择题：

1. 下列属于定量信息的是（　　）。
   A. 客户财务信息　　　　　　　B. 客户家庭基本信息
   C. 客户个人兴趣爱好　　　　　D. 客户职业生涯发展与规划
2. 客户经理建议客户尊重金融实务中客观规律的存在，是在执行（　　）。
   A. 实事求是原则　　　　　　　B. 谨慎性原则
   C. 诚信原则　　　　　　　　　D. 客观性原则
3. 同样用10万元买股票，对于一个仅有10万元养老金的退休人员和一个有数百万元资产的富翁来说，其情况是截然不同的，这是因为各自有不同的（　　）。
   A. 风险分散　　　　　　　　　B. 风险承受能力
   C. 风险认知　　　　　　　　　D. 风险偏好
4. 客户信息分为定量信息和定性信息。下列不属于定量信息的是（　　）。
   A. 家庭收入、支出金额　　　　B. 家庭储蓄额度
   C. 家庭资产、负债情况　　　　D. 家庭理财风险偏好
5. 以下哪一类型的理财客户是市场中占比最大的理财客户（　　）。
   A. 维持生活的理财需求　　　　B. 收益稳定增长的理财需求
   C. 大幅收益的理财需求

多项选择题：

6. 下列属于客户经理了解客户、收集信息的渠道和方法的有（　　）。

A. 跟踪客户 B. 调查问卷
C. 开户资料 D. 面谈沟通
E. 电话沟通

7. 商业银行向客户提供财务规划、投资顾问、推介投资产品服务时，应首先调查了解客户的（　　）后，再评估客户是否适合购买所推介的产品，并将有关评估意见告知客户，双方签字。

A. 风险承受能力 B. 投资经验
C. 兴趣爱好 D. 财务状况
E. 投资目的

8. 下列属于客户财务信息的有（　　）
A. 客户的投资偏好 B. 客户的社会地位
C. 财务结构 D. 收支状况
E. 客户的年龄

9. 下列选项中，属于客户非财务信息的有（　　）。
A. 客户的职业发展
B. 客户的投资偏好
C. 客户当前的收支情况与财务结构
D. 客户的年龄
E. 客户的社会地位

10. 以下哪些因素影响客户的理财需求（　　）。
A. 财产品的结构 B. 理财产品收益差异
C. 理财产品面临的风险 D. 理财产品的市场表现
E. 理财产品投资金额差异

11. 以下哪一类不属于客户理财需求的类型（　　）。
A. 保障性理财需求 B. 改善性理财需求
C. 投资性理财需求 D. 激进型理财需求

问答题：

1. 哪些因素能够导致客户个人理财目标的不同？
2. 个人理财需求的差异性主要体现在哪些方面？

案例题：

请根据下列三位理财客户的特殊情形，找到与对方沟通的理财兴趣点，同时帮助其寻找到自己适宜的理财产品可选择种类。

1. 客户经理曾电话咨询王景明先生是否有兴趣购买黄金产品，王回答说：自己在廊坊开有工厂，比较忙，但对黄金有兴趣，听周围朋友说过黄金能保值增值。希望能派个业务代表去给讲解一下，实在没有空来网点办理相关手续。因为客户经理不知道去了后能不能开户成功，且网点工作一直是很忙，觉得把握不大就没有去。此事后来也就沉寂下来了。

2. 张松先生今年46岁，做传媒工作，快人快语，前期接触的时候对其印象是对理财比较有兴趣，也能说出一套一套的理财理论来。有过小额理财产品投资经历。客户经理不考虑开发其的原因是理财产品认购金额不足，且比较忙，经常电话联系不上。时间一长也就加入了理财中的"睡眠"客户队列。

3. 客户经理预约客户林果然有几次，但其基本上都是在外埠出差，要几个月后才回来，回来再看看。几次过后，有的客户经理觉得其是在推脱，有的觉得其开发成功的可能性微乎其微，因而现在网点里的营销人员几乎是忘却了这个理财客户的存在。但其同单位的同事来网点办公时曾不经意间透露其家底殷实，是单位里有名的"大财主"。

任务2　编制客户的财务报表

在给理财客户个人或者家庭规划理财方案之前，需要对理财客户个人或其家庭的财务状况有所了解，而这种信息获取既有个人及其家庭的资产、负债及其净资产方面的，也有个人或其家庭收支方面的。当然，个人或其家庭的现金收支目前也是客户经理需要关注的重要信息。所有这些信息，需要通过编制客户的个人财务报表最终以专业的手段体现出来。编制客户个人财务报表的质量直接影响着后期对客户个人或其家庭财务状况的全面和准确判断，决定着后期规划客户理财方案的质量。

【任务分析】

表2-7　　　　　　　　　编制客户的财务报表任务分析表

工作内容	业务知识	业务技能	工具使用	职业意识
编制客户的财务报表	理财客户财务报表的主要种类 客户资产负债表编制原理及其主要项目填列方法 客户收入支出表编制原理及其填列方法 客户现金流量表编制原理及其主要项目填列方法	规范编制理财客户的资产负债表、收入支出表和现金流量表 使用相关方法检验客户财务报表编制的正确性	理财客户资产负债表、收入支出表和现金流量表 理财客户财务报表的基础资料 金融计算器 电脑设备	规范工作，做事严谨

【知识准备】

个人财务报表是用以反映个人或其家庭财务状况和财富增减变动的会计报表，主要用于个人或其家庭的财务计划，如取得分期付款购货优惠、缴纳个人所得税、申办信用贷款上学、编制退休计划和赠送遗产计划等。个人财务报表主要包括有个人及家庭资产负债表、个人及家庭收入支出表和个人及家庭现金流量表。

通过编制客户的财务报表，能够全面反映个人及其家庭在特定日期的资产、负债及其净资产，了解客户的财富规模及其理财实力基本数据；了解个人及其家庭在一定时期内的经济收入、经济支出以及结余情况，分类反映个人及家庭中各项经济收支，鼓励人们积极计划家庭收支，同时也能促使家庭人员本着量入为出的原则，合理安排开支，节省费用；而个人及家庭现金流入和现金流出的安排可以让客户经理更加全面看到个人及家庭使用现金流的主要收支结果。无论是对从事个人理财规划的专业人士来说，还是对家庭和个人而言，家庭财务报表对于理财和现金流管理都有着重要的作用。家庭财务报表的编制基本参照已经发展相当完善的企业会计和财务报表，是对家庭的经济活动进行记录、核算和管理，两者在原理和方法上基本相同。个人及家庭财务报表具有如下的重要特征：

1. 信息不对外公开。企业财务工作的主要目的是向投资者、债权人、经营管理者及政府部门提供企业的财务信息，这些信息要定期向社会公开。而个人及家庭财务工作的主要目的是便于个人或者家庭财产管理，其所反映的信息一般供主要家庭成员了解，不需要对外公开。当然，在需要外部人提供涉及财务问题的帮助时，要向理财师、保险顾问、税务顾问、律师、贷款人等提供。正是由于个人及其家庭财务不需要定期对外报告信息，所以也就不受严格的会计准则或国家会计、财务制度的约束。

2. 不要求计提资产减值准备。在企业财务管理中，为审慎计量企业资产，按准则要求，必须对各项资产计提资产减值准备，作为对应资产项目的备抵科目列入资产负债表。个人及家庭财务管理中没有严格要求对主要资产项目（如住房、汽车、股票、债券等）是否计提资产减值准备，可视家庭需要和当时的经济环境而定，谨慎的家庭可在金融市场和房地产市场风险较高时计提。

3. 是否计提折旧要考虑具体资产特征。企业要按照规定对固定资产计提折旧。对个人或者家庭而言，虽然住房、汽车等也有折旧问题，但就目前来看，个人拥有的不动产主要是自用，并非用于生产经营。其次，房屋的价值更多时候是升值的表现，因而计提折旧的意义不是很大，一般并不把折旧列入资产负债表，除非是遇到了老旧房屋；但汽车不同，汽车作为不动产更多被赋予一般固定资产的特性，因而更多的是可以考虑折旧的问题来表示新旧程度的差异。

4. 报表之间数据不必严格对应。企业财务报表之间存在着严格的数据逻辑关系。在资产负债表中有固定资产的减值金额，则在利润表中也要有资产减值的数字反映。个人及家庭的资产负债表、收入支出表及现金流量表的数据之间不要求形成严格对应关系，例如自用住房的增值、自用汽车的减值不需要在收入支出表中反映出来。

5. 不进行收入和支出的资本化。家庭的财务管理倾向于处理现金，而不是处理将来会有的收入和支出，因此，几乎不进行收入或费用的资本化，比如将学业投资视为一项生活开支，而不计因此增加的人力资本，再比如购买住房的支出也不摊销到未来。

个人资产负债表是总括反映个人或者家庭在某一特定日期的资产、负债及净资产的会计报表，资产负债表上面的数值是时点数。

表 2-8　　　　　　　　　　　　　　　个人资产负债表

姓名：　　　　　　　　　　　　　　年　月　日　　　　　　　　　　　　　　单位：元

资　产	金额	负债和净资产合计	金额
一、流动资产		一、负债	
现金		1. 流动负债	
其中：外币		信用卡贷款	
活期存款		商业银行信用贷款	
其中：外币		商业银行担保贷款	
一年期内定期存款		商业银行抵押（质押）贷款	
其中：外币		分期按揭还款	
基金		应付法人（非金融）债务	
其中：股票基金		应付个人债务	
货币基金		应缴税金	
公司股票		流动负债合计	
应收法人（非金融）债权		2. 长期负债	
应收个人债权		信用贷款	
流动资产合计		担保贷款	
二、投资		抵押（质押）贷款	
一年期以上股票		分期按揭还款	
一年期以上债券		应付法人（非金融）债务	
一年期以上定期存款		应付个人债务	
一年期以上基金		长期负债合计	
投资性住房		负债合计	
金融衍生工具		二、净资产	
个人住房公积金		1. 金融资产形态	
个人社会退休养老金		2. 实物资产形态	
个人社会医疗保险金		3. 无形资产形态	
商业寿险		净资产合计	
商业财产险			
其他			
投资合计			
三、个人财产			
个人主要住房			
第二套住房			
汽车			
屋内设置摆设			
珠宝和艺术品			
古董收藏			
其他自用资产			
个人财产合计			
资产合计		负债和净值合计	

1. 资产项目组成

个人或者家庭资产应该包括其拥有的所有资产，可以将它们进行大体分类，但没有必要详细地列入每一件物品。那些有价值的资产才是最重要的，特别是那些可以管理或将来可以规划的资产。从个人或者家庭财务状况角度分析，家庭资产可以分成三类流动资产、投资及其个人资产三类：

流动资产。流动资产是满足家庭紧急备用金的需要而储备的货币资金，具体包括现金、活期银行存款、其他流动资产等。其特性是可保本，而且变现时不会有资本损失安全性和流动性最高，但是只有少许甚至没有利息收入，获利性最低。

投资。投资是那些能够带来收益的，能带来切切实实的现金流入，在退休后可以用来享受或者消费的资产。例如投资购买的国债，每年可以获得利息，那么国债就是一项投资资产，同样地，股票、债券、基金都是投资资产；而家中购买的冰箱，除了消耗电费和维修费外，不能带来任何现金流入，因此冰箱不是投资。同样，汽车、家具等消费品都不是投资。投资是家庭理财中最重要的资产，因为它们是实现家庭财务目标的来源。除了保险和居住的房产外，大多数个人的财务管理都是针对投资发生的。

个人资产。个人资产是每天生活要使用的资产，例如房屋、汽车、家电用品。它们不能带来现金流入，但如果没有它们的存在，则需要另外花钱去购买。家用消费品构成了家庭财务状况的一个部分。个人理财目标之一就是为家庭进行适度的个人资产积累。尽管它们不会产生收入，并且如果想一直使用，还需要不断投入资金维护、修理，甚至是更新。家用消费品可供消费，提升个人的生活品质，而这本应该是个人财务目标的一个主要方面。

2. 负债项目组成

个人负债是指会引起个人或者家庭现金流出的债务，应当包括个人或者家庭成员需要偿还非家庭成员的所有债务。负债一般是由于个人或者家庭为了获得资产而形成的，如为了购买自住房而形成的房贷、为了投资而形成的流动资金货款。依照偿还期限长短负债一般可划分为流动负债和长期负债；负债还可以按照用途划分为消费负债、投资负债和自用负债。

流动负债是指一个月内到期的负债，主要包括公用事业费用、租金支出、医药费用、银行信用卡支出、旅游和娱乐支出、汽车及其他支出、其他消费支出、税务支出、保险费、其他短期负债。

长期负债指一个月以后到期或多年内需要每月支付的负债，其中主要包括主要住房贷款、第二处住房贷款、房地产投资贷款、汽车贷款、家具用具贷款、房屋装修贷款、教育贷款。

3. 净资产项目计算

净资产是个人或者家庭所拥有的对资产的净权益，是资产减去负债以后的净值。从长期来看，当一个人或者家庭开始卖掉其资产时净资产将转换为现金资产。比如到了退休的年龄，一个家庭可以卖掉大房子，买一个小房子，并且卖掉一些日用的资产。另外，个人及家庭成员不再为养老计划缴款而是取得养老金来维持日常的消费，这时累积的净资产也融化为现金以供个人或者家庭消费。大多数个人或者家庭的资产会随着时间的推延而贬值。尽管维护或重置这些资产需要再花掉一些收入，但如果客户把当期的收入全部用来消费，而不对基础资产进行维护，那么从长期来看是不利的，因为客户将不得不使用今后的收入来重置这些资产。当加入了通货膨胀因素后，要保持同样的财务状况，个人或者家庭就必须增加名义的净资产。

4. 资产的计价标准

个人或者家庭流动资产主要是现金和活期银行存款，因此，计价时以月底盘点余额为基础。现金需要日清月结，如果记账是以家庭为单位的，则需加成手边现金。活期银行存款如果有多个不同的银行账户，则要加总各账户在月结日当天的余额；个人或者家庭投资通常根据市场情况确定它们的价值，持有这类资产的目的是增加收入或获得更多变现价值，因而它们的历史成本除了作为计税依据外并不很重要，个人及家庭更关注的是从中可以得到多少投资回报；个人资产确定价值的原则取决于客观条件。除了购买财产险时作为计算保额的依据之外，很多个人使用资产的价值与个人财务规划无关。未来的消费取决于通过劳动和投资所获得的未来收入，而不是主要靠变卖个人资产。因此，如果计算了它们的重置成本并在资产负债表上增加了净资产，那就是错误的。个人或者家庭不可能通过消费来增加净资产。当然，个人或者家庭住房如果今后考虑出售则另当别论。资产的所有权是财务状况的重要组成部分。一个家庭在早期会购置一些基本资产，接近退休时已经有了一大堆这样的资产，但客户可能并没有打算卖掉其中的任何一件。

影响个人资产计价原则的另一个因素是家庭对未来的计划，特别是接近退休时的计划。如果一个人或者家庭计划卖掉一些个人使用资产并将所得资金作为退休基金的一部分，那么这些资产应按照市场价值减去处置的费用来确定价值。这部分资产通常是按照一般原则来处理的，但也会有例外的处理原则：

房子和汽车按照市场价值来确定价值。如果家庭计划卖掉它们并将全部或部分款项用来购买其他物品（例如退休基金、投资生意），那就应该按照市场价值减去卖出时的所有费用来确定价值。

所有其他个人的使用资产按照重置成本确定价值。对所有家庭打算卖掉而且不打算重置的资产按照市场价值减去卖出时的所有费用来确定价值。例如，家中彩电当初购买的价格为3 800元，现在如果卖给回收家电的人可得100元，到旧货市场上买一台同样品牌、规格的彩电需要500元，则这台彩电的价值为500元。如果打算卖掉这台彩电并且不打算重新购买彩电的话，则这台彩电的价值为100元。需要注意的是，没有必要给每一件资产确定价值。可以将一般的家用资产合在一起进行估价，但要把房子和汽车最好分开估价。

奢侈资产按照除房子和汽车以外的个人使用资产同样的方法确定价值。通常对奢侈资产来说，重置成本与市场价值会有很大差别。

5. 负债的计价标准

个人或者家庭负债项目应该按照所欠金额的当前价值来计价。这与历史价值不同，因为如果利率发生变化，一笔贷款可能会比所欠金额多或少。例如，某个人购买了一套房子，并申请了住房抵押贷款，已经偿还3年，剩余贷款本金及利息46万元，现在利率上调，按照新的利率计算，张先生共需要偿还贷款本金及利息47万元，则该笔贷款的价值为47万元。

6. 编制注意事项

资产负债表是一个存量记录，反映的是某一时点的存量，编制资产负债表时首先要确定时点，即月末、季末还是年末。

对资产负债表中特殊项目要特别注意：由于投资型保险和储蓄型保险能够累积现金价值，因此将现金价值视为投资。除了自用房产外，以收取租金或赚取买卖差价为目的的投资用房地产视为投资。由于养老保险、医疗保险、住房公积金都有个人账户，而且个人账户的累积额可累积生息，因此视为投资。债权若确认可以回收，以借出额记成本，预计无法回收的部分应提呆账，以反映其市场价值的减少。

编制资产负债表时，以市价计量的资产及净值可反映个人真实财富。对于收藏品，如果有权威机构的认定，则按权威机构的评估值计价，但有些收藏品由于特殊且单一，市场评估价格差距较大，因而比较适合采用成本价保守计价。房贷、车贷和小额信贷最近缴款通知单上所载的余额减去本期的本金还款额，就是负债余额。计算家庭负债时，应将利息和本金分开计算，本金偿还为负债减少，而利息支出作为理财费用支出。

表2-9　　　　　　　　　　　编制资产负债表相关项目计价标准汇总

资产的编制计价			负债的编制计价	
现金	月底盘点余额，由所有家庭成员期末手持现金额加总得到。		信用卡欠款	签单或对账单金额
存款	月底存单余额，存款额通过加总所有存折、存单、银行卡余额得到。		车贷	账单月底本金余额
股票	证券类资产价值通过将证券账户上各类证券（股票、债券、基金等）余额乘以相应的市价，然后加总得到。	股票数量×月底股价	房贷	账单月底本金余额
基金		单位数×月底净值	小额负债	月底本金余额
债券		市价或面额	私人借款	借据所载金额
保单	现金价值。对于定期寿险、意外险、产险、伤残险、医疗险等费用性质的险种，其保单的现金价值很低，可以不计。对于终身寿险、养老保险、子女教育年金、短期储蓄险、投资连结保险等，保单的现金价值通常以保单周年为调整基准，可查阅保单上所记载的解约金价值作为该年的新价值。		预收款	订金收据所载金额
房产	最近估价。房产价值按市场比较法评估的每平方米价格乘以房产总面积得到。			
汽车	二手车行情			
应收款	债权凭证			
预付款	订金支付收据			

个人收入支出表是反映个人或者家庭一定时期内取得的收入或者发生的开支及其相抵后的盈余或赤字，个人收入支出表是时期数。

表2-10　　　　　　　　　　　　个人收入支出表

姓名：　　　　　　　　　　　　　　年　月　　　　　　　　　　　　　　单位：元

项　目	金　额
工作收入	
薪资收入	
其他工作收入	

续表

项　目	金　额
减：生活支出	
子女教育金支出	
家庭生活支出	
其他生活支出	
工作储蓄	
理财收入	
利息收入	
资本利得	
其他理财收入	
减：理财支出	
利息支出	
保障型保险保费支出	
其他理财支出	
理财储蓄	
储蓄	

1. 收入项目组成

个人收入是个人或者家庭成员通过多种途径与形式，取得的各项货币、实物和劳务的收入总和。主要包括：工作收入，主要包括薪资收入、其他工作收入；理财收入，主要包括利息收入、资本利得、其他理财收入。从来源看，有个人或者家庭成员的工资收入、养老保险储蓄、医疗保险储蓄、住房公积金收入、其他工作收入（奖金、补助、福利、红利）；有来自经营方面的收入，如生意、佣金、店铺自有产业的净收益；各种存款、放贷利息收入；有来自投资收益方面，如租金、分红、资本收益、其他投资等和偶然所得。

2. 支出项目组成

个人支出是指个人或者家庭所有的支出。家庭如果没有详细的记账记录，可能大部分不一定能完全了解自己的支出状况。普通家庭的支出一般可以分为生活支出和理财支出。其中，生活支出主要包括有子女教育支出、家庭生活支出、其他生活支出；理财支出主要包括有利息支出、保障型保险保费支出、其他理财支出。个人支出主要来自以下方面：

日常生活支出，即每天生活中重复的必需开支，如家庭开支（饮食、服饰、房租水电、交通、通信、赡养、纳税、维修），子女教育支出、其他支出。这些支出项目是家庭生活所必需的，是不能随便增减的。

投资支出，即为了资产增值目的所投入的各种资金支出，如利息支出、保障类保费支出、其他理财支出，债券、股票、基金、外汇、房产投资各种投资项目的投入。

奢侈消费，如学费、培训费、体闲、保健、旅游等。这些是休闲享受型支出，并不是家庭生活所必需的，一般可以自行增减。

所有的开支又可以分为可随意增减的开支和不能随意增减的开支。前者主要指一些高档消费，如相机、计算机、高档家具、保健、旅游等，它们受收入影响的程度比较大；后者包括如日常生活开支、债务偿还等，它们受家庭收入影响较小，在家庭理财规划中，住房贷款中的等额还本付息，其中利息部分视为日常开支，一般称为理财支出；而贷款本金偿还部分则视为一项开支，或作为资产负债表中负债的减少，这对于计算负债实际结余时十分重要。通过编制家庭收入支出表，个人或者家庭可以调整自己的开支项，减少不必要的消费和支出。

3. 收入的计价标准

工资收入额及扣缴所得税、社保缴费单等工资转账凭证单列明工资收入及扣缴的所得税与国家基本养老金和企业年金，可计算出每月工资总额和可支配月收入。

其他工作收入中的自营事业所得；临时劳务报酬、稿费与演讲费根据领款的收据填写；若无凭证，领款当日应于理财收入额或投资收入额的数据来源，如房租收入、银行存款月息或季息。

已实现资本利得或损失额的数据来源，如买卖股票，按月计算实现的资本利得或损失额计价。

4. 支出的计价标准

现金领取额。它由存折或 ATM 机领取，按照保留提款机凭单或参阅存折上的领款记录计价。

现金消费支出额，保留所有现金支出发票或收据作为现金消费的记录，对于少数无发票的消费可以用笔记本记录或按月估算计价，如汽车保养费、礼金和每月交通费。

刷卡消费签账额，按照签账凭单确定本月份刷卡签账金额计价；信用卡缴款额，按照信用卡月结账单计价；利息支出额。按照还款通知书上注明本期应缴的利息额计价。

保费支出额。保留好每一年保险公司寄来的缴费凭证，如果不知道保费中有多少是费用，多少是储蓄，可先把它全部当作费用，在保单满一年时，再根据保单上所载的现金价值增幅进行调整。

5. 编制注意事项

可支配收入是税前收入扣除三险一金和个人所得税后的收入，这一部分收入可以由个人自由支配。收支储蓄表中的收入是总收入也就是可运用收入的概念。可支配收入和可运用收入之间的关系为：可支配收入=税前工作收入－医疗保险费－养老保险费失业保险费－住房公积金－个人所得税可运用收入=可支配收入养老保险费+医疗保险费（包括单位划入部分）+住房公积金（包括单位划入部分）

家庭支出的确认范围需要区分支出和延期收入的关系。支出是支付给他人，对自身而言是为获取某项利益或权利而付出的费用；延期收入是为未来的效用而积累的资产，因此，支出形成费用或成本，而延期收入形成的是资产，如保障型保单支出形成的是支出，

已实现的资本利得或损失应记入收入或支出项目，未实现的资本利得应记入期末资产与净资产增加的调整项目，不应显示在收入支出表中。

期房预付款应记入资产项目，而不是支出项目。每月房贷的缴款额应区分本金与利息，利息费用属于支出项目，住房本金偿还是负债项目的减少。资产负债项目将期初期末的差异显示在净资产储蓄额中。

财产险和保费支出基本上无储蓄性质，属于支出科目；寿险中的定期寿险、残疾收入险、医疗费用险、意外伤害险等以保障为主的险种，属于费用性质，应记入支出科目；终身

寿险、教育年金、退休年金及养老险等，可以累积保单的资产现值，有储蓄性质，应记入资产科目。

养老保险费可分为两个部分，实缴保费与当年保单现值增加额的差异部分可当作保险费用，现值增加额的部分可当作资产累积，因此，储蓄险的保费如同定期定额投资是以储蓄累积资产的方式存在，不应该记入理财支出，而应记入净资产储蓄额。编制个人收支储蓄表的繁简，根据个人的时间与需求而定。如果无法每天记账，但仍然想列出支出细目，可提高信用卡的使用效率，让信用卡账单记录支出明细账目，也可以用信用卡支付各类生活支出、网上购物、缴存定期定额投资款等。而缴纳信用卡费用时，还是由活期存款账户转账缴款。此时，活期存款账户是总账，信用卡的费用明细便是明细账，由此可明确消费的时间及地点。利用活期存款账户及信用卡月结单编写理财日记，就可以轻松掌握每月的收支储蓄及资产负债变动情况。

个人现金流量表是反映个人或者家庭现金流量及其财务状况的会计报表。现金是个人或者家庭的即付资金，是满足个人或者家庭日常生活支出和应急准备的必备资产。个人或者家庭的生活及其经济活动基本都会直接体现为现金的流入与流出，因而现金流量表的编制可以体现家庭经济运行的基本状况。个人或者家庭生活及其经济活动主要包括有生活、投资与借贷三大现金收支内容，因而对家庭现金流量表的设计，自然应该包括这三个方面活动体现的现金流入与流出项目。

表 2-11　　　　　　　　　　　　个人现金流量表

姓名：　　　　　　　　　　　　　　年　　月　　　　　　　　　　　　　单位：元

项　目	金　额
一、生活现金流量	
日常生活中现金收入合计	
各项职业劳动与非职业劳动的现金流入	
其他活动的现金流入	
日常生活中现金支出合计	
日常生活消费的现金流出	
文化教育文体娱乐活动的现金流出	
社会人际交往的现金流出	
赡老扶幼的现金流出	
其他消费活动现金流出	
二、投资现金流量	
投资活动现金流入合计	
股票债券投资出售的现金流入	
投资盈利的现金流入	
其他投资活动现金流入	
储蓄存款提现现金流入	
投资活动现金流出合计	

续表

项　目	金　额
购买股票债券的现金流出	
储蓄存款的现金流出	
投资活动亏损的现金流出	
其他投资活动现金流出	
三、借贷现金流量	
借贷活动中现金流入合计	
对外借出款项收回得到的现金流入	
对外借入款项收到的现金流入	
借贷活动中现金流出合计	
对外借出款项的现金流出	
对外借入款项归还的现金流出	
四、期末现金结存量	

1. 现金流量表和家庭收入支出表的区别

现金流量表所表达的是在一个时期内，个人或者家庭现金的增加或者减少情况；而收入支出表是用来反映个人或者家庭收入，支出和结余的情况。现金流量表收集统计个人或者家庭所有的现金来源和现金支出情况。其现金来源就是个人或者家庭现金流入情况。主要分为工资收入和资产性收入，如工资收入、房租收入、理财收入等所有收入。这里需要特别提醒的是，借入的本金、变卖房产的资金、投资赎回本金也包含在内。个人或者家庭的现金流出可以分为两类，一类为固定支出，每个月的支出都是一样的金额，容易记录，预算也容易，但是不可缩减，是家庭的硬性支出。如房贷车贷、子女教育经费、孝敬父母经费、房租、物业管理费。这个是硬性支出。另外一类是弹性支出。弹性支出是可以变化的支出，是每个月都不确定的支出，这部分支出是记账的难点。如生活费支出、购置衣物、娱乐消费、新增投资资金、增加子女的教育费用，增加孝敬父母的费用，提前还款。

从量的方面，现金流入不一定是收入产生，例如将股票投资以成本价变现，只是将一种资产转换为另一种资产；反之，现金流出不一定是支出，例如投资购入股票，只是将现金资产转换为投资性资产。其次，收入和支出只是现金流入和流出的方式和手段，而不是现金流量本身。综合以上两点，家庭的收入和支出产生了现金流量，但收入和支出并不是产生现金流量的唯一来源，除收入和支出外，资产负债表的调整项目也会使现金流量发生改变。

2. 现金流量表的数据来源

表 2-12　　　　　　　　　　个人现金流量表的数据来源

类别	项目	数据来源
个人或者家庭生活现金流量	日常生活现金流入量	收入支出表
	日常生活现金流出量	收入支出表

续表

类别	项目	数据来源
个人或者家庭投资现金流量	股票债券投资出售现金流入	资产负债表
	其他投资活动现金流入	资产负债表
	储蓄存款提现现金流入	资产负债表
	股息利息现金流入	收入支出表
	股票债券投资现金流出	资产负债表
	其他投资活动现金流出	资产负债表
	储蓄存款现金流出	资产负债表
	投资活动亏损现金流出	收入支出表
个人或者家庭借贷现金流量	借贷活动中本金流入和流出	资产负债表
	借贷活动中利息流入和流出	收入支出表

3. 现金收支范围确认

表 2-13　　　　　　个人现金流量表的现金收支范围确认

现金流入项目	确认范围	现金流出项目	确认范围
日常生活现金流入	工资	日常消费支出	饮食消费支出
	奖金		日用品支出
	津贴		服装消费支出
	租赁收入		文化娱乐支出
	生产经营收入		医疗保健支出
	劳务收入		教育支出
投资获得的现金	现金股利		人际交往支出
	储蓄存款利息		各种用具支出
	国债利息	投资支出	杂项支出
	向他人放贷利息		购买股票支出
	股票投资本金		购买债券支出
	债券投资本金		购买基金支出
	对外举债取得现金		对外放贷
其他现金收入	退休金	偿还债务	住房投资
	救济	其他支出	
	馈赠	汇率折算差额	
	遗产继承	现金净流量	

家庭现金流量表的数据计算

期初现金余额 + 本期现金收入 + 本期投资本金收回 + 本期新增借款 − 本期现金支出 − 本期投资本金投入 − 本期本金还款支出 = 期末现金余额

4. 编制注意事项

家庭保费支付项目应该分为保障型保费和储蓄型保费，分别记入日常生活现金流出和投资活动现金流出。因为储蓄型保费会形成现金价值，应该属于一种投资行为，所以该项支出应该记入投资活动的现金流出。

资产负债表项目中的调整项目，涉及现金流量的项目填列在该表中，资产重估增减值或未实现资本利得损失不能列入，因为没有实际产生现金流量。

【工作过程】

12月的一天，夏汇银行北京白广路支行客户经理李红在网点接待了客户王亚莉女士，通过前面一系列的沟通后，李红收集到了该客户重要财务信息。

客户信息分为财务信息和非财务信息。财务信息是指客户当前的收支状况、财务安排以及这些情况的未来发展趋势等。财务信息是客户经理制定个人财务规划的基础和根据，决定了客户的目标和期望是否合理，以及完成个人财务规划的可能性。非财务信息是指其他相关的信息，比如客户的社会地位、年龄、投资偏好和风险承受能力等。非财务信息帮助银行从业人员进一步了解客户，对个人财务规划的制定有直接的影响。

从采集手段来看，客户信息有初级信息的收集方法和次级信息的收集方法。由于客户的个人和财务资料只能通过与客户沟通获得，所以也称为初级信息。从业人员与客户初次会面时，仅通过交谈的方式收集信息是不够的，通常还要采用数据调查表来帮助收集定量信息。由于数据调查表的内容较为专业，所以李红采用提问，客户回答，然后由自己填写的方式来进行。如果由客户自己填写调查表，那么在开始填写之前，李红还应对有关的项目加以解释，否则客户提供的信息很可能不符合客户经理的需要。在收集客户信息的过程中，如果客户出于个人原因不愿意回答某些问题，客户经理就应该谨慎地了解客户产生顾虑的原因，并向客户解释该信息的重要性，以及在缺乏该信息情况下可能造成的误差。宏观经济信息可以由政府部门或金融机构公布的信息中获得，所以被称作次级信息。次级信息的获得需要从业人员在平日的工作中注意收集和积累，建立专门数据库，以便随时调用。

客户王女士家现有人民币活期储蓄存款2万元，余额宝5万元，一年期以上定期储蓄存款20万元；美元存款2万元，成本汇率6.1，年底汇率6.2；客户王女士现在手里有中国中车和格力电器的股票。中国中车买了80手，是22元买进的，现在的价格是18元，格力电器买了50手，是12元买进的现在是20元。持有股票基金，成本10万元，市值13万元；股票融资余额8万元。客户王女士有一套住房，当年是140万元买的，当前市价约220万元，房贷余额60万元；客户王女士家里有大众牌汽车一辆，购买时总价21万元，已买一年，贷款余额6万元；这辆汽车刚刚使用一年，汽车的折旧率是15%；客户王女士购买有重疾保险，保额50万元，现金价值10万元；终身寿险，保额100万元，现金价值8万元。客户王女士借给朋友3万元，信用卡欠款2万元；客户王女士夫妻每年税后收入是21万元；利息收入有3 000元，基金收益3万元，房租收入4万元。客户王女士家庭生活支出8万元，赡养双方父母支出1.2万元，子女上学费用1.5万元。保障型保费支出1.5万元，储蓄型保费支出1万元，房贷本金偿还支出5万元，利息支出2万元。客户王女士理财目标主要是保值增值，增加收入，给孩子多存一些教育基金，未来能够按揭再买一套房子，现在开始准备退休后的生活。

李红为客户王女士编制个人资产负债表时，对资产负债表中的主要项目采取了如表2-14所示的计价标准。

表2-14　　　　　　　编制个人资产负债表的主要计价标准及凭据

资产的计价标准及其凭据	负债的计价标准及其凭据
现金：月底盘点余额	信用卡欠款：签单对账单
存款：月底存单余额	车贷：账单月底本金余额
股票：股票数量×月底股价	房贷：账单月底本金余额
基金：单位数×月底净值	小额负债：月底本金余额
债券：市价或面额	私人借款：借据
保单：现金价值	预收款：订金收据
住房：买价或者最近估价	
汽车：汽车行情	
应收款：债权凭证	
预付款：订金支付收据	

王女士是第一次被银行要求做资产负债表，李红按照要求清点了自用资产并评估价值，成本与市价分别记录，并计算了账面损益。以市价计量的资产及净值可反映个人真实财富。汽车等自用资产可提折旧以反映其市场价值随使用而降低。债权预计无法回收的部分应提呆账，以反映其市场价值的减少。分期按揭还款由本年应该分期偿还的房贷本金及车贷本金加计而得出的金额（60万元+6万元）。李红根据王女士所提供的家庭资产与负债信息汇总编制出了其家庭的资产负债表如表2-15所示。

表2-15　　　　　　　　　　个人资产负债表

姓名：王亚莉　　　　　　　　　2021年12月23日　　　　　　　　　　　　单位：万元

资　产	成本价值	市值价值	负债和净资产合计	成本价值	市值价值
一、流动资产			一、负债		
现金	2	2	1. 流动负债		
其中：外币			信用卡贷款	2	2
活期存款	5	5	商业银行信用贷款		
其中：外币	12.2	12.4	商业银行担保贷款		
一年期内定期存款			商业银行抵押（质押）贷款		
其中：外币			分期按揭还款		
基金			应付法人（非金融）债务		
其中：股票基金			应付个人债务		
货币基金			应缴税金		
公司股票			流动负债合计	2	2
应收法人（非金融）债权			2. 长期负债		
应收个人债权	3	3	信用贷款		
流动资产合计	22.2	22.4	担保贷款		

续表

资产	成本价值	市值价值	负债和净资产合计	成本价值	市值价值
二、投资			抵押（质押）贷款		
一年期以上股票	23.6	24.4	分期按揭还款	66	66
一年期以上债券			应付法人（非金融）债务		
一年期以上定期存款	20	20	应付个人债务	8	8
一年期以上基金	10	13	长期负债合计	74	74
投资性住房			负债合计	78	78
金融衍生工具			二、净资产		
个人住房公积金			1. 金融资产形态		
个人社会退休养老金			2. 实物资产形态		
个人社会医疗保险金			3. 无形资产形态		
商业寿险	18	18	净资产合计	176.8	257.65
商业财产险					
其他					
投资合计	71.6	75.4			
三、个人财产					
个人主要住房	140	220			
第二套住房					
汽车	21	17.85			
屋内设置摆设					
珠宝和艺术品					
古董收藏					
其他自用资产					
个人财产合计	161	237.85			
资产合计	254.8	335.65	负债和净值合计	254.8	335.65

编制王亚莉个人收入支出表时，李红注意到了家庭收入支出表是一段时期的流量记录，通常按月结算。信用卡在还款时才记支出。变现资产的现金流入包含本金与资本利得。只有资本利得记收入，收回投资本金为资产调整；房贷本息摊还只有利息部分记支出，本金还款部分为资产负债调整。根据王女士所提供的收入与支出信息汇总编制出王女士的家庭收入支出表如表 2-16 所示。

表 2-16　　　　　　　　　　　个人收入支出表
姓名：王亚莉　　　　　　　　　2021 年 12 月　　　　　　　　　　　　　单位：万元

项目	金额
工作收入	21
薪资收入	21
其他工作收入	

续表

项　目	金　额
减：生活支出	10.7
子女教育金支出	1.5
家庭生活支出	8
其他生活支出	1.2
工作储蓄	10.3
理财收入	7.3
利息收入	0.3
资本利得	3
其他理财收入	4
减：理财支出	4.5
利息支出	2
保障型保险保费支出	1.5
其他理财支出	1
理财储蓄	2.8
储蓄	13.1

不影响现金支出的投资和筹资活动主要有：以非现金资产偿还债务、以对外投资偿还债务和以非现金资产对外投资。根据王女士家庭资产负债表和家庭收入支出表所信息汇总编制出个人现金流量表如表2-17所示。

表2-17　　　　　　　　　　　　　个人现金流量表

姓名：　　　　　　　　　　　　　　2021年12月　　　　　　　　　　　　　　单位：万元

项　目	金　额
一、生活现金流量	10.3
日常生活中现金收入合计	21
各项职业劳动与非职业劳动的现金流入	21
其他活动的现金流入	
日常生活中现金支出合计	10.7
日常生活消费的现金流出	10.7
文化教育文体娱乐活动的现金流出	
社会人际交往的现金流出	
赡老扶幼的现金流出	
其他消费活动现金流出	
二、投资现金流量	4.8
投资活动现金流入合计	7.3
股票债券投资出售的现金流入	
投资盈利的现金流入	4.3

续表

项 目	金 额
其他投资活动现金流入	3
储蓄存款提现现金流入	
投资活动现金流出合计	
购买股票债券的现金流出	
储蓄存款的现金流出	
投资活动亏损的现金流出	
其他投资活动现金流出	2.5
三、借贷现金流量	−7
借贷活动中现金流入合计	
对外借出款项收回得到的现金流入	
对外借入款项收到的现金流入	
利息收入	
借贷活动中现金流出合计	−7
对外借出款项的现金流出	
对外借入款项归还的现金流出	5
利息支出	2
四、期末现金结存量	8.1

【工作模拟】

根据下面所提供的黄燕秋女士家庭的资产负债、收入支出、现金流入流出主要信息，编制黄女士家庭的资产负债表、家庭收入支出表和家庭现金流量表。

黄女士家庭所有成员的工作收入为 20 万元，生活支出为 10 万元；获得的利息和股息、基金分红共 3 万元，全部以活期储蓄存款方式持有。

黄女士卖掉所有股票，共计 25 万元，卖掉一半基金，共计 11 万元，并将所有卖的现金作为首付款，购买了一套价值 280 万元的房屋，向银行申请贷款 44 万元。拟出租该房屋，如果未来有较大幅度的升值，则考虑出售。黄女士从中介了解到，该年年末，该房屋价值目前已经升至 390 万元。至 2020 年末，剩余基金总价值为 11 万元。

黄女士用活期储蓄存款偿还房屋贷款本金 4 万元，偿还汽车贷款本金 2 万元，支付银行贷款利息 5 万元。

2020 年 12 月末用活期存款购买了 2 万元保险，其中纯保费支出为 万元，储蓄型保单现金价值为 1.2 万元。

黄女士从房屋中介了解到，2020 年末，自用住房在二手房市场价值已达到 60 万元。从二手车行了解到，自用汽车当前价值约为 12 万元。黄女士家的家电发生的折旧约为 1 万元。

表 2-18　　　　　　　　　　编制客户的财务报表评价表

评价指标	分值	得分
正确编制资产负债表	30	
正确编制收入支出表	30	
正确编制现金流量表	30	
编制报表及时	10	
合计	100	

【工作纪律】

在编制家庭财务报表的过程，商业银行要核实客户提供的数据是否真实。编制家庭财务报表中要严格根据客户的家庭财务情况进行及时准确的编制。编制家庭财务报表要严格遵守家庭财务报表编制的基础进行编制。

商业银行需要运用核实过的客户财务的数据，高质量，真实、准确、完整地完成家庭财务报表的编制工作。

商业银行为客户所编制的所有财务报表都要经过客户的签名确认，对客户所有的财务信息要进行严格保密，不允许以任何形式泄露他人。

拓展练习

选择题：

1. 属于反映个人或家庭在某一时点上财务状况的会计报表是（　　）。
  A. 利润分配表　　　　　　　　　　B. 现金流量表
  C. 资产负债表　　　　　　　　　　D. 收入支出表

2. 下列属于个人资产负债表中个人财产项目的是（　　）。
  A. 股权投资　　　　　　　　　　　B. 保险费开支
  C. 货币市场基金　　　　　　　　　D. 住房

3. 客户经理的工作流程6个步骤依次是（　　）。
（1）执行理财规划方案（2）分析客户的财务状况（3）制订理财规划方案（4）编制客户财务报表（5）明确客户的理财目标（6）收集财务客户信息（7）建立和客户信任关系
  A. (7)(6)(2)(3)(5)(1)(4)
  B. (7)(6)(4)(2)(5)(3)(1)
  C. (3)(2)(6)(1)(7)(5)(4)
  D. (3)(4)(6)(2)(5)(1)(7)

4. 从客户的资产负债表来看，客户（　　）必然导致现金流出，资产减少现象出现。
  A. 购买住房　　　　　　　　　　　B. 投资股票
  C. 工资下降　　　　　　　　　　　D. 信用卡还款

5. 会计平衡式"资产＝负债＋净资产"反映了个人或者家庭的财务结构，下列行为不影响客户净资产数额变化的业务是（　　）。
   A. 客户通过银行贷款购买房产　　　　B. 客户自费出国旅游度假一周
   C. 客户股票型基金单位净增长20%　　D. 客户工作努力得到一笔奖金
6. 为了保证财务报表信息的正确客观，在收集客户家庭财务状况和生活状况信息时，客户经理要做的是（　　）。
   A. 考虑自己是否会触犯客户的隐私
   B. 了解客户财务问题及其家庭财务的信息
   C. 考虑客户会不会告诉自己
   D. 减少这财务信息方面的咨询
7. 客户自住房屋属于资产负债表中的（　　）项目。
   A. 个人财产　　　　　　　　　　　　B. 投资资产
   C. 流动资产　　　　　　　　　　　　D. 净资产额
8. 关于编制个人或者家庭资产负债表和收入支出表，下列说法错误的是（　　）。
   A. 编制出个人或者家庭现金流量表应以资产负债表和收入支出表为依据
   B. 每期盘点现金可以市值计价的个人或家庭资产负债账和收入支出表的正确性
   C. 编制个人或者家庭资产负债表和收入支出表时，根据资产负债凭证制作资产负债表，根据记账单据凭证制作收入支出表
   D. 个人或者家庭财务报表的编制和分析，在整个理财活动过程中，是成败的关键所系

判断题：

1. 家庭保费支付项目应该分为保障型保费和储蓄型保费，分别记入日常生活现金流出和投资活动现金流出。（　　）
2. 房贷车贷还款、子女教育经费、孝敬父母经费、房租及物业管理费属于硬性支出；而弹性支出是可以变化的支出，是每个月都不确定的支出，如生活费支出、购置衣物、娱乐消费、新增投资资金、增加子女的教育费用，增加孝敬父母的费用，提前还款。（　　）
3. 流动负债是指一个月内到期的负债，包括公用事业费用、租金支出、医药费用、银行信用卡支出、旅游和娱乐支出、汽车及其他支出、其他消费支出、税务支出、保险费及其他短期负债。（　　）
4. 房产价值按房屋中介公司成交的本区每平方米价格乘以房产总面积得到。（　　）
5. 个人或者家庭负债项目应该按照所欠金额的当前价值来计价。这与历史价值不同，如果利率发生变化，贷款可能会比所欠金额多出许多金额。（　　）

问答题：

1. 客户经理编制财务报表需要的信息主要有哪几类？
2. 个人资产负债表中的编制中主要的计价标准有哪些？

任务3　分析客户的财务状况

正确编制个人财务报表，全面反映理财客户的财务状况、收入与支出及现金的流入和流出是不够的，还需要采用专门的方法、使用专门的分析指标，分析理财客户的财务状况、收入支出水平及现金流转，为后期理财规划方案的规划及营销打下良好的基础。

【任务分析】

表 2-19　　　　　　　　　　　　分析客户财务状况任务分析表

工作内容	业务知识	业务技能	工具使用	职业意识
分析客户财务状况	个人财务信息的主要内容 个人财务报表结构分析指标及评价方法 个人财务报表比率分析指标及评价方法	根据财务报表信息计算财务结构及比率指标 根据财务指标分析客户财务状况	个人或家庭财务报表计算器	保护客户隐私 工作严谨细致

【知识准备】

对理财客户个人及家庭财务状况的了解是客户经理推介理财产品、规划理财方案的重要依据。理财客户的财务信息主要包括个人或者家庭的资产负债信息、家庭收入与支出信息、现金流入和现金流出信息；财务指标范围覆盖个人或者家庭资产、负债、净资产、收入、支出、储蓄及其现金流量主要项目，影响着客户经理规划理财产品的主要思路。

1. 个人资产项目：在理财活动中，根据个人及家庭资产作用不同将个人或家庭资产通常分作流动资产、投资资产和自用资产三个部分。三类资产使用目的不同，将资产进行分类，再进行家庭资产管理能够提高资产管理的效率，同时方便制订个人资产负债目标。其中，流动资产是满足个人或者家庭紧急备用金的需要而储备的货币资金，具体包括现金、活期银行存款、其他流动资产等。流动资产的特性是具有一定的灵活性，而且变现时不会有资本损失，安全性和流动性最高，但是只有少许甚至没有利息收入，获利性最低，为保障基本家庭生活需要准备一定的流动资产。投资是个人或者家庭用于投资方面的资产，这部分资产可以带来家庭资产的保值和增值，是实现家庭财务目标的重要资金来源。例如购买的国债，每年可以获得利息，国债就是一项投资资产，此外股票、债券、基金都属于投资。这部分资产的特征是资金投资于金融产品，或者房地产以及其他实物资产，要求实物资产有一定升值空间。投资主要目的是保障个人或者家庭资产保值和升值。当然，投资过程中由于理财产品贬值可能会带来一定的本金损失，但是无论带来收益或亏损这部分资产是家庭资产中不可或缺的一部分。个人财产是家庭生活每天需要用到的资产，包括家庭住房、汽车、家用电器等非消耗品。个人财产无法像投资一样带来现金流入，并且个人财产都是家庭生活需要用品，需要拿出资金购买，因而这部分资产构成个人资产一个重要部分。使用个人财产需要投入一定的资金维护、修理、更新，因此这部分资产在总资产中占比并非越高越好。

2. 个人负债项目：个人负债是个人或者家庭目前负担的债务（或称作现时义务），包括家庭成员欠非家庭成员的所有债务。多数情形下，负债是由于个人或者家庭为了获得资产而形成的，如为了购买自住房而形成的房贷、为了投资而形成的流动资金贷款。依照偿还期限长短负债一般可划分为流动负债和长期负债；负债还可以按照用途划分为消费负债、投资负债和借贷负债。其中，流动负债是指一个月内到期的负债，主要包括公用事业费用、租金支出、医药费用、银行信用卡支出、旅游和娱乐支出、汽车及其他支出、其他消费支出、税务支出、保险费、其他短期负债；长期负债指一个月以后到期或多年内需要每月支付的负债，其中主要包括主要住房贷款、第二处住房贷款、房地产投资贷款、汽车贷款、家具用具贷款、房屋装修贷款、教育贷款。从个人负债产生的原因来看，有消费负债，主要来源于个人或者日常生活的消费支出，例如信用卡透支消费、花呗、借呗等消费方式，在当月底进行结算与还款，并偿还所欠的借款金额；有投资负债，是个人或者家庭投资时产生的借款，包括各种投资品来的投资亏损，例如股票、基金、期货等风险较高的投资产品在投资时由于价格下跌带来的亏损；有自用负债，是个人或者家庭自己使用的资产带来的负债，包括偿还家庭住房贷款和自用车贷款等项目带来的负债，自用负债主要是为了弥补家庭必要支出的需要。

3. 家庭净资产：净资产是家庭所拥有的对资产的净权益即总资产，减去总负债以后的净值，这部分是家庭可以用来投资并产生收益的资产。如果要提高家庭净资产的数量，一方面可以增加家庭净资产另一方面可以减少家庭总负债。

分析个人的财务状况，除了分析个人或者家庭资产、负债、净资产财务信息数据外，还要分析个人或者家庭收入、支出及储蓄的数据，用以判断家庭日常生活的状况及储蓄水平。个人及家庭的日常收支活动影响家庭储蓄，进而影响家庭风险承受能力及家庭可以投资理财的金额。

1. 个人收入项目：是个人或者家庭成员通过多种途径与形式，取得的各项货币、实物和劳务的收入总和。主要包括：工作收入，主要包括薪资收入、其他工作收入；理财收入，主要包括利息收入、资本利得、其他理财收入。从来源看，有个人或者家庭成员的工资收入、养老保险储蓄、医疗保险储蓄、住房公积金收入、其他工作收入（奖金、补助、福利、红利）；有来自经营方面的收入，如生意、佣金、店铺自有产业的净收益；各种存款、放贷利息收入；有来自投资收益方面，如租金、分红、资本收益、其他投资等和偶然所得。

2. 个人支出项目：是指个人或者家庭所有的支出。家庭如果没有详细的记账记录，可能大部分不一定能完全了解自己的支出状况，普通家庭的支出一般可以分为生活支出和理财支出。其中，生活支出主要包括有子女教育支出、家庭生活支出、其他生活支出；理财支出主要包括有利息支出、保障型保险保费支出、其他理财支出。

根据个人支出的使用目的不同，可以将个人支出分为日常生活消费、投资支出、奢侈消费支出三种类型的开支。日常生活消费是每天、每周或每月生活中重复的必需开支，包括家庭的饮食、交通费用、交通、赡养、纳税、维修、房租服饰、水电及维修。日常生活消费是家庭生活必须的支出，这部分资金不能用于投资或储蓄，这部分资金每个月的金额基本不变。投资支出是为了达到家庭资产增值目的而投入的各种资金。个人投资支出一般会投向储蓄、股票、基金、外汇、理财、债券、保险及房产领域，投资以上产品主要目的是使个人或者家庭资产得到保值、增值，是家庭资产增值的主要途径。这部分支出是能够带来家庭资产的保值和增值，但是并不是越高越好，需要在保证家庭基本支出的基础上再进行投资活动。与上面两项个人开支有所不同的是，奢侈消费支出不是家庭生活必须的支出，只是用于休闲和享受的支出。非必要性支出家庭可以自主调节，家庭收入较高时可以增加这一部分支出，家庭收入较低时需要减少这一部分支出。典型的奢侈消费支出包括运动健身费用、孩子的高额补课费、休闲旅游费用、保健费用、奢侈品消费等。

3. 个人储蓄项目：是个人或者家庭收入和支出的差额。个人或者家庭储蓄的多少主要取决于个人或者家庭收入和家庭支出两个方面。个人收入等于工作收入和理财收入之和，个人支出等于生活支出和理财支出之和。个人收入减掉个人支出等于个人储蓄。个人收入越高，个人支出不变的情况下个人储蓄越多；个人收入不变，个人支出减少，个人储蓄也会增加。个人或者家庭进行理财活动主要资金来源是个人或者家庭的储蓄，增加个人或者家庭储蓄的主要方法是增加个人或者家庭收入与减少相应支出消费。

分析个人财务状况主要是依据财务报表数据计算财务指标来进行分析，或者是通过财务报表的结构观察来进行分析。

个人财务比率分析主要是通过个人资产负债表、收支表和现金流量表中的相关财务数值之比进行分析，从而找出改善个人财务状况的方法和措施，以期实现客户的理财目标。个人资产负债表、收入支出表和现金流量表会充分揭示家庭的财务状况是否健康，客户经理只有科学客观计算财务比率，对客户的资产负债表、收支储蓄表收入支出和现金流量表做出进一步分析，找出改善财务状况的潜力，才能保证财务建议的客观和科学。

个人财务指标主要分成三类：债务偿还能力指标、风险抵御能力指标、财富积累能力指标及综合财务能力指标。其中，债务偿还能力指标主要包括有流动比率、资产负债率、净资产偿付比率、即付比率、债务偿还比率；风险抵御能力指标主要是储蓄比率；财富积累能力指标包括投资资产比率、结余比率。综合财务能力指标主要有净值成就率、资产成长率、财务自由度。

1. 流动比率

资产流动性是指资产在未来可能发生价值损失的状况下迅速变现的能力，流动比率反映的是流动资产能够弥补每个月支出的水平。这里的流动资产指个人或者家庭拥有的货币性流动资产，如手持现金、活期储蓄存款、随时可以交易的有价证券。资产流动性是指资产在未来能够迅速变现且资产价值不受损的资产，流动资产是为满足家庭日常需要而准备的资产，日常生活中的现金以及现金等价物是具有代表性的流动资产。流动比率反映了家庭拥有货币流动资产的数额与每月各项支出的比率。对于日常生活支出波动较大的家庭来讲更需要准备充足的流动资产来满足日常生活的需求。流动比率计算公式如下：

$$流动比率 = \frac{流动资产}{每月支出}$$

流动比率通用的经验标准，比值至少要大于3，在3~6是比较合理的。换句话讲，一个家庭需要保留月支出3~6倍的现金存款，才能保证在遇到某种失业、残疾等变故时，至少能积存有维持3~6个月生活的现金。

２. 资产负债率

资产负债率是家庭负债总额和资产总额的比值，可以用来衡量家庭的综合还能力。个人资产负债比率体现的是个人或者家庭的债务负担水平。资产负债比率越高，个人或者家庭财务负担越重。资产总额由流动资产、投资和个人财产三个部分构成，负债总额由流动负债和长期负债构成。个人资产负债率计算公式如下：

$$资产负债率 = \frac{负债总额}{资产总额}$$

如果个人收入减少，会导致流动资产、个人财产和投资同时减少，和人偿还债务能力降低；从财务表现来看，家庭资产负债比率升高，代表着负债偿还能力出现问题。负债比率越低越好。理论上讲，资产负债率的数值允许值在0~1。客户经理往往会建议个人或者家庭依照生命周期阶段将该数值控制在0~0.2，以减少因流动性不足而出现财务危机的可能。

３. 净资产偿付比率

净资产偿付比率是个人或者家庭净资产与资产总额的比率，或称作资产权益率。它反映了个人或者家庭综合还债能力的高低，可用来判断家庭面临破产的可能性有多大。净资产偿付比率的计算公式如下：

$$净资产偿付比率 = \frac{净资产}{总资产}$$

理论上讲，净资产偿付比率的变化范围在0~1。多数个人或者家庭的该项数值建议在0.7~0.8比较适宜。但在不同的年龄或者生命周期阶段，净资产偿付比率的数值会出现不同的要求，年轻人可以多贷款，老年人则更愿意偿还完全部贷款安度晚年。个人或者家庭负债与其净资产之和等于总资产，资产负债率和净资产偿付比率之和为1，即：资产负债率 + 净资产偿付比率 = 负债÷总资产 + 净资产÷总资产 = 1。

４. 即付比率

即付比率反映的是个人及家庭利用可随时变现资产偿还全部所欠债务的能力。即付比率计算公式如下：

$$即付比率 = \frac{流动资产}{负债总额}$$

即付比率参考值在0.7左右。偏低意味着在经济形势不利时无法迅速减轻负债规避风险，偏高则是过于注重流动资产，综合收益率低，财务结构不合理。

５. 债务偿还比率

债务偿还比率是衡量理财客户财务状况是否良好的重要指标，主要用来考察个人或者家庭偿还债务的能力。当一个家庭负债增加或者税后收入减少时，债务偿还比率会增高，说明债务偿还难度增加；当个人或者家庭负债减少或税收收入增加时，债务偿还比率会降低，说明债务偿还难度降低，因此债务偿还率越低证明一个家庭的偿债能力越强。税后收入是收入中重要的组成部分，也是家庭收入重要收入来源，是一个家庭最终实际拿到手的工资，家庭税后收入越高越好。该比率是个人或者家庭某一时期当期偿还负债和当期收入的比值。负债收入比率计算公式如下：

$$负债收入比率 = \frac{当期偿还负债}{当期税后收入}$$

从财务安全的角度看，个人或者家庭的负债收入比率建议在 0.4 以下比较适宜，其财务状况可认为属于良好状态；若家庭的负债收入比率高于 0.4，则表明若继续借贷将会加大偿债压力，继续融资会出现一定困难。

6. 储蓄比率

储蓄比率是个人现金流量表中当期储蓄存款和当期税后收入的比率，它反映了个人或者家庭控制开支和增加净资产的能力。为了更准确地反映个人或者家庭的财务状况，一般采用家庭的税后收入数值。储蓄比率计算公式如下：

$$储蓄比率 = \frac{当期储蓄存款}{当期税后收入}$$

家庭储蓄存款大多是为了实现某种财务目标，如积累资金或者购置住房汽车之类的大额开支，故该比率一般都较高，通常都达到了 0.3。

7. 投资资产比率

投资与净资产比率是将家庭的投资资产除以净资产所得的数值，即个人或者家庭扣除负债后的全部资产中，投资占据的比例。这一比率反映了个人或者家庭通过投资增加财富来实现财务目标的能力。个人或者家庭资产中包括流动资产、投资和个人资产。投资主要是以生息或者获取金融利润的资产，投资资产比率主要考察的是个人或者家庭资产中投资资产在家庭总资产中所占的比率，主要反映的是通过投资提高净资产规模能力。流动资产和自用资产个人财产是主要是满足家庭支出需求而准备的资产，这部分资产难以带来新的利润，因而这部分资产在总资产中占比越低越好，家庭要想保持资产有稳定、长期获利能力要提高投资资产在总资产中的占比。当然，投资资产占比并不是越高越好，也需要适度，既可以保证资产获利能力，又可以保证家庭资产不会面临过多风险压力。投资资产比率计算公式如下：

$$投资资产比率 = \frac{投资资产}{净资产}$$

通常情况下，投资与净资产比率保持在 0.5 能保证净资产有较合适的增长率。年轻客户的财富积累年限尚浅，或者还因购房存在着按揭贷款问题。若投资在整个资产中占据比例不高的话，投资比率会在较低的水平上面，比例在 0.2~0.3 也是被允许的。

8. 结余比率

结余比率主要反映的是家庭在一定时期内的结余和税后收入的比值，主要反映家庭提高净资产水平的能力。家庭结余一般会用于投资和储蓄，都可以增加客户的资产规模，是家庭未来可以支配的收入。结余比率计算公式如下：

$$结余比率 = \frac{结余}{税后收入}$$

结余比率指标数值越大，说明客户的财务状况越好。家庭结余越多，可以用于投资资产越多，家庭投资能力越强。个人或者家庭客户较为合理的结余比率在 0.3~0.5，在这个区间是最适合的。

9. 净值成就率

净值成就率是个人或者家庭目前的净资产数额和当前已经累计的年平均储蓄金额的比率，用以反映个人或者家庭资产净值与储蓄累积数额的比例。净值成就率的高低与家庭积累消费比例有较大关系，在收入一定的状态下，积累的数额越大，资产增加的效益越好，净值成就率的指标值越高，表示过去理财的成绩越好。但家庭赚取财富的最终目标是消费，而非仅仅指财富积累数额的最大就好。净值成就率的计算公式如下：

$$净值成就率 = \frac{目前的净资产}{目前的年储蓄额 \times 已工作年数}$$

净值成就率大于1，说明理财成绩理想，理财投资收益率大于市场平均投资收益率；净值成就率小于1，说明理财成绩不好，理财投资收益率大于市场平均投资收益率。

10. 资产成长率

资产成长率是指个人或者家庭资产成长额与家庭总资产的比率，它表示个人或者家庭财富增加的速度。储蓄额加投资利得等于资产成长额。个人或者家庭得以快速致富的财务原因是资产的成长率较高。资产成长率的计算公式如下：

$$资产成长率 = \frac{资产变动额}{期初总资产} = \frac{期末总资产 - 期初总资产}{期初总资产} = \frac{年储蓄 + 年投资收益}{期初总资产} + \frac{负债变动额}{期初总资产}$$

$$= 生活储蓄率 \times 储率收入周转率 + 生息资产比重 \times 投资报酬率 + 负债变动率$$

通过分解可知，个人或者家庭提高资产成长率的主要途径有：增加储蓄，提高工作储蓄率；提高收入，即提高资产周转率；增加生息资产，减少个人财产比重；提高投资报酬率。

11. 财务自由度

财务自由是指在尚未取得或无须取得劳动收入的情况下，单靠投资理财取得的收益就完全可以维持较好的财务状态，换句话讲，人们不再依靠上班工作，仅仅依赖投资收益就可以过上很富裕的生活。这是从财务自由走向人身自由的重要一步。财务自由度的计算公式如下：

$$财务自由度 = \frac{目前净资产 \times 投资报酬率}{目前的年支出}$$

个人的理想目标值是退休之际，财务自由度等于1，即包括退休金在内的资产，放在银行生息，仅靠利息就可以维持自己的基本生存。但随着物价水平的持续上涨，利率会随着通货膨胀的压力而一直走低。处于低水平时，即使积累了大笔存款，财务自由度也会很低。每个人估计的投资报酬率不同，财务自由度无从比较。可拟定一个较客观的标准，即每个家庭都会采用相同且合理的投资报酬率，然后根据个别的净资产与年支出状况，计算不同家庭的财务自由度。如为家庭计算出的财务自由度远低于应有标准，应建议更积极地进行储蓄投资计划。当整体投资报酬率随存款利率日渐走低时，即使净资产没有减少，财务自由度也会降低。此时应设法以储蓄来积累净资产；否则，就只有降低年支出水平，才可能在退休时实现财务自由的目标。

个人家庭财务结构分析是通过比较个人或者家庭财务报表自身结构数据，分析流量和存量结构是否符合生命周期特征以及对理财目标的影响。结构分析包括个人或者家庭资产负债表结构分析和个人或者家庭收入支出表结构分析。个人资产负债表结构分析主要分析个人或者家庭负债比例是否合理，负债与资产的配置是否相一致，以及导致个人或者家庭负债比例不合理的原因。个人收入支出表结构分析是通过不同类型的收入和支出比例分析，分析个人或者家庭的收支结构和生命周期是否一致。

1. 个人资产及负债结构分析。资产结构分析是家庭财务状况分析的重点，主要是对家庭持有不同类型资产占比进行分析，关注其资产、负债的配置以及负债与资产比例是否合理。家庭生活需要保持适度的资产流动性来应对家庭日常生活开支、紧急开支和应对债务到期偿还。当流动资产占比较高的时候，个人资产主要用于弥补个人或者家庭资产日常开销，个人或者家庭财务状况较差；投资占比较高的时候，个人或者家庭资产保值、升值能力强，财务状况较好；而个人财产不能带来资产保值增值因此在家庭总资产中占比越低越好。总体来讲，考量的最主要财务指标是个人或者家庭总资产中的负债比例。总资产及总负债的关系来看，个人或者家庭负债比率越高，财务负担越重，如果收入不稳定，无法还本付息的风险也越大。消费性负债有消耗性质，应该尽量减少；借钱投资应按期结算损益后还清；个人财产负债则应考虑自己的偿还能力。现将各负债比率的构成要素分析如下：

借贷消费占流动资产比率。借贷消费在理财上应该尽量减少，借贷消费额包括已刷卡而尚未缴款的金额，用在购买耐用消费品的分期付款未还余额和小额消费性信用贷款余额。信用卡刷卡额虽然在宽限期之内还不用负担利息，但仍应记消费负债，当月刷卡额最好控制在流动资产总量的50%以内为好。

流动资产占总资产比例。当流动资产占资产总额的比例较高的时候，个人资产主要用于弥补个人或者家庭资产日常开销，个人或者家庭投资或者个人财产投资比例会降低，个人收入主要用于生活保障或较低的提升，主要用于支付交易性需求和预防性需求。除非预期股票市场回跌而预留投机性需求的资金，否则最多6个月的支出就已足够，多出的部分可用来追求较高收益的投资。总资产金额越高者，流动资产占比应越低。

房贷占自用住房价款比例。自用住房在个人财产中占有最大的比例。个人财产贷款是个人使用资产为抵押标物来获得借贷的，往往随着房贷剩余缴款年数减少，贷款比例会逐步走低；但在房产市值大幅下降的情况下，房贷比率也有可能反向走高。房贷负债通常采用本利平均摊还的方式，每期已经偿还本金的累计金额递增，因此，房贷负债逐渐减少。房产净资产增加的主要原因是房贷余额的降低。

个人财产占资产总额比例。个人财产以提供使用价值为主要目的，个人未购房前此比例不会太高。在购房后贷款未缴清前，多数家庭均将积蓄用来还贷款，以致无法累积投资资产，多数个人资产占总资产的比重会在70%以上。

投资负债占投资资产市值比例。不管来源于股票融资融券还是证券质押贷款，只要是用来投资的都应记入投资负债中。投资负债额既可以是以存单、保单、股票等投资工具质押获得的贷款，也可能是以个人财产抵押获得的贷款，但用途都是投资金融资产，希望在投资报酬率高于借入资金利率的情况下，加速资产成长，获得财务杠杆利益。投资负债期通常不会太长，多采取整借整还的方式，在借款期间其负债额固定。投资净资产增加的主要原因是投资资产的增加和贷款的减少。需要说明的是，借钱来投资店面收房租，或自行开店经营，实质上仍是可产生投资收益的投资借贷。

投资占总资产比例。投资资产是资产中最具生产力的部分，投资资产占总资产的比重越大，表示资产升值的机会越大。

2. 家庭净资产分析。市场变化对家庭净资产的影响表现为：如果房产市场行情下滑，在房贷依旧的情况下，个人财产净值会大幅减少，在房屋市值低于贷款额时，个人财产净值会成为负数。如果投资资产是以股市投资为主，则股市行情的变动对投资净资产的影响会很大。股市下跌时，投资借款还是要还的，此时投资净资产会大幅减少，甚至变成负数。因此，个人或者家庭受到房产和股市变动的影响有多大，主要看其资产结构及净资产结构。

流动净资产可以用来随时支付紧急的开销。自用净资产的特征是：自用资产的价值相对较稳定，尽管自用房地产可能增值但也会折旧，而自用汽车更是只有折旧少见增值，但其价值的波动程度不大。净资产中个人财产净值比重较大的，净资产总额会随负债的减少缓慢增长。净资产中投资净资产比重较大的，因投资负债固定但投资资产市值随行情有较大幅度的波动，净资产总额同样会上下起伏较大。运用负债投资时，因为贷款利率高于存款利率，不可能出现借钱来存款的现象，一定是借钱来投资那些收益率有机会超过贷款利率的创业或股票、基金等。但不管有无获利，时间到一定要还钱，因此，投资负债的比重越大，投资净资产波动的幅度越大。对于无负债的人来讲，即使投资全部放在存款，只有在房价持平的年份，投资资产的获利才有可能比提供使用价值为主的个人财产要高。

资产和负债是理财天平的两端，资产高于负债的家庭，天平会往资产一方倾斜，会产生净资产的"筹码"来使天平重新平衡。居民在去世时如果拥有超过一定数额的净资产，会由遗产继承人缴纳遗产税。因此，如果资产远高于负债、净资产超过未来一生所需或高于未来遗产税免税额的家庭，理财的重点是节税而非继续创造更多的资产。此时的投资应该谨慎，而非冒不必要的风险追求高报酬率。如果节税规划得当，多移转20%的税后资产给下一代，比投资多挣20%来缴税更为容易。将应税遗产通过以后每年的赠与免税额逐年转为免税遗产，就好比把自己天平上资产的筹码移到下一代的天平上，当自己的资产和负债接近平衡时，以净资产来计算的遗产就会少得多。

资产略高于负债的一般家庭，不用特意考虑财产转移的节税规划，理财的重点是衡量未来生命周期资产负债的可能变化而做好应对的准备，避免晚年负债高于资产，成为子女的负担。在工作期的储蓄累积是净资产的主要来源，如果退休后已累积的资产投资能获得的投资收益低于生活支出时，就要开始变现资产。当所有投资资产变现还不够时，就要开始处置自用住宅，再不够时就会沦为负净资产，成为需要依赖他人救济的孤苦老人。因此，在退休之前努力累积足够晚年生活所需的净资产，是一般家庭理财的最终目标。

资产负债关系也可以用来衡量保险的需求。个人或者家庭当资产减损而负债依旧时，为了避免负债的加重，就要买保险以把理赔金或保险给付的筹码加注在资产上，使资产负债恢复均衡状态。房子被火烧掉后，创造家庭主要收入来源者死亡或失能，都会使家庭瞬间背上沉重的负债压力，因此，要买足应有保障来预防万一。

个人收入支出结构分析主要分析的是个人或者家庭收入、支出以及储蓄三者之间的关系。但个人收入支出状况通常与个人资产负债状况一起分析，很多个人财务指标同时考察个人资产负债以及个人收入支出状况，例如结余比率、流动比率和负债收入比率，将资产负债项目与收入支出项目结合起来计算个人财务指标。

个人收入与支出共同决定了个人储蓄，个人储蓄决定了个人资产，指标存在一定联动关系。提高个人储蓄的方式，第一是增加个人收入，第二是减少个人支出。增加个人收入主要依靠增加工资收入所得来获得；增加经营所得可以选择自主投资创业增加非工作收入所得；增加投资所得可以改善资产投资比重，将低收益的投资方式转变为投资高收益的理财产品；

增加其他收入主要是购买彩票中奖、获得保险金赔偿收入。减少个人支出方面，生活支出是维持个人或者家庭生活必不可少的开支，每个月个人或者家庭生活支出稳定在一定支出水平上难以改变，也不会为家庭带来过重负担；投资支出是个人或者家庭通过对外投资的方式为自身带来金融资产的保值和增值，投资可能造成个人或者家庭资产的减少或者增加，个人在进行整体支出规划时要控制投资支出占总资产的比重；奢侈消费支出，从支出目的和支出方向来看是非要性的支出，为满足更高的生活需求而产生的支出，对于财务状况不乐观的个人或者家庭可以降低奢侈消费占总支出的比重。

【工作过程】

2021年12月，客户经理李红接待了理财客户张赞，并为其家庭编制了财务报表。张赞先生为本区某外企高层管理人员，税后年工资收入约30万元，今年40岁；妻子为国企职员，税后月工资收入约6 000元，年终奖5万元，今年36岁。儿子张笑8岁。2011年夫妻俩购买了一套总价为90万元的住房，该房产还剩下10万元左右的贷款未还，因当初买房采用等额本息还款法，张先生没有提前还贷的打算。夫妻俩在股市的投资约70万元（现值）。银行定期存款25万元左右；另外，张先生有一处50平方米的出租住房，每月能获得租金收入1 880元，房产的市场价值为60万元。张先生一家每月须补贴双方父母生活费共计2 000元（双方父母有养老和医疗保障）；每月房屋月供2 000元；家庭日常开销每月在4 000元左右，孩子教育费用平均每月开支1 000元左右。张先生一家喜欢旅游，每年外出旅游的花费在12 000元左右。夫妻俩对保险不是很了解，分别买了一份人身意外伤害综合险（吉祥卡），给孩子买了一份两全分红型保险，保险理财产品目前现金价值8 280元。张太太有在未来5年购买第三套住房的家庭计划（总价预计80万元）。虽然住房距离单位较近，夫妻俩还是有购车想法，目前看好的车总价在30万元左右，夫妻俩想在10年后（2025年）送孩子出国上学深造，综合考虑各种因素，预计各种支出每年需要10万元开支，共6年（本科加硕士）。

表2-20　　　　　　　　　　　　个人资产负债表
姓名：张赞　　　　　　　　　　2021年12月31日　　　　　　　　　　　　单位：元

资　产	金额	负债和净资产合计	金额
一、流动资产	250 000	一、负债	
现金		1. 流动负债	
其中：外币		信用卡贷款	
活期存款		商业银行信用贷款	
其中：外币		商业银行担保贷款	
一年期内定期存款	250 000	商业银行抵押（质押）贷款	
其中：外币		分期按揭还款	
基金		应付法人（非金融）债务	
其中：股票基金		应付个人债务	

续表

资　产	金额	负债和净资产合计	金额
货币基金		应缴税金	
公司股票		流动负债合计	
应收法人（非金融）债权		2. 长期负债	
应收个人债权		信用贷款	
流动资产合计		担保贷款	
二、投资	1 308 280	抵押（质押）贷款	100 000
一年期以上股票	700 000	分期按揭还款	
一年期以上债券		应付法人（非金融）债务	
一年期以上定期存款		应付个人债务	
一年期以上基金		长期负债合计	100 000
投资性住房	600 000	负债合计	100 000
金融衍生工具		二、净资产	
个人住房公积金		1. 金融资产形态	
个人社会退休养老金		2. 实物资产形态	
个人社会医疗保险金		3. 无形资产形态	
商业寿险	8 280	净资产合计	2 358 280
商业财产险			
其他			
投资合计			
三、个人财产	900 000		
个人主要住房	900 000		
第二套住房			
汽车			
屋内设置摆设			
珠宝和艺术品			
古董收藏			
其他自用资产			
个人财产合计			
资产合计	2 458 280	负债和净值合计	2 458 280

表 2-21　　　　　　　　　　　个人收入支出表

姓名：张赞　　　　　　　　2021 年 12 月　　　　　　　　　　　　单位：元

项　目	金　额
工作收入	444 560
薪资收入	422 000
其他工作收入	22 560

续表

项　　目	金　　额
减：生活支出	120 000
子女教育金支出	12 000
家庭生活支出	48 000
偿还房贷支出	24 000
其他生活支出	12 000
工作储蓄	
理财收入	
利息收入	
资本利得	
其他理财收入	
减：理财支出	
利息支出	
保障型保险保费支出	
其他理财支出	
理财储蓄	
储蓄	324 560

表 2-22　　　　　　　　　　　　个人现金流量表

姓名：　　　　　　　　　　　　2021 年 12 月　　　　　　　　　　　　单位：元

项　　目	金　　额
一、生活现金流量	348 560
日常生活中现金收入合计	444 560
各项职业劳动与非职业劳动的现金流入	422 000
其他活动的现金流入	22 560
日常生活中现金支出合计	96 000
日常生活消费的现金流出	48 000
文化教育文体娱乐活动的现金流出	12 000
社会人际交往的现金流出	
赡老扶幼的现金流出	24 000
其他消费活动现金流出	12 000
二、投资现金流量	
投资活动现金流入合计	
股票债券投资出售的现金流入	
投资盈利的现金流入	
其他投资活动现金流入	
储蓄存款提现金流入	

续表

项　目	金　额
投资活动现金流出合计	
购买股票债券的现金流出	
储蓄存款的现金流出	
投资活动亏损的现金流出	
其他投资活动现金流出	
三、借贷现金流量	−24 000
借贷活动中现金流入合计	
对外借出款项收回得到的现金流入	
对外借入款项收到的现金流入	
借贷活动中现金流出合计	24 000
对外借出款项的现金流出	
对外借入款项归还的现金流出	24 000
四、期末现金结存量	324 560

客户经理李红根据张先生家庭的资产负债表、收入支出表、现金流量表相关数据计算其主要财务指标如下：

1. 净资产偿付比率＝2 358 280÷2 458 280＝0.96，净资产偿付比率的变化范围在0～1。多数个人或者家庭的该项数值建议在0.7～0.8比较适宜，张先生家庭净资产偿付比率几乎接近于1，非常强的还债能力。

2. 即付比率＝250 000÷100 000＝2.5，远高于0.7标准值，张先生家庭利用可随时变现资产偿还债务的能力很强。

3. 负债收入比率＝24 000÷444 560＝0.05，低于0.4临界点，张先生家庭财务状况比较安全，还贷压力较小。

4. 流动比率＝250 000÷10 000＝25，张先生家庭流动性比率远超标准值3倍，其流动性资产配置较多，资产收益较差。[每月支出＝(48 000＋24 000＋48 000)÷12＝10 000（元）]。

5. 结余比率＝324 560÷444 560＝0.73，张先生家庭在满足当年支出以外，还可将73%的收入用于增加储蓄或者投资，家庭净资产未来增长潜力较大。

6. 投资资产比率＝1 308 280÷2 358 280＝0.55，参考值在50%以上，张先生家庭现在投资资产比率55%，比较适宜[投资资产包括股票、债券、基金等金融性资产与房地产，700 000＋600 000＋8 280＝1 308 280（元）]。

张赞家庭净资产2 358 280元，占资产总额的比例达到95.93%，负债比例相当低。净资产数额大，说明张赞家庭拥有的财富越多；但净资产规模大并不意味着资产结构完全合理。张赞家庭由于未还贷款数额已经很少，因而还贷压力已经释放。李红判断张先生家庭财务状况良好，总负债率较低，家庭储蓄能力强，未来家庭净资产增长潜力较大；投资性资产持有比例适度，但投资资产配置比较单一，风险相对集中；流动性资产持有过多，使资产收益率下降，适度配置不同收益风险水平的理财产品应该是资产收益增加的不错选择；负债过低，没有充分发挥财务杠杆去扩大家庭资产的规模。因此合理配置资产，做好各种规划将是张先生家庭理财的重点。

【工作模拟】

根据下列某个家庭基本信息及其资产负债表、收入支出表、现金流量表数据资料，对该家庭的债务偿还能力、风险抵御能力、财富积累能力及其综合财务能力做出分析评价。

王家辉先生和刘佳慧女士是一对夫妇，今年都是30岁。2年内准备要孩子，孩子出生后5年内准备养育费及教育储备金10万元。2021年底有购置一辆15万元左右中档轿车的打算。目前夫妇两人每年孝敬双方父母赡养费各1万元，为患有糖尿病的母亲准备20万元健康基金。夫妇两人5年内准备50万元创业启动资金。同时还有构建周全的家庭保险保障的设想。

表2-23　　　　　　　　　理财客户王家辉先生家庭成员基本信息表

家庭成员	年龄	职业	健康状况	收入情况	保险状况
王家辉先生	30	外资公司区域经理	良好	税后年收入15万元	有社会保险无商业保险
刘佳慧女士	30	杂志社编辑	良好	税后年薪4.8万元 年终奖励1万元	有社会保险无商业保险
王先生父亲	55	退休	良好	养老金	有社会保险及医疗保险
王先生母亲	55	退休	糖尿病		无社会保险及商业保险
刘太太父亲	55	退休	良好	养老金	有社会保险及医疗保险
刘太太母亲	55	退休	良好		无社会保险及商业保险

王家辉家庭资产有存款8万元，基金现值2万元（已亏损30%），股票现值3万元（已亏损30%）。有住房2套，其中市区80平方米，无贷款；郊区140平方米，尚有公积金贷款15万元。家庭经常性支出每月5 000元。

表2-24　　　　　　　　　　　　个人资产负债表

姓名：王家辉　　　　　　　　2021年12月31日　　　　　　　　　　　　单位：元

资　产	金额	负债和净资产合计	金额
一、流动资产		一、负债	
现金		1. 流动负债	
其中：外币		信用卡贷款	
活期存款	20 000	商业银行信用贷款	
其中：外币		商业银行担保贷款	
一年期内定期存款		商业银行抵押（质押）贷款	
其中：外币		分期按揭还款	
基金		应付法人（非金融）债务	
其中：股票基金		应付个人债务	
货币基金		应缴税金	

续表

资　产	金额	负债和净资产合计	金额
公司股票		流动负债合计	
应收法人（非金融）债权		2. 长期负债	
应收个人债权		信用贷款	
流动资产合计	20 000	担保贷款	
二、投资		抵押（质押）贷款	150 000
一年期以上股票	30 000	分期按揭还款	
一年期以上债券		应付法人（非金融）债务	
一年期以上定期存款	60 000	应付个人债务	
一年期以上基金	20 000	长期负债合计	150 000
投资性住房		负债合计	150 000
金融衍生工具		二、净资产	
个人住房公积金		1. 金融资产形态	130 000
个人社会退休养老金		2. 实物资产形态	960 000
个人社会医疗保险金		3. 无形资产形态	
商业寿险		净资产合计	1 090 000
商业财产险			
其他			
投资合计	110 000		
三、个人财产			
个人主要住房	1 110 000		
第二套住房			
汽车			
屋内设置摆设			
珠宝和艺术品			
古董收藏			
其他自用资产			
个人财产合计	1 110 000		
资产合计	1 240 000	负债和净值合计	1 240 000

表 2-25　　　　　　　　　　个人（月）收入支出表　　　　　　　　　　单位：元

收入		支出	
本人收入	12 500	家庭基本生活开销	5 000
配偶收入	4 000	银行住房贷款	
合计	16 500	合计	5 000
每月结余	11 500		

表 2-26　　　　　　　　　　　个人（年）收入支出表

姓名：王家辉　　　　　　　　2021 年 12 月　　　　　　　　　　　　单位：元

项　目	金　额
工作收入	
薪资收入	198 000
其他工作收入	9 025
减：生活支出	60 000
子女教育金支出	
家庭生活支出	
偿还房贷支出	
其他生活支出（旅游费 双亲赡养 美容 交际费用）	
工作储蓄	
理财收入	2 400
利息收入	
资本利得	
其他理财收入	
减：理财支出	
利息支出	
保障型保险保费支出	
其他理财支出	
理财储蓄	
储蓄	149 425

表 2-27　　　　　　　　　　　个人现金流量表

姓名：王家辉　　　　　　　　2021 年 12 月　　　　　　　　　　　　单位：元

项　目	金　额
一、生活现金流量	147 025
日常生活中现金收入合计	207 025
各项职业劳动与非职业劳动的现金流入	198 000
其他活动的现金流入	9 025
日常生活中现金支出合计	60 000
日常生活消费的现金流出	60 000
文化教育文体娱乐活动的现金流出（旅游费和美容卡）	
社会人际交往的现金流出	
赡老扶幼的现金流出（父母赡养及子女教育）	
其他消费活动现金流出	
二、投资现金流量	
投资活动现金流入合计	2 400

续表

项 目	金 额
股票债券投资出售的现金流入	
投资盈利的现金流入	2 400
其他投资活动现金流入	
储蓄存款提现现金流入	
投资活动现金流出合计	
购买股票债券的现金流出	
储蓄存款的现金流出	
投资活动亏损的现金流出	
其他投资活动现金流出	
三、借贷现金流量	
借贷活动中现金流入合计	
对外借出款项收回得到的现金流入	
对外借入款项收到的现金流入	
借贷活动中现金流出合计	
对外借出款项的现金流出	
对外借入款项归还的现金流出	
四、期末现金结存量	149 425

表 2-28 理财客户风险能力评分表

年龄	10 分	8 分	6 分	4 分	2 分	客户得分
30	总分 50 分,25 岁以下者 50 分,每多一岁少 1 分,75 岁以上者 0 分					45
就业状况	公教人员	上班族	佣金收入者	自营事业者	失业	8
家庭负担	未婚	双薪无子女	双薪有子女	单薪有子女	单薪养三代	8
置产状况	投资不动产	自宅无房贷	房贷<50%	房贷>50%	无自宅	6
投资经验	10 年以上	6~10 年	2~5 年	1 年以内	无	6
投资知识	有专业证照	财金科系毕	自修有心得	懂一些	一片空白	4
总分						77

表 2-29 理财客户风险态度评分表

忍受亏损分数	10 分	8 分	6 分	4 分	2 分	客户得分
评分标准	不能容忍任何损失 0 分,每增加 1% 加 2 分,可容忍>25% 得 50 分					50
首要考虑	赚短现差价	长期利得	年现金收益	抗通膨保值	保本保息	4
认赔动作	默认停损点	事后停损	部分认赔	持有待回升	加码摊平	4
赔钱心理	学习经验	照常过日子	影响情绪小	影响情绪大	难以成眠	6
最重要特性	获利性	收益兼成长	收益性	流动性	安全性	8
避险工具	无	期货	股票	外汇	不动产	6
总分						78

表 2-30　　　　　　　　　　　　　理财客户风险态度评分表

风险能力	低能力	中低能力	中能力	中高能力	高能力
分值	0~19 分	20~39 分	40~59 分	60~79 分	80~100 分
风险态度	低态度	中低态度	中态度	中高态度	高态度
分值	0~19 分	20~40 分	40~60 分	60~80 分	80~100 分

王家辉家庭正处于形成期，经测试属于中高能力和中高态度的投资者类型，考虑到王先生从事的外企销售公司区域经理职业具有一定的风险，在投资组合建议进行股债平衡，兼顾流动性资产。

表 2-31　　　　　　　　　　　　　财务指标计算分析表

财务指标	定义	指标值	正常值	诊断结果
流动比率	$\frac{流动资产}{流动负债}$	∞	2 左右	无流动负债
负债比率	$\frac{负债总额}{资产总额}$	0.12	0.20~0.60	偏低，可适度利用财务杠杆
财务自由度	$\frac{目前净资产 \times 投资报酬率}{目前的年支出}$	0.04	0.20~1	过低，需提高资金运用效率
预备金倍数	$\frac{流动资产}{每月支出}$	4	3~6	正常
贷款年供负担率	$\frac{年本息支出}{本年收入}$	0	0.20~0.40	过低，可适度利用财务杠杆
保费负担率	$\frac{年保费}{年收入}$	0	0.05~0.15	过低，可适度增加保险保障
平均报酬率	$\frac{年理财收入}{生息资产}$	0.02	0.03~0.1	偏低，需提高资金运用效率
净值成长率	$\frac{净储蓄}{净值-净储蓄}$	0.16	0.05~0.20	正常
净储蓄率	$\frac{净储蓄}{总收入}$	0.71	0.20~0.60	偏高，理财空间较大
自由储蓄率	$\frac{自由储蓄}{总收入}$	0.71.	0.10~0.40	很高，理财空间较大

表 2-32　　　　　　　　　　　　　分析客户财务状况评价表

评价指标	分值	得分
分析指标选择全面	10	
指标计算正确	20	
分析财务状况不同方面	10	
有财务改进诸多建议	10	
正确理解分析指标含义	20	
采集报表信息清晰	10	
解释财务信息原理充实	20	
合计	100	

【工作纪律】

所选择分析指标须是从不同财务角度及层面、以不同方式反映和评价个人的财务状况、收入支出及其现金流量，要充分理解各种指标的内涵及作用，并考虑各指标之间的关联性，才能对个人的财务状况做出正确合理的判断。

须通过与客户交流沟通来获取客户并确认个人或者家庭的资产负债信息、收入支出信息、现金流入流出信息，对其进行一定的估算。

财务分析指标体系要明确分析标准，分析理财客户的财务指标必须要清楚该项财务指标数值的允许变动范围及主流水平表现，还要考虑不同区域或不同理财水平条件下的基本数值表现。

拓展练习

单项选择题：

1. （　　）是个人或者家庭理财中最重要的资产，它们是实现家庭财务目标的来源。
   A. 个人财产　　　　　　　　　　B. 投资资产
   C. 流动资产　　　　　　　　　　D. 流动负债

2. 资产负债率是用（　　）除以资产总额计算得出的。
   A. 自用负债　　　　　　　　　　B. 负债总额
   C. 投资负债　　　　　　　　　　D. 消费负债

3. 对于个人或者家庭而言，下列（　　）支出可能会带来资产总额的增长。
   A. 投资支出　　　　　　　　　　B. 消费支出
   C. 日常生活支出　　　　　　　　D. 其他类型支出

4. 下列指标中，（　　）指标越低证明家庭财务状况越好。
   A. 结余比率　　　　　　　　　　B. 流动比率
   C. 资产负债率　　　　　　　　　D. 投资资产比率

5. 个人或者家庭资产可以分为（　　）三个组成部分。
   A. 备用资产　　　　　　　　　　B. 投资资产
   C. 流动资产　　　　　　　　　　D. 个人财产

6. 下列指标中，反映债务偿还能力的指标是（　　）。
   A. 投资资产比率　　　　　　　　B. 资产负债率
   C. 债务偿还比率　　　　　　　　D. 结余比率

7. 下列有关个人或者家庭财务比率分析的说法中，错误的是（　　）。
   A. 净值成就率越大，表示过去理财成绩越佳
   B. 当前年支出越低，财务自由度越高
   C. 工作收入净结余比例越高，家庭收支平衡点收入越高
   D. 收支平衡点收入越高，安全边际率就越低

判断题：

1. 净资产是个人或者家庭拥有的资产减去其负债之后剩下的净值数额。（   ）
2. 个人或者家庭负债比率越高，其个人或者家庭的财务负担反而越低。（   ）
3. 流动比率反映了个人或者家庭拥有货币流动资产的数额与每月各项支出的比率。
（   ）
4. 个人财产负债在家庭负债中所占比例应该越高越好。（   ）
5. 日常生活开支在个人或家庭总支出中所占比越高，说明家庭财务状况越好。（   ）

问答题：

1. 个人或者家庭资产和负债如何进行具体分类？
2. 个人或者家庭收入和支出如何进行分类？
3. 哪些指标可以衡量个人或者家庭财务状况，并尝试对几个财务指标进行解释和说明。

计算分析题：

某理财客户家庭资产状况如下：现金3万元；银行活期储蓄存款8万元；1年期银行定期储蓄存款20万元；1年期内基金资产（以投入时市场价值计量）12万元；股票投资20万元（以投入时市场价值计量）；国债12万元（以投入时市场价值计量）；房屋（以当前的市场价值计量）100万元；资产合计175万元。家庭的负债如下：家庭住房贷款50万元；家庭自用汽车贷款20万元；家庭投资负债方面，由于目前金融市场整体投资环境呈现下行趋势，家庭投资股票出现了亏损，总亏损金额8万元；负债合计78万元。

要求计算该家庭的投资资产比率、即付比率及其资产负债率。

第三单元
规划客户的理财方案

本单元将学习银行客户理财方案的主要内容；掌握客户理财方案的编制方法；培养学生推销理财产品的能力；掌握推销理财方案的基本方法。

表3–1　　　　　　　　　　规划客户理财方案学习目标分析

任务名称	知识目标	能力目标	素养目标
任务1　编制客户的理财方案	银行客户理财方案的主要内容	能够编制客户理财方案	站在客户角度进行问题思考
任务2　营销客户的理财方案	推销理财方案的基本方法	能够成功推销理财方案	

任务1　编制客户的理财方案

在对客户全面了解的基础上，理财服务的下一个工作流程就是规划客户的理财方案。一个全面的理财方案会涉及现金、消费及债务管理，保险规划，税收规划，人生事件规划及投资规划等财务安排问题。其中，现金、消费及债务管理是解决客户资金结余的问题，是理财规划的起点。保险规划是研究风险转移的问题。税收规划是减少客户支出的问题。人生事件规划是解决理财客户住房、教育及养老所需要面临的问题。投资规划是研讨理财客户资产保值增值的问题。

【任务分析】

表3–2　　　　　　　　　　编制客户的理财方案任务分析表

工作内容	业务知识	业务技能	工具使用	职业意识
编制客户的理财方案	客户财务规划的主要目标分类 客户理财方案的基本组成内容 规划客户理财方案的基本方法	准确理解客户的财务规划目标 根据需求规划客户理财方案	个人或者家庭财务状况表格及分析 个人或者家庭理财方案规划模板 金融计算器 电脑设备	综合规划 系统思考

个人理财业务

【知识准备】

向客户提供理财方案是一个客户的全面理财方案，是不同生命周期阶段上客户理财目标的全面解决方案。这种理财目标可能是实现个人或者家庭收入和财富的最大化。这里，财富指的是个人拥有的现金、投资和其他资产的总和。要积累个人财富，个人支出必须小于个人收入，所以说，个人财富的最大化最终是通过增加收入和适当控制支出实现的。增加收入的途径可以是寻找更高薪水的工作或者进行投资等，具体的方式取决于个人的能力、兴趣和价值观念。控制支出的方法主要是把所有支出项目细分为可控支出和不可控支出。要降低不必要的可控支出，诸如重复开支的装修费用和旅游费用。理财目标还可以是进行有效消费。由于消费开支常常占用了个人收入的大部分，所以对这部分资金的有效使用是十分重要的。通过学习个人理财规划技巧，诸如保存好个人财务记录、进行现金预算、合理使用信用额度，配适当的保险和选择合理的投资工具，控制个人的日常开支，实现有效消费。理财目标还可以是满足对生活的期望。有足够的储蓄，拥有自己的房产和汽车，没有负债，达到财务的安全和自由，有一份高薪的工作，这些都可以是人的生活目标。这些目标往往难以同时实现，意味着这些目标需要进行选择和规划。这种规划必须有一个"终生"的视角，也就是说，人们应该分清在个人家庭生命周期的不同阶段，什么是最重要的必须实现的目标，从而全面安排自己及家庭一生的生活。理财目标还可以是确保个人财务安全。财务安全是指个人对其现有的财务状况感到满意，认为拥有的财务资源可以满足其所有的必要开支和大部分期望实现的目标。这时，个人或者家庭不会因为资金的短缺而感到忧虑和恐惧。理财目标还可以是为退休和遗产积累财富。许多人为退休后的生活提供保障是他们进行储蓄的最终目的之一。为了不降低生活水平，个人需要在未退休前将一部分收入作为退休基金留作他日所用。为子女留下一份相当数额的财产也是个人理财目标之一。

随着理财市场的不断发展和深入，个人理财业务需求也在不断增长，自然而然出现了很多的理财项目。概括起来主要有：

1. 现金、消费及债务管理

消费贯穿于个人的一生，而收入与支出却呈现较大的波动性。对现金、消费及债务的管理非常必要，其目的在于使可用的资金保障计划内和计划外的开支。对现金、消费及债务的管理是实现个人理财规划所必要的。

现金管理。现金管理是为满足个人或家庭短期需求而进行现金及现金等价物和短期融资活动进行管控的财务活动。在个人或家庭的理财规划中，现金理财既能够使所拥有的资产保持一定的流动性，满足个人或家庭支付日常家庭生活费用的需要，又能够使流动性较强的资产保持一定的收益。一般来说，在现金规划中有这样一个原则，即短期需求可以用手头的现金来满足，而预期的或者将来的需求则可以通过各种类型的储蓄或者短期投资、融资工具来满足。现金管理的目的在于：满足日常的、周期性支出的需求；满足未来消费的需求；满足财富积累与投资获利的需求。合理的现金预算是实现个人理财规划的基础。现金预算是帮助客户达到短期财务目标的需要，用一定的时间去评估现有的财务状况、支出模式及目标，所得到一项较实际的预算。预算必须与个人的生活方式、家庭状况及价值观相一致。预算编制的程序包括：（1）设定长期理财规划目标。如退休、子女教育及买房等，并计算达到各类理财规划目标所需的年储蓄额。（2）预测年度收入。收入稳定的国家机关工作人员或在大企业工作的工薪阶层，可以较准确地预估年度收入。收入淡旺季差异大的市场销售人员或自由职业者，就要以过去的平均收入为基准，做最好与最坏状况下的分析。（3）算出年度支出预算目标（年度收入－年储蓄目标＝年度支出预算）。（4）对预算进行控制与差异分析。

需要是储蓄的动力，其后由开源或节流产生储蓄。客户可通过合理的工作安排增加家庭收入，同时注意衣食住行、教育、娱乐方面哪一部分的比例高于平均比例，并作为支出的重点控制项目。为了控制费用与投资储蓄，客户经理应该建议理财客户在银行开立三种类型的账户：一个是定期投资账户，达到强迫储蓄的功能；若有贷款本息需要偿还支付，则在贷银行开立一个扣款账户，方便客户随时偿还贷款本息；开立信用卡账户，弥补临时性资金不足，减少低收益资金的比例。建议客户每月按照预算科目记账，可以得出实际的收入、费用支出、资本支出与储蓄及预算金额的比较。根据差异的金额或比率大小，可分析差异原因来改进。差异分析应注意如下问题：总额差异的重要性大于细目差异；要有差异金额或比率方面的标准；依据预算进行分类分析；若实际与预算差异很大，每月选择一个重点项目改善；如果实在无法降低支出，就要设法增加收入。

建议客户应有应急资金管理意识。在正常的收入与支出范围内，每月或多或少会有一些结余但是当碰到意外收入突然减少、中断或支出突然大幅增加时，如没有一笔紧急准备金可以动用则会陷入财务困境。紧急备用金可以应对失业或失能导致的工作收入中断，应对紧急医疗或意外所导致的超支费用。客户的意外及其灾害承受能力＝（可变现资产＋保险理赔金－现有负债）/基本费用。其中，可变现资产包括现金、活期存款、定期存款、股票、基金等，不包括汽车、房地产、古董字画等变现性较差的资产；固定支出除生活费开销以外，还包括房贷本息支出、分期付款支出等的固定现金支出；失业保障月数的指标越高，表示即使失业也暂时不会影响生活，可审慎地寻找下一个适合的工作。最低标准的失业保障月数是3个月，能维持6个月的失业保障较为妥当（失业保障月数＝存款、可变现资产或净资产/月固定支出）。

客户紧急预备金储备可以采用两种方式来进行，一是流动性高的活期储蓄存款、短期定期储蓄存款或货币基金产品；二是利用贷款额度。储备存款是为了保持资金的流动性但可能无法达到长期投资的平均报酬率。而以贷款额度作为预备，一旦动用就要支付利息。若以部分资金保留流动性，则储蓄存款当做紧急预备金的机率就非常大。借款持续的时间较短，且有支用才按日计息，可以用客户经常性收支余额还清，负担不会太大。

消费的合理性没有绝对的标准，只有相对的标准。消费的合理性与客户的收入、资产水平、家庭情况、实际需要等因素相关。在消费管理中要注意以下几个方面的关系：（1）即期消费和远期消费的关系。保持一个合理的结余比例和投资比例、积累一定的资产不仅是平衡即期消费和未来消费的问题，还是个人理财实现钱生钱的起点，即理财从储蓄开始。（2）消费支出的预期。主要是指结婚成家、子女教育及保险支出。建议客户在安排人生大事的时候要在财务上有充分的准备。（3）住房、汽车大额消费。衣食住行是人生的基本需要，目前住房和汽车消费在客户消费中占的比重越来越大，所以在这两项消费中很容易出现提前消费或过度消费，并由此给我们的财务带来危害。（4）保险消费。从消费的角度来看，尽管保障很重要，但保障的支出水平也同样应当和自身的收入水平相适应。

债务管理。在债务管理中，应先算好可负担的额度，再拟订偿债计划，按计还清负债，负债是平衡现在与未来享受的工具。在金融服务普惠的今天，许多人都与银行发生了借贷关系，于是归还银行贷款就成了许多人固定支出的最主要部分。客户经理应帮助客户选择最佳的信贷品种和还款方式，使其在有限的收入条件下，既能按期还本付息又可以用最低的贷款成本实现效用最大。客户贷款需要考虑的因素主要包括：贷款需求；家庭现有经济能力；预期收支；还款能力；合理选择贷款种类和担保方式；选择贷款期限与首期用款及还贷方式；信贷策划特殊情况的处理（还款期内银行利率调整对还款额的影响，住房公积金贷款的选择，提前还贷）。个人的贷款能力取决于以下两点：客户收入能力；客户资产价值。客户总负债一般不要超过净资产。还贷款的期限不要超过退休的年限；债务支出与家庭收入的合理比例；短期债务和长期债务的合理比例；债务重组。

2. 保险规划

保险是指投保人根据合同约定，向保险人支付保险费，保险人对于合同约定可能发生的事故因其发生而造成的财产损失承担赔偿保险金责任，或者当被保险人死亡、伤残和达到合同约定的年龄、期限时承担给付保险金责任的商业保险行为。从法律角度看，保险是一种合同行为。投保人向保险人缴纳保费，保险人在被保险人发生合同规定的损失时给予补偿。保险规划具有风险转移和合理避税的功能。人们通常会通过购买保险来转移风险。保险除了保障功能外，还具有融资、投资的功能。由于保险品种多，条款复杂，对普通人来说力不从心，而保险理财规划的目的就在于通过对个人经济状况和保险需求的深入分析，选择合适的保险产品和合理的期限、金额。

制定保险规划的原则。客户参加保险的目的就是为了个人或者家庭生活的安全稳定。从这个目的出发，客户经理为客户设计保险规划时主要应掌握以下原则：（1）转移风险。投保是为了转移风险，在发生保险事故时可以获得经济补偿。（2）量力而行。保险是一种契约行为，属于经济活动范畴，客户作为投保人必须支付一定的费用，即以保险费来获得保险保障。投保的险种越多，保障范围越大。但保险金额越高，保险期限越长，需支付的保险费也就越多，因此为客户设计保险规划时要根据客户的经济实力量力而行。（3）分析客户需要。在制订保险规划前应考虑以下三个因素：一是适应性。根据客户需要保障的范围来考虑购买的险种；二是客户经济支付能力；三是选择性。在有限的经济能力下，为成人投保比为儿女投保更实际，特别是对家庭的"经济支柱"来讲更是如此。保险规划的主要步骤：（1）确定保险标的。保险标的是指作为保险对象的财产及其有关利益，或者人的寿命和身体。投保人可以以其本人、与本人有密切关系的人、他们所拥有的财产以及他们可能依法承担的民事责任作为保险标的。只有对保险标的有可保利益才能为其投保，否则，这种投保行为是无效的。所谓可保利益，是指投保人对保险标的具有的法律上承认的利益。可保利益应该符合三个要求：第一，必须是法律认可的利益。如果投保人投保的利益取得或者保留不合法甚至违法，那么这种利益不能成为可保利益。第二，必须是客观存在的利益。如果投保人投保的利益不确定，或者仅仅只是种预期，就不能成为一种可保利益。第三，必须是可以衡量的利益。这样才能确定保险标的大小，并以此来确定保险金额。对于财产保险，可保利益是比较容易确定的；人寿保险可保利益的确定就要复杂一些，要看投保人与被保险人之间是否存在合法的经济利益关系，比如投保人是否会因为被保险人的人身风险发生而遭受损失。在通常情况下，投保人对自己以及与自己具有血缘关系的家人或者亲人，或者具有其他密切关系的人都具有可保利益。（2）选定保险产品。客户经理要准确判断其准备投保的保险标的具体情况，进行综合的判断与分析，帮客户选择对其合适的保险产品，较好地回避各种风险。在确定购买保险产品时，还应该注意合理搭配险种。投保人身保险可以在保险项目上进行组合，如购买一至两个主险附加意外伤害、重大疾病保险，使人得到全面保障。但在全面考虑需要投保的项目时，还需要进行综合安排，避免各个单独保单之间可能出现的重复，从而节省保险费，得到较大的费率优惠。（3）确定保险金额。保险金额是保险公司所赔付的最高金额。一般来说，保险金额的确定应该以财产的实际价值和人身的评估价值为依据。对一般财产，如家用电器、自行车等财产保险的保险金额由投保人根据可保财产的实际价值自行确定，也可以按照重置价值即重新购买同样财产所需的价值确定。对特殊财产，如古董、珍藏等，则要请专家评估。购买财产保险时可以选择足额投保，也可以选择不足额投保，由于保险公司的赔偿是按实际损失程度进行赔偿的，所以一般不会出现超额投保或者重复投保。一般来说，投保人会选择足额投保，因为只有这样，万一发生意外灾难时，才能获得足额的赔偿。由于人的年龄每年在增大，如果其他因素不变，那么他的生命价值和家庭的财务需求每年都在变小，其保险就会从足额投保逐渐变为超额投保。如果他的收入和消费每年都在增长，而其他因素不变，那么其价值会逐渐增大，原有保险就会变成不足额投保，所以理财从业人员每年请保险专业人士检视投保客户的保单是十分必要的。（4）明确保险期限。对于财产保险、意外伤害保险、健康保险等保险品种而言，一般多为中短期保险合同，如半年或者一年，但是在保险期满之后可以选择续保或者是停止投保。但是对于人寿保险而言，保险期限一般较长，比如15年甚至到被保险人死亡为止。在为客户制订保险规划时，应该将长短期险种结合起来综合考虑。

在进行保险规划时会面临很多风险。保险规划风险体现在以下几个方面：（1）未充分保险的风险。这种风险既可能体现在对财产的保险上，也可能出现在对人身的保险上。若客户对财产进行的保险是不足额的，结果造成损失发生时所获得的保险金赔偿不足，未能完全规避风险；或者是在对人身进行保险时保险金额太小或保险期限太短，同样有可能造成一旦保险事故发生，不能获得较为充分的补偿。（2）过分保险的风险。这种风险可能发生在财产保险和人身保险上。由于保险公司在赔偿时，是根据实际损失来支付保险赔偿金，这种超额保险或者重复保险并没有起到真正的保障作用，反而浪费保费这种风险还可能发生在制订保险产品组合计划时。因为各个保险公司所提供的不同保险产品虽然主要保险合同不一样，但是可能存在某些保险内容的重叠，所以会出现保险过度或者重叠的情况，而有些保险内容却又可能发生遗漏。（3）不必要保险的风险。有些风险可以通过自保险或者说风险保留来解决，比如对平时由于感冒或牙痛等类似的小灾小病所需的医疗费用支出，人们自己承担风险这种处理办法反而更为方便和简单，还可以节省费用，取得资金运用收益。对于应该自己保留的风险进行保险，是不必要的，也会增加机会成本，造成资金的浪费。

3. 税收规划

税收规划是指在纳税行为发生前，在不违反法律、法规（税法及其他相关法律、法规）的前提下，通过对纳税主体（法人或自然人）的经营活动或投资行为等涉税事项做出安排，以达到少纳税和递延缴纳的一系列规划活动。在我国现行的税制结构中，个人所得税是唯一的完全以自然人为纳税人的税种。个人所得税是以个人收入所得为征税对象的一种税，当收入达到一定额度的时候，人们就需要缴纳个人所得税。税收规划是对税收制度和法律的正确理解和灵活运用。

税收规划的原则是：（1）合法性原则。合法性原则是税收规划最基本的原则，是税收规划与偷税漏税乃至避税行为区别开来的根本所在。合法性原则意味着它是在尊重法律，不违反法律法规和不恶意钻法律漏洞的前提下进行的。税法是规范征管关系的基本准则，客户具有依法纳税的义务，税务机关的征税行为也必须受到税法的规范。只有在税法规定的范围内，客户经理才可以为客户选择合适的税负方案，帮助客户最大限度地降低或减小税负，最大可能地获取利润或取得最大的收益。（2）公平性原则。税收规划的目的就是节税，应该有很强的为客户减轻税负、取得节税收益的动机，从而降低税收成本以达到总体效益的最大。税收公平原则要求税收负担在客户之间进行公平分配，以客户拥有财富数量来衡量其纳税能力从而进行征税；客户通过税收规划，或合理调整应纳税财产的比例以降低税负，或延纳税以获得资金的时间价值，符合税收的公平原则，能够更有效盘活资金，获得更高的投资收益。（3）规划性原则。规划性原则是税收规划最有特色的原则。税收的政策性和灵活性是非常强的。税收规划通过计划、设计和安排，把筹资投资活动所承担的相应税负作为影响最终财务成果的重要因素来考虑，通过趋利避害选取最有利的方式。（4）综合性原则。综合性原则是指进行税收规划时，必须综合考虑规划以使客户整体税负水平降低。为客户进行税收规划不能只以税负轻重作为选择纳税的唯一标准，应该着眼于实现客户的综合利益目标。在进行一种税负规划时，还要考虑与之有关的其他税种的税负效应，进行整体规划，综合衡量。

税收规划的基本内容：（1）避税规划，即为客户制订的理财计划采用合理合法的手段，获取税收利益的规划。（2）节税规划，即理财计划采用合法手段，利用税收优惠政策，为客户获取税收利益的规划。（3）转嫁规划，即理财计划采用纯经济的手段，利用价格杠杆，将税负转给消费者或转给供应商或自我消转的规划。税收规划的主要步骤：（1）了解客户的基本情况和要求。主要有婚姻状况、子女及其他赡养人员、财务情况、投资意向、纳税历史、要求增加短期所得还是长期资本增值；投资要求。（2）控制税收规划方案的执行。税收规划实施后，客户经理需要经常定期通过一定的信息渠道来了解纳税方案执行的情况。当反馈的信息表明客户没有按客户经理的设计方案的意见执行税收规划时，客户经理应给予提示，指出其可能产生的后果；当反馈的信息表明客户经理设计的税收规划有误时，从业人员应及时修订其设计的税收规划；当客户情况中出现新的变化时，客户经理判断是否改变税收规划。

4. 人生事件规划

教育规划。教育规划是指为了需要时能支付教育费用所订的计划。教育规划可以包括个人教育投资规划和子女教育规划两种。个人教育投资规划是指对客户本身的教育投资规划；子女教育规划是指客户为子女将来的教育费用进行规划，对子女的教育又可以分为基础教育、大学教育及大学后教育。在确定了客户教育投资规划的基本数据，即该规划所需的资金总额、投资规划的时间、客户可以承受的每月投资额、通货膨胀率和基本利率后，从业人员就可以帮助客户制订教育投资规划了。目前经济发展较快，通货膨胀水平相对较高，教育支出更是以远高于通货膨胀的速度在提高。应综合考虑教育费用、通货膨胀及生活水平提高等因素来规划支出水平。

退休规划。大多数国家的人们一般在55~65岁退休。这意味着一般人在退之后还有更长的退休生活。退休规划包括利用社会保障的计划，购买商业性人寿保险公司的年金产品的计划以及企业与个人的退休金计划。客户在退休规划中的误区主要有：计划开始太迟；对收入和费用的估计太乐观；投资过于保守。完整的退休规划，主要包括工作生涯设计、退休后生活设计及自筹退休金部分的储蓄投资设计。退休规划的最大影响因素分别是通货膨胀率、工资薪金收入成长率与投资报酬率。退休规划的步骤是：客户退休生活设计；客户退休第一年费用需求分析；客户退休期间费用总需求分析；确定退休后的年收入。年收入主要是由社会保障收入、雇主退休金、补贴、儿女孝敬、投资回报和其他收入组成。

遗产规划，指当事人在其活着时通过选择遗产规划工具和制订遗产计划，将拥有的或控制的各种资产或负债进行安排，从而保证在自己去世时或丧失行为能力时尽可能实现个人为其家庭所确定目标的安排。遗产规划是将个人财产从一代转移给另一代，从而尽可能实现个人为其家庭（也可能是他人）所确定的目标而进行的一种合理安排。遗产规划包括：确定遗产继承人和继承份额；为遗产所有者的供养人提供足够的财务支持；在与遗产所有者的其他目标保持一致的情况下，将遗产转移成本降低到最低水平；确定遗产所有者的继承人接受这些转移资产的方式；为遗产提供足够的流动性资产以偿还其债务；最大限度为所有者的继承人（受益人）保存遗产；确定遗产的清算人。根据客户的不同情况制订遗产计划时，工具和策略的选择也有着很大的差别。

5. 投资规划

投资是指投资者运用持有的资本，用来购买实际资产或金融资产，或者取得这些资产的权利，目的是在一定时期内预期获得资产增值和一定收入（固定或非固定的）。投资分为实物投资和金融投资。实物投资一般包括对有形资产，例如土地、机器、厂房等的投资，有时也称为直接投资；金融投资包括对各种金融合约，例如股票、固定收益证券、金融信托和基金产品、金融衍生品等的投资，有时也称为间接投资。投资的最大特征是用确定的现值牺牲换取可能的不确定的（有风险的）未来收益，因而投资规划的一个重要方面就是对投资产品收益和风险结构的分析其实，个人在其生命周期每一个阶段上的财务安排都可以视为一种广义的投资。个人根据自己生涯规划为筹集其教育资金而进行的储蓄可以视为种投资；个人根据居住需要而进行的购房首付款筹集和抵押贷款规划也可以视为一种投资行为；个人进行外汇交易是一种投资；个人进行的退休养老储蓄也可以视为一种投资；为个人的风险管理而进行的投保行为也可以视为一种投资。因此，个人终身生活的财务安排都可以看作一个人终身的投资组合管理的问题。投资规划步骤主要是：（1）确定客户的投资目标。由于个人的环境、目标、态度和需求各不相同，所以每个人的目标可能有很大的不同。大多数人的目标主要是如下类型：应付突发事件、家庭大额消费和支出、子女教育和个人职业生涯教育需要而进行的投资组合以积累财富；预防过早死亡、丧失劳动能力、医疗护理费用、托管护理费用、财产与责任损失、失业；提供退休后的收入。投资目标的确定过程实际上是一个当前理财目标的分析过程，判断哪些理财目标是需要通过投资来实现的，或者说理财目标的哪个部分是需要投资来实现，比如作一个退休规划，退休后的资金准备就是一个理财目标，而这个理财目标有一部分是通过社会养老金和个人商业养老保险实现的，其不足部分是需要投资实现的，这个不足部分就是一个投资目标。通过数量分析，计算要达到理财目标需要的投资收益率，客观判断当前为实现理财目标而配置的资产是否能够在当前的投资状态下达到期望的目标。（2）让客户认识自己的风险承受能力。客户经理主要是通过风险测试以及根据客户的年龄与资产状况进行判断。在投资过程中，如果客户愿意承受的风险越大，那么投资的潜在收率也就越高。高的收益率一般都是用更高的投资风险换来的。（3）根据客户的目标和风险承受能力确定投资计划。要制订一个完善的可执行的投资计划，首先就需要根据客户的投资目标和风险承受能力来确定投资策略，投资策略是如何有效地实现投资目标的方法。投资策略根本上说是根据投资目标和风险承受能力确定的一个主观期望。而投资计划则是以主观期望为中心，根据金融市场的客观状况，拟订的一套组合投资方法。投资计划的制订是整个投资策划中最重要的部分，是投资目标能否实现的关键，在制订投资计划的时候要参考多方面的情况，既要保障投资目标的实现，又要意识到投资风险的客观存在，注意投资风险的规避和分散。（4）实施投资计划。（5）监控投资计划。一旦制定了完整的投资计划，那么就需要不断评估投资策略和方法，保障投资计划的可行性。一般需要在每半年或者每年有一次投资的总结，不仅仅是看在过去的时间是否完成了所期望的目标，而且评估一下生活状况的改变对达成投资目标的影响。新的工作、结婚、离婚和生子都会对客户的计划有影响，这些影响都应该被考虑到投资计划中去，因为这些事件的发生可能影响到客户可用的投资金额，也可能直接影响到投资目标和风险承受能力。另外，政府出台的政策和相关法律的改变、经济环境的变迁、新的金融商品的出现都会影响到现有投资计划的实施，在有这类客观环境变更时，都需要重新审视客户的投资计划，并确定新的投资方案。

在实际工作中，客户经理需要将不同种类、不同性质的理财规划组合在一起，形成一个完整、全面的理财规划，并以理财规划方案的形式提交给客户。理财规划方案是在对客户个人或者家庭状况、财务状况、理财目标及风险偏好等详尽了解的基础上，通过与客户的充分沟通，运用科学的方法，利用财务指标分析手段，对客户的财务现状进行评价，对客户的财务规划提出方案和建议的书面报告。理财规划方案需要如下假定：

1. 通货膨胀率的恰当假定。通货膨胀率的存在会影响理财客户的货币购买能力，从而影响客户的生活质量。因此设置一个恰当的通货膨胀率有助于正确估价客户未来的支出水平。

2. 现金持有量的安全假定。个人或者家庭应当持有的最低现金金额，在出现暂时性失业时能够动用这部分现金。同时根据客户以往的收入和支出情况估计其一年当中得到和失去的现金总量。

3. 收入及支出合理假定。未来收入和支出都建立在合理发生假定的基础上，主要来源于客户对自身收支状况的准确描述和合理估计。同时根据客户的经验和预期来估计赡养费、子女教育费开支数额。

4. 年平均增长率的假定。这是建立在对当前和未来经济环境分析的基础上，并根据历史经验的判定结果做出的假定，用来预测收入、支出及资产价值未来的增长程度。

理财规划方案对于客户的作用是一种向客户传达财务策划建议的媒介，让客户有充足的时间考虑理财方案。通过书面形式向客户提供方案，客户容易记住，而且理财规划方案的文字形式可以减少法律纠纷，增强客户对所提方案的好感。理财规划方案的格式没有统一规定，其基本内容包括：

1. 理财规划的封面一般包括标题、执行该理财规划的单位，出具报告的日期。前言包括致谢、理财规划书的由来、数据来源、双方权利义务及免责条款

2. 理财规划的制定基于多个假设前提，包括未来平均每年物价指数、收入支出年增长率、银行存款利率、股票、债券和基金平均年回报率、分红险平均年回报率、房价、汽车市

场价值、子女教育费年增长率等。

3. 财务状况分析。

4. 理财规划目标。其中，全面理财目标主要涉及养老、保险、子女教育、投资、遗产等短期、中期及其长期目标，目的是使客户家庭财务状况达到最优水平。分项理财规划目标，主要是拥有充足的意外或重大疾病理财储备、养老储备、子女教育金储备。

5. 分项理财规划，分项完成现金规划、消费支出规划、子女教育规划、风险管理与保险规划、退休养老规划、财产分配与传承规划。

6. 分析理财方案预期效果，理财方案执行一段时间后编制个人或者家庭资产负债表、收入支出表、现金流量表，比较执行前后的财务比率改变，并与相关参考值进行比较，使客户能够非常直观看到理财规划的效果。

7. 理财规划的执行者，既可以是专业人士，也可以是客户本人。规划执行过程中，一定要注意与客户积极沟通，尤其要让客户共同参与到理财规划方案的制定和修改过程中。

【工作过程】

客户经理李红接待了理财客户王丽，收集了其个人基本情况及其财务状况信息，编制了财务报表，进行了财务状况分析，提出了王丽家庭的理财规划方案。其工作过程提供如下：

1. 分析客户的财务报表

客户经理李红为王丽女士分析了家庭财务报表，对王女士家庭财务现状进行剖析。对家庭财产现状的剖析是家庭理财规划的起点。如果没有健康的财务现状，则一切美好的未来都无从谈起。根据王女士的家庭财务报表，分析王女士的家庭各项财务指标情况如下：

表3-3　　　　　　　　　　王丽家庭偿债能力指标及分析

指标	定义	合理区间	客户值	说明
资产负债率	$\dfrac{负债总额}{资产总额}$	≤0.60	0.23	若是长期摊还的房贷还可以接受，若是短期贷款应立即进行减债计划，以免周转不灵，陷入破产困境
流动比率	$\dfrac{流动资产}{流动负债}$	≥2.00	3.50	多数消费负债是流动负债，流动负债=消费性负债+短期投资性负债（用于股票融资）
融资比率	$\dfrac{投资性负债}{投资性资产}$	≤0.50	0.09	利用财务杠杆作为投资的指标，投资标的风险越大，融资比率应越低

表3-4　　　　　　　　　王丽家庭应对失业或紧急事故能力指标及分析

指标	定义	合理区间	客户值	说明
紧急预备金月数	$\dfrac{流动资产}{每月总支出}$	≥3	5.5	应对失业或紧急事故的备用金使用月数；若投保了失业险或增加了资产信用额度，则紧急预备金可降低；如待业时间长可增加紧急预备金月数

表 3-5　　　　　　　　　　　王丽家庭储蓄能力指标及分析

指标	定义	合理区间	客户值	说明
工作储蓄率	$\dfrac{\text{税后工作收入}-\text{消费支出}}{\text{税后工作收入}}$	≥0.40	0.49	工作收入绝对值越高，储蓄率应越高
储蓄率	$\dfrac{\text{总收入}-\text{总支出}}{\text{税后总收入}}$	≥0.30	0.46	总收入为税后含社保缴费收入

表 3-6　　　　　　　　　　　王丽家庭财务自由度指标及分析

指标	定义	合理区间	客户值	说明
财务自由度	$\dfrac{\text{年理财收入}}{\text{年总支出}}$	理想的目标值是在客户退休之际，财务自由度等于1	0.48	财务自由度是指包括退休金在内的资产，放在银行生息的话，光靠利息就可以维生。但当存款利率降低到较低水平时，如果仍以存款利率衡量，多数人的财务自由度会偏低。但如果每个人估计不同的投资报酬率，则财务自由度则无从互相比较

王女士的家庭资产结构比较简单，其中资产负债率为 0.23，资产负债率通常情况下，这个数值不超过 0.60 是合理的。小于 0.60，说明王女士没有利用财务杠杆，会影响家庭理财收益的提高。流动比率为 3.50，多数消费性负债是流动负债，流动性负债包括消费性负债以及短期的投资性负债，通常流通比率应该保持在 2.00 以上，才能保证家庭资产的流动性。王女士家的流动比率大于 2.00，说明家庭短期的偿债能力较强，但家庭的现金利用率较低，机会成本相对较高。融资比率为 0.09，说明王女士家庭在进行投资的时候利用了财务杠杆，这会导致投资的收益和亏损都被放大了。投资标的风险越大，越要控制投资性负债。王女士家庭面临的投资风险比较小。平均负债利率为 0.23，反映出王女士家庭实际承担的贷款利率水平是比较合理的，家庭的财务安全。紧急备用金为 5.5，王女士家庭收入比较稳定，风险较小，留够 5.5 个月紧急备用金足够。王女士家庭的工作储备率为 0.49，达到了合理范围，家庭储蓄 0.46 也比较合理。王女士家庭还没有达到财务自由，当家庭的财务自由度达到 1，那么就可以考虑退休，而王女士家庭的财务自由度才 0.48，还需要趁着年轻，增加家庭收入，实现财务自由并不容易，但是，至少"保持财务平衡"和"确保财务安全"这两步还是能够轻松做到的，同时这也是每个家庭都应该做到的。

2. 确定客户的理财目标

客户经理李红计算分析出客户王女士的家庭财务状况后，结合客户的家庭财产情况和客户的理财目标进行诊断。

通过与客户王女士进行沟通，知道客户王女士的理财目标有如下四个：进行更多产品的投资；应付不断增加的开销；增加全家人的保障；存够孩子的教育经费

客户经理李红分析出客户王女士家庭理财阶段属于家庭成长期，家庭成长期家庭成员数固定，因而经常被形象地称为满巢期。家庭成长期的财务特征是收入以双薪家庭为主，最大开支是子女教育、智力开发、家庭成员保健医疗费用、子女上大学期间教育费用和生活费用，负担会较重。但随着收入的增加，子女上大学前支出稳定，在子女上大学前储蓄逐步增加，可积累的资产逐年增加。开始控制投资风险，投资能力和还贷能力均增加。在这个时期

精力充沛，又积累了一定的工作阅历和投资经验，风险承受能力增的强，理财重点可以考虑建立不同风险收益的投资组合。在投资方面亦可考虑以创业为目的，如进行风险投资，也可用部分资金投资房产以获得稳定的长期回报。而那些理财不顺利、仍未富裕起来的家庭，则应把子女教育费用和生活费用作为理财重点。保险购买除应偏重于教育基金外，由于人到中年，身体机能明显下降，对养老、健康、重大疾病的要求较大，还可偏重购买自身保障的险种。合理的安排置业和管理债务，保持资产的流动性和扩大投资，其投资组合中流动性较好的存款货币基金的比重可以高一些，投资股票等高风险资产的比重应逐步降低。

客户经理李红初步诊断客户的理财需求后，给出客户王女士建议是应进行理财组合投资，理财中除投资于股票、成长型基金、债券等，并保留部分活期储蓄外，可选择一些缴费少的定期险、意外保险、健康保险。

3. 与客户沟通理财方案

客户经理在向客户阐述理财方案的过程中首先要了解客户的态度，针对不同的客户阐述时要有不同的技巧：对主张明确的客户，客户经理只要弄清其主张并满足其要求，同时适当提示理财过程中可能产生的风险；没有明确主张的客户，其想法易受他人左右，客户经理一定要把理财方案讲透；对奉行拿来主义的客户，由于其没有整体理财概念，看到别人理财挣了钱就想照搬过来。对这类客户"适合"或"不适合"这两句话要常常提醒；对实是求事的客户，这类客户处事比较客观，错就是错，对就是对，出现问题应该非常可观的共同探讨；对比较好面子的客户，遇到非常专业的问题客户实际是不懂的，但是为了面子有时会附和客户经理。对这样的人要顾及面子，但要按规律办事；对半懂不懂的客户，如果他们提出意见确有道理，则要吸收他们的意见，如果不对，不要驳他的面子。这时可以对客户微笑着说：您别着急，看看效果吧或不信试试看吧。

介绍理财方案的时候，客户经理先要与客户产生共鸣，与客户形成共同理念。在与客户沟通中，既要夸奖客户，也要肯定自己的方案，并充分得到客户的认可。在介绍理财方案时，客户经理要引起客户对未来生活的憧憬，使其欣然接受客户经理的理财方案。客户经理要向客户阐明理财方案中的独到之处，使客户对理财方案有清晰认识。客户经理要对理财方案中的疑难部分进行重点说明，这即显示客户经理对客户的重视，也显示出客户经理比一般客户高明之处。客户经理在阐述理财方案的过程中，要观察客户的微表情并敏捷应对。发现理财方案思路不对客户的胃口，就要想办法弄明白客户是真的不喜欢这份理财方案，还是自己没把设计方案介绍明白。有时客户也会提出自己的具体想法，客户经理要耐心倾听。对合理的要立刻肯定，对不合理的需要对客户思路进行适当的诱导矫正。

4. 编制客户的理财方案

（1）建立紧急资金储备

建立"紧急资金储备"，就是规划将部分资产以现金和现金等价物的形式存在，以便应付可能出现的不时之需。紧急资金储备要以易变现为主要原则，建议规模能维持3~6个月的家庭支出，在活期储蓄、货币基金、超短期理财产品之间进行组合。

个人信贷是商业、金融机构等向个人发放的贷款。常见的包括信用卡、个人住房贷款、个人汽车消费贷款、个人综合消费信贷、个人保单抵押贷款、个人信用贷款等。信贷规模大小要考虑收入稳定性、负债率、信用风险。一般而言，适当的负债率可以让客户提前获得消费效用，提高生活质量。对于短期消费信贷规模，可以用以下公式确定其规模：

信贷规模 =（月收入 – 月固定支出 – 月应急支出准备金）× 消费信贷期月数

消费者必须注重个人信用的管理，保持良好的信用记录，灵活运用信用卡分期付款政策等，避免由于偿付能力不足不能按期偿还而产生不良信用记录的情况发生。

王女士家庭现金20 000元，银行储蓄定期存款200 000元，其他各种存款124 000元。对于王女士家庭进行现金需求分析如下：客户王女士目前的现金贮备为220 000元，每月支出为12 667元，则紧急预备金月数是5.5月。根据分析该客户家庭职业及其收入的稳定程度，王女士家庭需要3~4倍的应急准备金已支付家庭日常开支和满足家庭的应急要求，因此王女士要持有38 001~50 668元现金保证家庭成员正常生活3~4个月的时间。从王女士现在的资产配置来看，王女士的家庭应急备用金偏多，建议王女士可以适当加大投资。

（2）保险规划

王女士33岁，家庭年收入为210 000元，她想购买保障型保险产品，以保障一家三口的稳定生活。王女士也希望在年轻时能够持续储蓄，到退休时能累积一笔数额不小的资金以安度晚年。根据王女士的保险理财目标和家庭财务状况，确定优先保险人。

表3-7　　　　　　　　　　客户王丽家庭优先保险人分析表

姓名	王丽	年龄	33
职业	职员	个人年收入	120 000
个人年收入占家庭年收入比重			$\frac{120\ 000}{210\ 000} = 0.57$

保险金额的确定，设寿险及重大疾病保险金额为x，意外险保额为y，根据双十原则（将年收入的10%用以购买保障类保险，例如重疾险、意外险、医疗险、定期寿险等，通过一定的组合，让购买的保险的保额达到年收入的10倍。）：

3 000x + 200y = 12 000

100 000（x + y）= 1200 000

得 x = 3.43

　　y = 8.57

所以寿险及重大疾病险金额为34万元，保费支出 = 34 ÷ 10 × 3 000 = 10 200（元），意外险金额为85万元，保费支出85 ÷ 10 × 200 = 1 700（元）。编制保险分析表

表3-8　　　　　　　　　客户王丽保险分析表　　　　　　　　　　单位：元

已买意外险保额	0	已有保费支出	0
已买寿险及重大疾病险金额	250 000	已有保费支出	5 000
建议寿险及重大疾病险金额	340 000	建议保险支出	10 200
建议意外险保额	850 000	建议保费支出	1 700

（3）投资规划

王女士的风险承受能力属于"中能力"，风险态度属于"中低态度"。建议王女士的投资资产配置比例为：低风险20%；中风险50%；高风险30%。建议王女士现有投资组合如下：低风险产品有现金、活期存款、定期存款、货币基金产品；中风险产品有债券、债券型

基金产品；高风险产品有股票、外汇。

表3-9　　　　　　　　　　客户王丽现有投资资产分析表　　　　　　　　　　单位：元

投资资产分类	当前价值	占全部投资资产比例
低风险类	270 000	37.0%
中风险类	100 000	13.7%
高风险类	360 000	47.3%

王女士家庭的理财投资中，低风险投资和高风险投资比例偏高，需要降现有低低风险投资和高风险投资占全部投资资产比例，加大中风险投资比例。

(4) 信用卡规划

打理信用卡，不仅能让客户的财务更自由，还能实现资产增值。信用卡对非现金交易，从银行记账日起至到期还款日之间的日期为免息还款期。在此期间，消费者只要全额还清当期对账单上的本期应还金额，便不用支付任何非现金交易由银行代垫给商户资金的利息，预借现金则不享受免息优惠。银行的免息期少则25天，多则56天。56天是理论上最长的免息期，实际免息期要看消费账单日和还款日之间的期限，离账单日越近消费，享受的免息还款期越短。

信用卡有账单日和还款日。账单日就是每个月的结账日，比如消费者的账单日是1日，那么每期账单就是从本月的1日计算到次月的1日，这期间所有的消费都记在下月的账单内。还款日就是账单日之后的某一天，就是最后需要你还款的那一天，只要在这一天前把账单全额还清，就不用担心高额利息了。如信用卡每个月的账单日是10日，还款日是26日。如果持卡人在本月9日刷卡，那在月的26日就需要还款，这样实际免息期就只有十几天了。如果消费者在本月10日刷卡被记账的话，那么到下月的10日才生成账单，到下月的26日才需要还款。在最后还款日之前，甚至可以将节省下来的现金用于投资流动性高的理财产品，比如T+0实时赎回到账的货币基金，充分享受理财收益。目前还有货币基金推出信用卡绑定还款服务，投资者可选择扣款日期，到期自动还款，一天的收益都不会浪费。个人可根据自己的实际情况，申请持有2~3张有相关优惠的联名信用卡，要尽量错开几张卡的账单日和还款日，提高资金的流动性。如果消费者持有的信用卡数量过多，定要牢记还款日和需要每年刷卡的次数，避免产生年费和利息。

建议王女士可以合理利用信用卡进行消费，获得信用卡的积分、折扣活动，合理利用免息期，将省下来的钱进行货币基金投资，增加投资收益。

(5) 房产规划

购房交易涉及的税费主要包括契税、印花税、个人所得税、房屋所有权登记费、房屋买卖手续费、公证费、律师费及中介费开支。房产贷款种类有住房公积金贷款、住房商业贷款和个人住房组合贷款。住房公积金贷款，指按时向住房公积金管理中心正常缴存住房公积金的单位的在职职工，在本市购买、建造自住住房（包括二手住房）时，以其拥有的产权住房为抵押物，并由有担保能力的法人提供保证而向资金管理中心申请的贷款。住房商业性贷款是指银行以信贷资金向购房者发放的贷款，一般为抵押贷款。个人住房组合贷款，指银行以公积金存款和信贷资金为来源，向同一借款人发放的用于购买自用普通住房的贷款，是公积金贷款和商业性贷款的组合。住房公积金贷款的贷款利率相对比较低，但是贷款额度不高，商业贷款的贷款利率相对较高，所以建议王女士在购买住房时，尽量使用公积金贷款，如果额度不够可以选择组合贷款形式，尽量降低购买住房的成本。

个人住房贷款还款法有很多，等额本金还款，是指贷款人将本金分摊到每个月内，同时付清上一交易日至本次还款日之间的利息。这种还款方式相对等额本息而言，总的利息支出较低，但是前期支付的本金和利息较多，还款负担逐月递减；等额本息还款法即把按揭贷款的本金总额与利息总额相加，然后平均分摊到还款期限的每个月中，每个月的还款额是固定的，但每月还款额中的本金比重逐月递增、利息比重逐月递减。两种房贷偿还方法的区别主要有：第一，月供还款额不同。等额本金的月供还款额是递减的，每月还款本金是相同的。等额本息的月供还款额是相同的，不过还款金额中利息的占比较大。第二，贷款利息不同。等额本金还款的总利息比等额本息还款的总利息要少得多。第三，家庭财务负担不同。等额本金的优点是可以节约利息，比较利于提前还款，缺点是前期还款压力非常大。等额本息还款的优点是每月的还款压力较小，缺点是要支付的利息多，且不利于提前还款。

真对王女士的家庭情况，前期家庭教育费用支出比较多，家庭年收入有望逐年增加的具体情况，所以建议王女士选择等额本息还款法进行还款，减轻前期还款压力。

（6）子女教育规划

根据王女士家庭的教育目标计算所需费用，比较现有资产，计算出子女教育资金的缺口。预测未来教育费用，要考虑未来的通货膨胀率，根据资金充裕原则，当教育费用增长不确定性较大时，应调高教育费用增长率。根据教育费用增长率，估算未来所需教育资金，然后根据该数据计算在当前时点的时间价值，确定当前所需总投资额和分期投资额。子女教育投资工具包括传统的教育投资工具，比如教育储蓄保险；长短期教育投资工具，比如政府债券、教育信托基金、大额可转让存单、助学贷款等。

王女士家庭总资产325.65万元，其中房产占总资产的2/3以上，且家庭生活负担较重，日常收支结余较少，孩子正在上学阶段，随着孩子年龄的增加，教育费用的支出也会随之增加。因此，建议王女士近几年的主要理财目标是家庭财务安全，理财主要原则是资产保值增值，以满足日常开支和突发事件。王女士的孩子今年升入小学一年级，预计上大学4年的学费每年3万元，总计12万元，从现在开始为孩子进行教育储蓄，从每月结余的钱中转存850元到教育储蓄账户中，6年下来连本带息可取出将近8万元。教育储蓄虽为零存整取但享受整存整取利息，且利息收入目前是免税的。

（7）退休规划

退休目标是王女士所追求的退休之后的一种生活状况，可以从两个方面来考察：一是退休时间，它直接影响着退休计划的其他内容，希望退休的时间越早，需要积累的退休储备金就越大。目前中华人民共和国人力资源和社会保障部公布推迟退休的决定，有利于人们有时间筹集更多的退休储备金。二是退休的生活水平。人们在退休后需要考虑两方面的开支：经常性开支和非经常性开支。人们退休的生活水平既取决于其制订的退休计划，也受到其职业特点和生活方式的约束。

预测退休支出主要是使用工资替换率法或者开支替换率法。工资替换率法是基于人们退休前收入的某一百分数（即为工资替换率）进行计算，多数情况下定为退休前收入的60%～70%。开支替换率法是基于人们退休前支出的某一百分数（即为开支替换率）进行计算，一般为70%~80%。

基于王女士家庭现在的收入水平可以预测王女士退休支出应在72 000元~84 000元。而王女士退休后预测的退休收入有房产租金收入、投资收入、养老年金和社会养老保障收入几部分。计算王女士养老金缺口数额的时候,要考虑到王女士今年30岁,月收入10 000元,月平均支出为6 000元,依照规定60岁退休,并规划享受保险20年的退休生活。王女士希望退休后维持现有生活水平,开支为当前开支的70%。若假设王女士收入、支出不变,投资报酬率和个人养老金账户投资报酬率都是5%,今后的通货膨胀率是3%。假设当地月平均工资为3 276元,每年月平均工资按5%增长,25年后当地月平均工资为7 396元。社会养老保险最高缴费为当地平均工资的300%。计算王女士退休时需要养老准备金的金额如下:

退休后第一年的养老金需求 = 6 000 × 12 × 70% × $(1 + 3\%)^{25}$ = 105 527(元)

退休后20年养老金需求现值 = 105 527 × (P/A,1.05/1.03 - 1,20) = 173.63(万元)

工作后第t年的养老金个人账户积累到退休时的本利和 = 3 276 × $(1 + 5\%)^t$ × 300% × 8% × 12 × $(1 + 5\%)^{25-t}$ = 3 276 × 300% × 8% × 12 × $(1 + 5\%)^{25}$

工作25年到退休时个人账户积累的养老准备金本息和 = 3276 × 300% × 8% × 12 × 3.3864 × 25 = 53.26(万元)

退休后20年中领取的社会养老保险现值 = (7 396 × 20% × 12 + 532 600 ÷ 120 × 12) × (P/A,1.05/1.03 - 1,20) = 116.84(万元)

退休后的养老金缺口 = 173.63 - 116.84 = 56.79(万元)

(8) 遗产规划

客户遗产价值的评估是遗产计划制订和实施的首要工作,客户经理只有在对理财客户将来的遗产类型和价值总额进行充分的了解和评估的基础上,才能够为其制订出符合其个人特点和需求的遗产计划。在对遗产进行汇总时应注意两点:第一,资产价值以其市场价值而不是购买成本进行核算;第二,不要遗漏某些容易被忽略的资产和负债项目,诸如临终医疗费开支。根据当事人的意愿,确立遗产继承人。继承有多种类型,包括法定继承、遗嘱继承、代位继承、转继承等形式。根据客户个人意愿,客户经理帮助客户确立继承人或受赠人并进行财产分配。要完全满足当事人离世之后的愿望,选择遗嘱执行人是非常重要的。传统的做法是选择家庭成员中年长或地位较高者作为遗嘱执行人。

有效遗嘱应具备的条件:遗嘱人必须要有完全民事行为能力;所立遗嘱必须是真实意愿表示;设立遗嘱具有严格程序;慎用口头遗嘱;合法遗嘱的形式要求。

经过一段时间后,当原来的遗产策划已经无法满足其策划目标和财务状况的时候,调整修改遗嘱将是不可避免的。

(9) 风险告知、揭露事项与定期检讨安排

风险告知主要包括有:流动性风险方面,投资是长期的,急需变现时可能会遭受损失;市场风险方面,投资产品市场价格可能不涨反跌;信用风险方面,个别标的特殊风险出现。应提示说明估计平均报酬率的依据主要是风险属性分析表与内部报酬率法;预估最高报酬率与最低报酬率的范围:15%~1%;过去的绩效并不能代表未来的趋势。

理财规划是根据客户所提供的财务信息制定的,客户要保证信息的准确性,若发生任何重大改变请及时通知银行工作人员。理财规划涉及的投资产品不同于银行存款,具有投资风

险。在实际执行中，也许会因为利率、汇率等因素的变化导致客户收益的减少，甚至是本金的损失。理财规划所提到的各种假设是根据当前经济环境所做出的预则，不代表未来可实现的投资收益。

定期检讨安排，根据客户的情况，建议每个季度定期检讨一次。届时若理财客户个人或者家庭事业有重大变化，需要重新制作理财规划的情况。

【工作模拟】

根据下列客户的基本财务信息和家庭理财目标，进行其家庭财务状况的简要分析，并在该基础上结合客户理财目标进行理财方案的规划。

张立明先生，45岁，在本区经营一家广告公司，年税后收入30万元；妻子李桂敏，41岁，在一家国有公司供职，年薪6万元，且在单位已经交了"五金"；双方父母身体健康，有退休金保障，但张先生夫妇每月分别给自己父母1 000元的生活费；张先生家庭的年度日常生活费用开支主要有：家庭基本生活支出36 000元，养车费为24 000元、娱乐及旅游12 000元，儿子的教育费用约10 000元。张先生家庭现有银行活期存款10万元，现金5万元，有一辆价值25万元的车（预计10年使用期），且贷款到期总共需要还款额为135 864元，目前已经还了一年的车贷，还有两年的车贷90 576元需要偿还，每月需要偿还3 774元，一年需要45 288元；张先生家庭已购有1套住房，房子现在价值60万元，而且张先生家庭双方的父母都有自己的住房；张先生希望能在5年内购买一套更大的房子，大概价格在180万元左右；夫妇有一个儿子16岁，读高一，成绩比较好，而且张先生对儿子的期望也比较高，希望儿子在以后能得到更好的教育，大学毕业后准备送儿子去澳大利亚留学；同时夫妻俩希望在60岁时退休，退休后的生活能大致维持在退休人当中处中等水平。

客户目前的家庭理财目标：还汽车贷款，期限为2年；房贷置业，提升生活品质，5年内购买一套更大的房子，大概价格在180万元左右；为孩子将来的教育做准备，希望孩子在以后能得到更好的教育，大学毕业后准备送儿子去澳大利亚留学；优化现有的资产，提高收益，达到增值保值。

表3-10　　　　　　　　编制客户的理财方案评价表

评价指标	分值	得分
理财方案文字表述规范	10	
有综合规划的职业意识	20	
充分了解客户理财需求	20	
理财方案规划全面	10	
理财指标计算正确	20	
理财指标分析正确	20	
合计	100	

【工作纪律】

对客户提供的财务信息要进行当面核对,对客户的理财目标要明确是理财客户的真实意思表示;规划方案过程中积极与客户沟通理财方案,对客户的利益高度负责。

应向客户明确理财规划是根据客户所提供的财务信息制定的,客户要保证信息的准确性,若发生任何重大改变请及时通知银行工作人员。理财规划涉及的投资产品不同于银行存款,具有投资风险。在实际执行中,也许会因为利率、汇率等因素的变化导致客户收益的减少,甚至是本金的损失。理财规划所提到的各种假设是根据当前经济环境所做出的预则,不代表未来可实现的投资收益。

拓展练习

选择题:

1. ( ) 是银行从业人员制定客户个人财务规划的基础和根据,决定了客户的目标和期望是否合理,以及完成客户个人财务规划的可能性。
  A. 财务信息　　　　　　　　　B. 个人储蓄
  C. 理财目标　　　　　　　　　D. 股票投资

2. 下列关于制定理财规划方案的表述中,错误的是( )。
  A. 综合理财规划方案只有注重各个目标规划的合理平衡、财务资源配置,整体设计和组合,才是真正符合客户做到一生收支平衡的理财规划方案
  B. 投资规划、教育投资规划都属于单项理财规划方案
  C. 理财方案可以是单项理财目标的规划,也可以是涵盖客户主要理财目标的综合理财规划方案,两者的选择主要是由客户经理决定的
  D. 税收筹划、退休养老规划、财产传承规划都属于单项理财规划方案

3. 根据客户的年龄和风险承受能力,将一部分资产投资于风险型资产,另一部分资产以银行存款、国债等安全型资产持有,这在投资规划中成为( )。
  A. 资产配置　　　　　　　　　B. 证券选择
  C. 基本面分析　　　　　　　　D. 投资策略

4. 为保证家庭财产实现代际相传、安全让渡而设计的财富传承方案属于( )。
  A. 财产分配规划　　　　　　　B. 税务规划
  C. 投资规划　　　　　　　　　D. 遗产规划

5. 下列关于退休规划的表述,正确的是( )。
  A. 投资应当非常保守　　　　　B. 对收入和费用应乐观估计
  C. 规划期应当在5年左右　　　 D. 计划开始不宜太迟

6. 在制订书面理财规划方案过程中,下列表述错误的是( )。
  A. 要把如何解决客户理财需求和目标放在中心地位,避免产品宣传、推销的嫌疑
  B. 对各类假设情况、一些概念名词和面临不确定情况时的选择决定要具体说明

C. 要让客户及时做决定，以免错过投资机会

D. 使用通俗易懂的语言使客户清楚了解理财规划书的内容和方案建议

7. 当理财方案经过必要的修改最终交付客户后，客户相信自己已经完全理解了整套方案，并且对方案内容表示满意，此时理财规划师可以要求客户签署客户声明。声明内容不包括（　　）。

A. 已经完整阅读该方案

B. 理财规划师已就重要问题进行了必要解释

C. 完全同意由理财规划师对理财方案进行具体实施

D. 信息真实准确，没有重大遗漏

8. 执行理财规划方案的原则不包括（　　）。

A. 连续性原则　　　　　　　　B. 诚信原则

C. 目标明确原则　　　　　　　D. 了解原则

9. 某客户经理向客户提供了财务分析与规划、投资建议、投资产品推介等服务，该银行根据客户的委托和授权进行投资和资产管理。区分该银行提供的是理财顾问服务还是综合理财服务的要点在于（　　）。

A. 根据客户的委托和授权进行投资和资产管理

B. 推介投资产品

C. 提供财务分析与规划

D. 提出投资建议

10. 在理财规划实施过程中，为解决客户当期现金流不足的问题，可采取的理财措施是（　　）。

A. 申购投资基金　　　　　　　B. 以信用卡预支现金

C. 向银行申请长期贷款　　　　D. 退出人寿保险合同

11. 理财规划服务中，具体操作的最终决策权在（　　）。

A. 客户经理　　　　　　　　　B. 基金公司

C. 银行　　　　　　　　　　　D. 客户本人

12. 制订和提交书面理财规划方案时，客户经理应注意的问题包括（　　）。

A. 必要时根据客户的反馈对理财规划书进行进一步修改，然后再与客户沟通、确认

B. 应多注意客户的反应和反馈，尽可能地鼓励客户多问问题；同时对客户的问题进行耐心解释，自始至终让客户参与其中

C. 如实告知客户方案实施中可能涉及的风险、方案实施成本、免责条款，以及规划方案中没有解决的遗留问题和需要其他专业人士协助解决的问题等

D. 尽可能使用专业术语以便树立专业化形象

E. 建议客户和家人讨论理财规划书的内容和建议

13. 银行向客户提供财务规划、投资顾问、推介投资产品服务时，应首先调查了解客户的（　　）后，再评估客户是否适合购买所推介的产品，并将有关评估意见告知客户，双方签字。

A. 风险承受能力　　　　　　　B. 投资经验

C. 兴趣爱好　　　　　　　　　D. 财务状况

E. 投资目的

问答题：

1. 客户理财目标是如何分类的？
2. 理财规划方案的假定主要包括哪些？

操作题：

请根据下面提供的王先生一家的财务信息资料，编制王先生家庭财产报表并进行分析，确定客户理财目标并编制理财方案。

王先生今年29岁，在一家商场担任部门经理，每月税后收入为7 500元。他的同龄妻子是一名职校讲师，每月税后收入在5 500元左右。两人于2014年结婚，并在同年购买了一套总价60万元的住房，为此他们向银行申请了一笔贷款，目前每月需按揭还款2 500元，贷款余额目前32万元。王先生夫妇每月除1 800元左右的基本生活开销外，额外的消费1 000元。日常家中会存放现金1 000元外，目前他们的家庭资产主要包括9万元的银行存款（其中包括去年全年收到的税后利息1 600元），3万元的债券基金（其中包括去年收到的税后收益1 000元）和一套房子。王先生夫妇除参加基本社会保险外没有购买任何商业保险，所以希望给自己和妻子买些必要的商业保险。此外，王先生夫妇考虑到未来可能的庞大教育支出，所以现在过得比较节俭。而且，一直对赴海外留学报有良好预期的他们计划在孩子高中毕业后（18岁，从2036年当年起计算）送往英国读书（本科四年），预计届时在国外就读四年所需费用为80万元。同时，王先生夫妇希望在65岁时退休，按照他们的身体状况，不出意外他们都可以活到80岁。他们希望在退休后尽量保持现有生活水平（综合考虑各种因素后，预计退休后两人每年共需生活费用15万元）。

任务 2　营销客户的理财方案

营销的实质是管理理财客户的需求。客户经理需要根据理财客户不同的需求状况，采取不同的营销策略，有效满足客户的理财需求。对于大多数的理财方案来讲，银行只是接受客户的授权管理资金，投资收益和投资风险则由客户或客户与银行按照约定的方式来承担。只有适合客户投资需求以及风险承受能力的理财方案才是最好的理财方案。

【任务分析】

表3-11　　　　　　　　营销客户的理财方案任务分析表

工作内容	业务知识	业务技能	工具使用	职业意识
营销客户的理财方案	营销理财方案的基本策略 营销理财方案的主要方法	根据客户类型选择适宜的理财方案营销技术	客户的理财方案 理财产品信息及其数据平台 金融计算器	严谨求实的职业意识 认真缜密的工作态度 为客户提供优质服务的理念

【知识准备】

客户经理在向客户推荐理财方案的过程中，要符合银行产品营销相关法律法规的要求，合法、合理、合规向客户推荐理财方案。银行客户经理营销理财方案的原则如下：

1. 真实介绍理财方案。诚信是客户经理的职业操守，业务及其产品是什么样子我们就应该怎么呈现，某项业务要求具备条件才能办的就必须是具备了条件的客户能办理，既不能添油加醋引诱，也不能夸大其词误导，更不能花言巧语欺骗。把真实的情况不作修饰的呈现给客户不失为理财方案营销的上策，有了理财方案推介中的真实性和准确性，获得了客户的信任，理财方案营销的成功率就越高，实现推助业务发展目标的可能性会越大。

2. 规范展示风险。营销理财方案及其相关理财产品的时候，要充分展示其风险的客观所在，这对购买产品和有业务需求的人是一个风险提示，也是客户经理实现最大程度成交率不可或缺的重要手法。客户在明确产品风险并掂量承受能力后做出是否接受理财方案的取舍，买得安稳，放弃也不后悔。客户经理应该告知客户，理财方案的收益设计只是个预期值，随着客观要素的不断改变，历史业绩不代表未来；开通了e支付后要确保所绑定的手机不给他人使用，银行卡、存折的相关信息不泄露给他人；信用卡只能在授信额度内使用，透支消费后要按期还款；告诉客户不要轻信无关人员发给的信息和打入的电话，遇到异常情况及时与银行客服联系。客户经理要尽可能详尽地把客户使用银行产品、办理业务过程中可能遇到的风险讲解给客户听清楚，对理财方案的风险有全面的了解。

3. 提供优良服务。营销出去理财方案、给出透彻的业务品种、业务产品介绍讲解和充足的风险提示本身就是一种应有的服务，这一过程中，我们还要对不会填写表格的客户提供示范表或指导其填写，对理财方案营销成交后不会操作、使用的客户给予细致的指导，对理财业务及其产品要加以关注、适时购买或赎回的要给客户讲解方法。客户办了网上银行，客户经理要告诉他们怎么登录、怎么设密、怎么下载证书、怎么使用电子密码器证书到期前怎么自助更新。当客户有购买理财产品需求时，客户经理要告诉客户了解产品概述、投资对象、投资管理人、产品购买、赎回方式、计算收益的渠道，要教他们打探、分析、取舍理财产品的方法。柜员除配合客户经理做好理财业务受理的相关服务工作外，也会有机会营销相关理财产品，同样需要周全热情服务，给客户介绍产品、提示风险、讲解操作使用方法等一样都不能漏缺，对客户前来办事或办完事要走时都要给予友好致意。

4. 进行售后跟踪。营销理财方案的长效手段是做好客户服维护，怎样进行客户维护，如举办沙龙游艺会、选择恰当时节给客户发祝福、经常对存量客户进行走访和拜会是进行客户维护的必要手段。这里强调的是，理财方案营销成交后要为客户提供必要的售后服务。银行系统升级将对开通了网银需要使用网银办业务的客户产生影响，发个信息给客户提个醒并表示歉意；客户的网银证书、信用卡临近到期时，打个电话给客户，告诉他们怎么自助更新、怎么换卡；客户的封闭式基金开放了，理财产品可以赎回了，保险到期了，股市、金市、期市有利好了，可以在接触客户或与客户聚会时适时告知客户，并给出进仓、出仓、转仓、分仓理财的建议。这么做了，客户无论是受益还是受损，只会对银行营销人员敬佩而没有怨言。在给客户建议时不要忘记风险提示，而大多数客户在接受理财方案的过程中对购买银行产品办理银行业务都会有所认识、有所了解。客户与银行之间建立了彼此之间的信任，理财方案的营销将是水到渠成之事。

客户是商业银行生存和发展的基础。在理财业务增长迅速的当下，拥有了稳定的理财客户群就拥有了未来的理财市场。客户理财目标的实现是各个商业银行做好理财方案营销的基本原则。由于客户的金融行为的选择在很大程度上是由客户的心理趋向所决定的，因而客户经理自然要关注客户的心理特征，采取相应的措施，提高理财方案营销的效果，增强商业银行的产品竞争优势。客户心理需求有以下特征：

1. 多样性心理特征。理财客户心理需求多样化是指客户群体和个体心理需求多样化。从群体来讲，不同的客户群体有不同的金融服务心理需求，而从客户个体来讲，其服务的需求也是多样化的，其原因在于人的生活是丰富多彩的，金融理财目前已经溶透到生活的各个方面，不同的人有不同的理财心理需求，而同一个人在不同时期也有不同的理财心理需求。理财客户的这种心理多样性质，决定了其生活的多样化，从而也就决定了理财业务的多样性、金融产品需求的多样化和服务方式的多样化。

2. 层次性心理特征。理财客户群体是以一定的标准来划分的，不同的年龄、职业、文化、区域、民族，其心理特征是不一样的。客户层次不同，对金融服务的心理需求自然不一样。老年人客户、低文化层次的客户存取款就不愿意接受银行卡而愿意使用纸质储蓄存折，而青年人、高文化层次的客户就愿意接受银行卡而不太愿意使用纸质储蓄存折。理财客户之间层次上的差异性表现为金融服务需求心理上客观存在着层次差异。

3. 复杂性心理特征。理财客户的心理需求是一个动态的变化过程，会随着外部条件的变化而不断发生着改变。客观存在本身就是十分复杂的，加上人的心理变化的复杂性，从而使客户对金融服务的需求也变得十分复杂而难以捉摸。客户到商业银行办理一笔储蓄存款，其目的可能是养老、子女上学、买房，或者用于临时应急的需要，现实中存在着多种方案选择的机会成本。个人的金融服务心理已然相当复杂并会在不同时期发生着随时随地的改变，整个客户群体则将更加的复杂多变。

4. 目的性心理特征。每个客户的金融行为都有一个主要目的及多个从属目的，没有理财目的就没有理财需求，理财需求也是理财目的所在。理财客户的所有金融行为都是有目的的金融行为所在，企业到银行申请贷款业务，主要是为了解决企业的资金周转问题，或者说是加快了资金增长的周转。目的性心理特征是商业银行营销金融产品的重要依据。

现实中的理财客户存在着各种各样的差异，理财方案的营销推介服务也自然存在着差异。针对不同层次的客户细分市场实行差异化产品推介服务。根据每个细分市场的特点，采用相应的营销策略，对不同的细分市场采用不同的推介手段。差异化营销的原则是对理财业务发展的重要度和贡献度越大的客户群体投入的资源越多，反之，投入的资源会越少。差异化营销主要体现在业务流程差别化；资源配置差别化；服务价格差别化；服务产品的差别化以及服务技能的差别化。

1. 业务流程差别化。银行为优质中高端理财客户提供专业的理财业务办理通道，是指在提供专属业务人员的同时，也要在优质客户办理业务的流程上提供便利。银行理财业务办理是否速度是优质客户评价银行服务的重要标准，银行应该针对中高端客户设计专门的业务流程，在严格控制风险的基础上，简化工作环节，力争为客户节约更多的时间成本，提高其理财服务的满意度。理财方案的实施是一个长期甚至是伴随客户终身的过程，客户经理的服务流程水准会对客户产生长期的对银行工作效率的好的印象或者坏的印象。

2. 资源配置的差别化。对中高端客户即优质客户，客户经理应根据客户的具体情况适当加大资源优化配置组合的力度，集中行内优势资源保证重点客户的需要。为理财客户配备专属的客服经理、设立专属的服务办理区，同时电话银行设置贵宾客户专线，网上银行设置贵宾客户专属界面等。对中高端客户就应该投入更多的资源，使其与所创造的利润相对应。光大银行对客户分群主要采取两种标准：资金和年龄。对于年纪大的客户，具有保守型的特点，向他们推荐一些低风险低收益性的产品，而年纪轻一些的，可向他们推荐一些高风险高收益性的产品。对于已有客户，建立客户管理系统，根据他们的资产额度、已购买产品来进行分群，如基金客户等。建设银行主要是根据资金和投资偏好类型来加以细分，然后再配置不同的产品。"利得盈"产品起始投资金额5万元，主要面向中高端客户销售，而"建行财富"系列募集起点为人民币20万元，主要面向高端及顶端客户。

3. 服务价格差别化。银行对中高端理财客户要实行综合定价策略，按照"互惠互利，优质优价，利于发展"的原则给予优质客户在服务定价方面一定的弹性。给理财贵宾客户推出一些优惠服务价格，如协议理财免费、存款证明手续免费、理财建议书免费、全国通汇款免费等。另外在理财产品定价上也实行差异化，例如，7天期限的短期理财产品，贵宾客户给予1.7%的预期收益率，理财客户给予1.5%的预期收益率，大众客户给予12%的预期收益率。让有理财想法客户能真切在服务价格上面得到优惠，感受到最直观的差异化服务，提高理财客户的忠诚度和满意度。

4. 服务产品的差别化。提供优质的金融产品是商业银行金融服务的主要内容，只有通过理财方案这一载体，银行才能够更好地向客户提供产品及其服务。商业银行必须要设计出针对不同客户需求的优质的产品，让客户能从金融产品中真正获得财产的保值增值。优质金融产品及其服务通过提供优质的金融理财方案推送给不同的理财客户，为理财客户提供省时、省力、省心、增值的金融服务，才能得客户的信任，让理财客户对你有了忠诚度。中高端客户由于其所受教育程度较高的特点，其对金融消费需求比较丰富，银行更需要加强产品及其服务方面的创新，为优质客户提供更加丰富的金融产品，顺应客户理财消费需求的不断改变，提高客户满意度。

营销策略是银行以顾客需要为出发点，根据经验获得理财顾客需求量以及购买力的信息、商业界的期望值，有计划地组织各项经营活动。是针对一定的目标市场所采用的一系列可测量可控的旨在提高销售及厂商声誉为目的的活动，是多种营销方法的综合。营销策略主要有：

1. 口碑营销策略。以口碑传播为途径的营销方式，称作口碑营销。传统的口碑营销是指银行通过朋友及亲戚的相互交流将自己的产品信息或者品牌传播开来。现今的口碑营销是指企业在调查市场需求的情况下，为消费者提供需要的产品和服务，同时制订一定的口碑推广计划，让消费者自动传播银行产品和服务的良好评价，从而让人们通过口碑了解产品、树立品牌、加强市场认知度，最终达到企业销售产品和提供服务的目的。赶潮流者往往是理财产品消费的主流人群，他们最先体验理财产品的可靠性及其优越性，也会第一时间向周围朋友圈传播理财产品本身功效，或者把理财产品周密的服务感受告诉身边的人，引发别人跟着去关注新产品或是新业务。鼓动消费精英群体，往往能最大限度拉动客户消费规模，使产品极具影响力，一方面调动一切资源来激发消费者购买欲；另一方面，大打口碑营销组合拳，千方百计扩大受众群，开展"一对一"、"贴身式"组合口碑营销战术，降低运营成本，扩大消费。现实中，若传递信息的人没有诚意，口碑营销就是无效的，失去了口碑传播的意义。任何一家希望通过口碑传播来实现品牌提升的银行必须设法精心修饰产品，提高健全、高效的服务价值理念以便达到口碑营销的最佳效果。当消费者刚开始接触一个新产品，他首先会问自己，这个产品值得我广而告之吗？有价值才是他们在市场上稳住脚跟的通行证，因而他们所"口碑"的必须是自己值得信赖的有价值的东西。当某个产品信息或使用体验很容易为人所津津乐道，产品能自然而然地进入人们茶余饭后的谈资时，银行则会认为产品很有价值，因此也易于口碑的形成。而当消费者通过媒介、口碑获取产品信息并产生购买时，银行的希望得到相应的回报，如果银行提供的产品或服务让受众的确感到物超所值，进而顺利、短期将产品或服务理念推广到市场，实现低成本获利的目的。口碑营销每一个必经步骤都是营销人员可以发挥才能展示的地方。产品、服务的任何一点瑕疵都可能在市场上引起一场口碑风暴。好的用户体验才会激发用户评论，这是口碑营销的基石。那些要进行口碑营销的广告主，首先要做的功课就是为消费者提供非常好的产品与服务。经研究表明，如果消费者对产品、服务不满，只有4%的人会向厂商抱怨，而高达80%的人则选择向亲戚朋友倾诉。产品、服务的任何一点瑕疵都可能在市场上引起一场口碑风暴。在提供好的产品与服务之外，营销人员还可以帮助消费者方便快捷地获取商品，发布评论，传播观点，放大良好口碑的影响力。

2. 情感营销策略。情感营销是指通过心理的沟通和情感的交流，赢得消费者的信赖和偏爱，进而扩大市场份额，取得竞争优势的一种营销方式。它把消费者个人情感差异和需求，作为企业品牌营销战略核心，通过借助情感包装、情感设计、情感公关、情感服务等策略，来激发消费者潜在的购买欲望，以实现企业的经营目标。情感营销就是把消费者个人情感差异和需求作为企业品牌营销战略的情感营销核心，通过借助情感包装、情感促销、情感广告、情感口碑、情感设计等策略来实现企业的经营目标。在情感消费时代，消费者购买商品所看重的已不是商品数量的多少、质量好坏以及价钱的高低，而是为了一种感情上的满足，一种心理上的认同。情感营销从消费者的情感需要出发，唤起和激起消费者的情感需求，诱导消费者心灵上的共鸣，寓情感于营销之中，让有情的营销赢得无情的竞争。情感营销五步曲包括：亲切招迎，赢得好感；真诚回应，赢得信任；挖掘深层需求，给予情感寄托；推荐情感寄托适合的产品；建立信心个案，坚定购买者。情感营销通常用的策略有：情感设计、情感包装、情感商标、情感广告、情感价格、情感公关、情感服务、情感环境。情感营销能营造更好的营销环境，还能提高消费者的品牌忠诚度。情感营销可能导致资源的浪费，也可能有害于社会风尚，还可能会导致经济结构失调，消费过热势头，不利于经济的健康发展。

3. 体验营销策略。体验通常是由于人对事件的直接观察或是参与造成的，不论这个事件是真实的，还是虚拟的。体验会涉及顾客的情感、感官、情绪等一系列感性因素，当然也会涉及智力、知识、思考等理性因素，再加上在体验中需要进行的一些身体活动。体验的基本结果会清楚的反射于语言中，例如描述体验的动词：赞赏、喜欢、讨厌、憎恨等，形容词：诱人的、可爱的、刺激的等等。为何进行体验营销呢？其实体验营销的重要性体现在：消费者的情感需求比重在增加；消费需求的日趋个性化、差异化、多样化；消费者价值观与信念转变迅速；消费者关注点向情感性利益转变。对于现代消费的观念转变，可通过体验式营销更深层地了解消费者需求。

4. 植入营销策略。植入营销通常是指将理财产品或品牌及其代表性的视觉符号，甚至服务内容策略性融入电视剧、电影或媒体节目等各种内容之中，通过场景的再现，让观众在不知不觉中留下对产品及品牌的印象，继而达到营销产品的目的。理财客户们会在众多电视剧、电影、微视频中看到不同银行品牌的产品或者服务的植入。

5. 事件营销策略。事件营销是企业通过策划、组织和利用具有名人效应、新闻价值以及社会影响的人物或事件，引起社会团体、媒体和消费者的兴趣与关注，以求提高企业或产品的知名度，树立良好品牌形象，并最终促成产品或服务的销售目的的手段和方式。事件营销就是通过把握新闻的规律，制造具有新闻价值的事件，并通过具体的操作，让这一新闻事件得以传播，从而达到广告的效果。我们常因为新产品知名度不够高而苦恼，在新品上市阶段，很多企业希望能有一个引爆的事件发生，将公众、媒体的目光聚集过来，这都是希望品牌迅速爆红的心理。

6. 饥饿营销策略。饥饿营销指商品提供者有意调低产量，以期达到调控供求关系，制造供不应求"假象"，维持商品较高售价和利润率的目的。表面上，饥饿营销的操作很简单，定个叫好叫座的惊喜价，把潜在消费者吸引过来，然后限制供货量，造成供不应求的热销假现象，从而提高售价，赚取更高的利润。但"饥饿营销"的终极作用还不是调节了价格，而是对品牌产生的附加值，这个附加值分正负。

7. 比附营销策略。比附营销是一种比较有效的营销手段，能让目标受众迅速完成对银行的产品、服务或品牌，从认识到感兴趣甚至到购买的过程。其操作思路是想方设法将自己的产品或品牌与行业内的知名品牌发生某种联系，并与其进行比较，但承认自己比其稍逊一筹。

执行理财营销策略的方法在整个营销规划中至关重要，客户经理是客户了解产品的主要渠道，为了取得客户的信任，客户经理要以真诚的态度对待客户，切忌向客户保证保本或暗示收益等，并提示客户相应的锁定期及产品风险、费率等，适当的提示可以大大减少客户的胡乱猜想并对理财方案产生信任：

1. 进行必要的风险提示。任何一项投资都是风险与收益并存的，如果事先做好风险提示，让客户真正在心里对风险有一个充分认识，不仅能够帮助客户规避一些损失，而且能够赢得客户的好感和信任，对工作大有裨益。实践证明，在风险提示缺失或提示工作不到位的情况下，客户一旦遭受损失，就会把怨气发泄到银行和银行员工身上，造成的后果是极其恶劣的。有的客户甚至会做出疯狂举动，其对银行社会声誉的危害和对员工身心的打击，远远大于营销一款产品所带来的收益。因此，向客户进行必要的风险提示应当成为银行一项日常工作长期坚持，而其带给银行的收益也必将是长远的。

2. 推介产品不要具体到某一种产品。客户经理最好不要推介某一具体产品。成熟的做法应该是：根据客户的特点，有针对性地推介某一类型的产品。比如，对于乐于冒险者，可以介绍他买指数型基金；对于年老保守者，可以推介他买债券型基金；对于积极稳健者，可以推介他买配置型基金。客户经理可以给客户讲解判断基金优劣的方法，提供必要的信息，但是应尽量让客户自己选择具体产品。如此，客户既增长了知识，又提高了自信。将来即使遭受损失，银行也可以免受责难。

3. 注意锁定预期收益。面对渴望获取丰厚收益的客户，首先应了解客户为什么要购买产品。从营销实践中发现，多数客户没有明确的预期目标，也没有明确的预期收益，面对这样客户的时候，客户经理可以抓住这一机会，给他设定一个目标来引导其购买产品，可以以定期一年储蓄利息作为参照。如果客户认可这个目标，那么就引导其查阅基金以往收益，选择其中一批高于定期一年储蓄利息的产品推介，告知客户只要达到预期目标就赎回，落袋为安后再重新投资目标。如果赎回前就很快超过预期收益，则视同意外惊喜。事实证明这个办法对客户有很大吸引力，特别是对新客户更是有效。

4. 模糊宣传收益时间。客户经理宣传推介理财方案的时候，收益时间应锁定大致的时段。稍微模糊一下收益时间，反倒是取信于客户的有效办法。比如，某家银行第一批销售的基金，当时正处于股市低迷时期，加上没有经验所售基金在宣传的收益时点，其净值没有达到预期目标甚至折本，部分客户非常不满，感觉上当受骗了，纷纷赔钱赎回，一时间怨声载道；而另外一些客户，仅仅多坚持了几个月，股市回暖，结果人人都收获颇丰。可见模糊对待收益时间是多么重要！当然，模糊时间不等于没有时间，始终要抱着对客户高度负责的态度推介产品，对于那些客户经理自己都不看好的产品最好不要推介，哪怕手续费再高也不能推介。对所有准备推介产品的预期收益时间的宣传，都有一个最好的参照时段，那就是储蓄存款的不同存期。这个办法尤其适用于推介"基金定投产品"。

客户经理营销理财方案的时候，更多的时间是用来说服客户接受银行的理财方案。让理财客户在有限的时间里接受这样一个理财方案并非易事。还需要做好以下几个方面的准备工作：

1. 建立方案自信。对客户建立方案自信，可采取为客户讲解方案材料的方式，让客户领悟理财方案的内容，从而帮助客户逐步完成从陌生到熟悉的过程。把握方案的优势和卖点，获得对理财方案的充分理解，成交率自然提升。

2. 事前做功课。在执行理财方案之前，客户经理要需要做足功课。包括客户的背景、财务状况及投资经历，筛选出适合客户的产品方案，并按照推荐次序排列好，客户经理要熟悉产品介绍中的常见问题，客户询问时能够脱口而出，诸如产品费率、申购方式、赎回到账时间、开放时间及其产品类型，避免被客户问住的时候再去请教其他同事。客户经理表现专业更容易受到客户的信赖。若对投资市场有自己的看法和观点，会更容易和有经验的客户交流。

3. 站在客户角度。换位思考是销售充满说服力的源泉。首先考虑客户需要什么，客户可以承受风险是多大，产品收益是多少，是否主推权益类基金产品，若客户是想投资长期稳健型的产品，债券类基金就更合适，若想要管理现金资产，那么理财产品和货币基金都是较好的选择。站在客户的角度说问题，自然具有说服力和亲和力。

4. 倾听客户的想法。在向客户介绍产品时，有意见和不断提问的客户，往往比沉默的客户对产品的兴趣会更大。在介绍产品的过程中，发现客户处于比较沉默的状态，此时应该主动询问客户对于理财有什么想法？对产品有没有什么异议？若客户对于理财方案有疑惑，客户经理应主动倾听客户的疑问，并想办法消除这种疑惑，促使客户快速了解产品，而不是半道"下马了"。

5. 做好同行分析。客户经理适当了解别家银行的产品也是提高自己理财方案说服力的重要工具。客户经理销售理财方案之前，应该知道本区域其他银行主要有什么样的热销产品，特别是同类别的理财产品的业绩表现。做好准备，才能出奇制胜。使用证据时，既可以是一个老客户的投资经验分享，也可以是一组数据或者一个报告，还可以是一个具体案例。

证据可以增信，更加有说服力。

在理财方案推荐过程中，使用适当的营销技巧也是非常重要的。技巧是一个人在工作中表现出来的行为和行动。准确地讲，是一个人在工作中能够表现出来的习惯行为。对于职业人来讲，知识固然很重要，但实战中需要的不仅仅是知识，更多的是技巧。由于各种因素的影响，每个人都会有自己的行为模式，并对其他人的行为模式产生不同的反应。客户往往对那些行为方式与自己相似的人产生好感，并从他们那里购买产品。这就要求客户经理能区分然后适应客户的性格特征。一般来说，客户经理可以根据对方声音速度与音量及做事的方式来进行判断其节奏与社交能力。在这里，我们通过客户给你的感觉、他们的行为方式以及他们的需求来概括一个人的性格特征。人的性格特征是复杂的。对于那些性格特征明显的人，客户经理通过初步交流就可以判断出来；但对于那些性格特征不明显的人，很难一次性判断，这就需要客户经理多次的接触来进行判断。

1. 老鹰型客户。时间对于他们来说很重要。客户经理要直接切入主题。客户经理必须是一个有竞争力的营销专家，这样可以更吸引他。对于老鹰型客户，你要时刻注意不要浪费他们的时间，电话要高效，谈完正事，马上结束通话。另外，你也不可以以命令的语气同他们沟通，他们喜欢自己拿主意。记住让你的客户在更舒适的情况下自己做决策。

客户经理尽可能使用可以刺激他们需求的话语与词汇，如：高效、时间、竞争优势、变革、权力、威信、声望和掌握大局等词汇。

2. 孔雀型客户。传递一种"你也很看重关系、也很热情"这样的信息对吸引他们来讲就显得很重要。与孔雀型的人可以闲聊一会儿，这对建立融洽关系是有帮助的。孔雀型的人乐于帮人，也很健谈，通过有效的提问，你可以从他们那里获得很多有价值的信息。要将你的注意力完全方法他们身上，并让他们注意到这一点，从而可以显示你很看重他们，他们对你来讲很重要。

客户经理在与他们探讨需求的时候，尽可能使用可以刺激他们需求的话语和词汇，如上级认可、关系、影响力、容易、变化等词汇。

3. 鸽子型客户。与鸽子型客户交往，客户经理要显得镇静，不可急，讲话速度要慢，音量不要太高，相对要控制你的声音，并尽可能显示你的友好和平易近人，表现得要有礼貌。他们平时行事速度较慢，建立关系也需要一定的时间，所以不可以显得过分热情，以免显得过于热情，以免引起对方怀疑。在涉及你自己事情的时候，要坦率、真诚、积极倾听，要表现出你具有与对方建立信任关系的兴趣。

客户经理与对方打交道时经常可以使用的词汇主要有：我保证、关系、合作、参与、相互信任、有效等等。

4. 猫头鹰型客户。客户经理对他们要认真，不可马虎，凡事要考虑得仔细，注意平时一些不太注意的细节。客户经理要提供更多的事实和数据，以供他们做出判断，所提供的资料越细越好。客户经理要表现得一丝不苟，有条不紊，给对方留下你是个事事有计划的人的印象。

对于他们，客户经理可以经常使用的词汇是：准确、绝对正确、不会出现意外、认真对待、细节、详细计划、让数据和事实说话，等等。

第三单元 规划客户的理财方案

表 3-12　　　　　　　　　　不同类型理财客户主要特征分析

	老鹰型	孔雀型	鸽子型	猫头鹰型
性格特征	沉稳；思维敏捷；做事果断	做事张扬；喜欢被夸奖；爱张罗事	胆小；爱随大流；习惯用怀疑眼光观察周围事物	警惕性强；观察事物细致；判断准确
声音特征	低沉有力；语调沉稳	高声高调；语速快	声音小；语速慢；喜欢试探性说话	语调沉稳；用升调提问题
行为特征	有礼貌；有风度；有亲和力	动作夸张；显现热情	时刻保持警惕；保持一定距离；随时准备逃离	喜欢通过交流做出判断
需求特征	选择性接受；会有大单	易接受更多产品；会带来更多客户	喜欢保本和风险低产品；购买量不会大	喜欢自己决定的产品；决策快

表 3-13　　　　　　　　　　不同理财类型客户的理财方案沟通技巧分析

	如何把握会谈	你要做什么	你不能做什么
老鹰型	直接切入主题	将产品主要特征准确传递给客户	无重点介绍产品
孔雀型	激发兴趣，寻找对方兴奋点	夸赞客户，寻找销售点	揭示对方弱点，攻击对方成绩
鸽子型	显示出有足够的耐心	不断交流建立彼此的信任	表现出急躁，急于出结果
猫头鹰型	有全面细致的谈话	向客户介绍产品的每一个细节	用概况笼统的语言介绍产品

【工作过程】

2020年7月16日，夏汇银行白广路支行的客户杜女士如约来到了网点。杜曾在上周末来到行里，客户经理李红热情接待了她，杜女士把自己的理财想法告诉了李红，李经理详细了解了杜女士的收入及财产和负债的情况。客户杜女士28岁，在一家国营企业工作，看到周围的同事不少都获得了理财好处，其理财需求开始强烈起来，但自身知识欠缺有看最近基金市场表现欠佳很迷茫，不知道怎样理财合适，特别是如何选择理财产品。在交谈的过程中，杜女士逐一询问行里目前正在出售的诸多理财产品，而且是反复询问李经理各种各样的问题。李经理为客户杜女士详细做了介绍与说明，并带着杜女士到财经门户网站查找相关的数据来分析。在李经理详细、耐心、专业的介绍之后，杜女士觉得李经理既专业又敬业，且做事非常细致，为她解答了很多在理财方面的盲区问题。李经理根据杜女士的家庭资产负债情况和目前杜女士的家庭收入，为杜女士制定了一套优质的理财方案，杜女士拿回家和其家人商量理财方案中的配置问题。

其实，杜女士接受这个理财方案也是犹犹豫豫的，李红对杜女士讲："我今天来向您介绍的理财方案，是专门为像您这样考虑周全、有一定经济基础与家庭责任感的人士量身定做的。这个理财工具的具体作用：即等于您为自己准备了一个保险箱，而且不收租赁费。您可以在自己资金充裕的情况下随时投入甚至多投入，更可以在急需资金的时候随时提取，不必缴税。从您放进第一笔钱开始，还有保障来保护您，防范人生中有可能发生的风险，我来给您介绍一下具体内容……"

"我们这一辈子每天都在忙忙碌碌地赚钱，其实就就是为了让自己与家人生活的更好一点，尽管这就是我们的责任，但有时有些钱还就是花得很舍不得，但又不得不花，最可怕的就是本来准备自己用来退休或生病时用的钱，却不得不给家人花掉了，您说我说得对不？"

"我们通过理财工具把自己辛苦赚来的钱合理的做个规划，让您在人生的整个过程中既让家人分享您的财富，又能确保自己拥有独享空间，您说好不？"

杜女士感觉心里踏实许多。

杜的理财方案中其实仍保留有大量的定期储蓄存款，其有些不解。李红客观的解释了其中的理由："很多买过理财产品的客户都知道，理财有个最大的特点就就是留在银行的钱，才就是真正属于自己的，因为，留在手里的钱很可能会因这样或那样的事花掉或就是被亲朋好友借走，这些钱都被家人分享了，从而打破您原有的计划。而留在银行的钱不但可以留下来自己用，还有专业人士投资运作带来稳定的收益，它给您的保障更可以为您与您家人的幸福生活保驾护航，您瞧多好。"

李红继续讲到："杜女士，现在的投资讲究渠道分散，长短结合，前者讲的就是钱不要都放在一个项目里面；后者讲的就是投资的期限要长期投资与短期投资相结合。记得您说过购买了一些基金，但今年的基金市场行情时好时坏，目前更就是不断下探的行情趋势。从科学的投资理财角度来说，让各种金融产品相互组合成短期、中期、长期的投资项目才就是最能抵抗风险的组合。"

其实杜女士刚刚开始学着理财，并不愿意冒太大的风险。李红也看出了杜的心思"杜女士，虽然今年投资市场很活跃，基金、股市也一路牛涨，但大多数的老百姓还就是像您一样愿意把钱存在银行里，虽然收益并不高，但也不会有股市的大起大落，说白了更多的图的就是财务安全。我们银行最近推出了一款理财产品可以让您家'趴'在银行的钱一下子'活'起来，不仅在收益方面高出当前定期存款不少，还能保障您资金的安全性，不会亏本。"李红的话已经说到杜女士的心房里。"这样一份既有高额投资回报，又全面保障低风险的理财规划，您只需要在我们银行开设一个资金账户，您理财期间的保障费用只有180元，每月不到50元，而您的账户就是以日日记息，月月复利计算的，所以，这个账户会稳健迅速的不断增长，不断的增值！"

李红对杜女士家庭的理财方案的执行做出了具体安排：

1. 杜女士家庭紧急预备金建立及其他行存款转存到本行网点（2021年7月）
2. 银行理财产品及基金产品配置（2021年7月）
3. 保险产品购置（2021年7月）
4. 子女教育规划落实（2021年8月）
5. 购房规划的落实（2021年8月）
6. 退休规划的落实（2021年8月）

7月16日，杜女士和李经理约定好，杜女士再次来到白广路支行，两人按照之前确定的理财方案稍作调整，李经理按照理财方案为杜女士推荐适合的理财产品。

杜女士进入白广路支行网点后，客户经理李红立即迎上前，笑容满面、热情的接待杜女士。

李红经理："您好，杜女士！欢迎您再次光临！"

第三单元 规划客户的理财方案

杜女士："您好！李经理，再次见到您很高兴！我平时工作忙，只能周末时间约您。上周末您给我做的理财方案，我详细的看了一下，但是对于理财规划还是没有具体的概念，能麻烦您给我具体的推荐一下适合我的理财产品吗？"

客户经理李红认真倾听、仔细询问，以便为客户推荐最适合的理财产品。

李经理为杜女士设计的理财方案中，突出了范围广、费用低、保障高三大特点。考虑到杜女士的实际情况，李经理打算从保障型产品优先推荐。

李红边招待杜女士坐下，边给杜女士倒水，说道："杜女士，您知道吗根据瑞信的调查，在过去3年中，20~29岁的人群收入增长了34%，是各个年龄段人群中收入增长最显著的。您也是这类人群中的分子，年收入达到了16万元以上。与此同时，在竞争激烈的职业生涯中，如何在不断满足自己物质、精神生活的同时，为自己的生活做个保障'备份'，确实需要未雨绸缪、认真考虑……"

杜女士："嗯，李经理，您说的特别对，这也是我心里一直想的，但就是没空打理自己的财务，又对这部分的知识了解的不多。"

李红经理："我在上周给您做的理财方案中突出了'范围广、费用低、保障高'这三个特点。您现在处于事业上升期，面对的压力、危险相对较大。而且您是独生女，也必须考虑父母年龄日渐年长，一旦自己遇到不测，最好让他们二老吃喝不愁，将来能够得到很好的照顾。所以呀，我给您推荐保障型产品优先。"

李红经理结合杜女士的实际情况，给杜女士提供了本行的各种保障型产品的宣传资料。杜女士一边翻看，一边思考，遇到问题就向李经理询问，李经理一一耐心的解答，并推荐给杜女士最合适的理财产品。

杜女士："这么多保障型的产品，看的眼花缭乱，该如何比较、如何选取呢……"

李红经理："针对您目前的情况，在众多保障型产品中我建议您需要选择一款意外险，一款重疾险和一款寿险。"

杜女士："一款意外险、一款重疾险和一款寿险？具体该如何选择啊？"

李红经理为杜女士推荐除了购买一份费率低、保障高的意外险外，还需要重疾险，以应对重大疾病高医疗费用的风险。同时，父母可能即将步入退休阶段，作为独生女的杜女士应承担起赡养义务，而且杜女士三年内组建家庭之后，也应担负起家庭责任，因此，寿险产品也是少不了的。

杜女士："李经理，您给我解释一下这几款吧，还有，意外险含有医疗费用保险的功能吗？"

李红经理："这是一款含医疗费用报销功能的意外险，它的特点是费率比较低、保障相对高一些，比较适合您目前的情况。你最好再配上这款重疾险，现在医疗费用很高，万一真有那么一天，这款是可以应对重大疾病医疗费用的。您的父母马上要退休了吧，您作为独生女肯定是要承担赡养义务的，而且您目前的年龄，如果三年之内组建自己的小家庭，也需要承担起家庭责任，所以，寿险对您来说是必不可少的。有这三种保险打底，您就有了基本的保障，起码生活上无后顾之忧了。"

杜女士："嗯，听起来不错。我父母目前身体尚可，但确实要未雨绸缪啊。确实既需要考虑父母也需要考虑将来的小家庭啊。真到过几年上有老下有小的年龄了，也不至于压力太大……对了，李经理，我父母可以买重疾险吗？"

155

个人理财业务 GERENLICAIYEWU

李红经理："父母年龄大了，健康开始走下坡路，身体机能也越来越差，腰酸背痛如同家常便饭，看医生吃药也变得频。然而这是自然规律，无可厚非，但是得大病的概率也越来越高。但是如果父母超过了45岁，购买重疾险非常不划算，因为保费已经非常接近甚至贵过保额，保险除了起到强制储蓄的功能，失去了保障的作用，还不如直接买份分红险。对于您来说，未来还有很多事情要做，还有很多方面的费用要支出，花钱的地方多着呢，比如结婚、买房、养孩子、孩子教育支出，等等，所以应该尽量控制保费的支出，我们要尽可能地把保费降到最低，要以最小的成本获得最大的收益，这样的话要考虑主打消费型险种，依次为意外险、医疗险、重疾险、寿险，您看我刚刚给您介绍的这几种年缴保费为782.5元，仅占您年收入的4.77%，您看这个可以接受吗？"

杜女士："嗯，保费的占比还是可以接受的。那李经理，保额方面是怎样的？"

李红经理："通常来讲保额方面基本以您年收入的10倍左右为宜，其中一般意外险保额80万元，公共交通工具意外保额160万元、意外医疗保额每次2万元，这个次数是不限的，定期寿险保额80万元、重疾险保额30万元、医疗险保额10万元。"

杜女士："听起来还不错，挺全面的，我在投资方面看来属于保守型的哈。"

李红经理："嗯嗯，从您的资产负债表中能够看出，您每月除去各项生活费用开支，平均还有1万元的结余，这说明您在'节流'方面做得非常好，但是如果咱们从长远来看，规划理财的要点除了'节流'外，很重要的一点是"开源"。您把资金全部都存入银行，这说明您在"开源"方面是存在缺陷的。"

杜女士："对，我没有其他的投资渠道，按照您的说法我这开源方面做的太不好了。"

李红经理："嗯，您没有其他的投资渠道又属于投资保守型，那就更需要为养老危机提前做准备喽。"

杜女士："李经理，我该如何规划这部分呢？"

李红经理："这部分的话，我建议咱们建立了基础保障之后，第二步就可以用躺在银行'睡觉'的资金购买些稳健、保本的保险理财产品了，并且理财计划应随客观情况的变化而有所调整。"

杜女士："保险产品是不是一般选择有分红的？"

李红经理："一般来说，分红是为了抵御未来生活的通货膨胀，养老保险选择具有分红性质的险种是正确的。但切记不要忽视保障而过分期待分红收益，分期待分红收益容易导致保障不足；也不要对分红没有信心，因为分红是分享保险公司的经营收益，并且收益以复利不断累计，通常是终身保障终身分红。"

杜女士："好的，您提醒的特别到位。对了，去年我有个同事怀孕后流产了，不知道她买的是什么理财产品，流产后获得了保险理赔。我这个年龄也马上面临着结婚生子的情况，我也想给自己买个安心啊，请问这种类型的理财产品如何？"

李红经理："这也正是我想提醒您的，建议您这个年龄要重视专属保险。"

杜女士："哦？请问什么是专属保险？"

李红经理："'专属保险'是保险公司根据女性的特点而设计的'女性独享'保险产品。"

杜女士："女性独享的保险？"

客户经理李红经理："对的，由于女性的生理肌体结构比男性的复杂，女性患病的概率也比男性高。此外，女性有独特的妊娠期、分娩期、哺乳期等，因此女性比男性更需要家庭以及社会的关爱。"

杜女士："这个正合我意哈，我应该如何配置女性专用型保险呢？"

李红经理："您应该根据不同的需求来配置这款专用型产品。这类险种是从一般的重大疾病上所分出来的一个细的分支，按照保监会和中国保险行业协会对重大疾病的一些管理的要求，一般的重大疾病险都会涵盖6种基本的重大疾病，同时各家保险公司也会根据自己的产品设计一些其他险种的保险。在原有的重大疾病的一些病种上特别分离出了女性常见的一些恶性肿瘤，比如说乳腺癌、宫颈癌、卵巢癌，对女性发病率比较高的癌症进行特别的保障，这样就比一般的重大疾病险的费率要便宜，针对性也会更强。"

杜女士："我可能考虑更多的是以后要宝宝的情况，您看有这方面的产品吗？"

李红经理："未来成家后考虑需要小宝宝时，可以购买'女性特殊期保险'，比如'生育疾病险''母婴健康险'等。包含的内容主要是孕期过程当中，现在怀孕后不明原因的胎停孕、流产的现象特别多，如果孕妇出现了孕期常发的特定疾病或者是重大的疾病，比如说宫外孕或者是葡萄胎等等，都会得到保险公司理赔金的支付。"

"有针对出生婴儿的保险吗？"杜女士问得越来越细了。

李红经理："嗯嗯，有的！第二部分就是让新生儿一出生就会有特殊的保障，比如说新生儿出现先天性心脏病或者是染色体异常等，都会给予资金上的支持。当女性遭受意外事故需接受整形手术时，一些保险公司推出的女性险还能对治疗费用进行理赔，那么您可以选择'女性呵护型保险'投保。"

李经理在接待客户的过程中，有强烈的为客户服务的意识，自始至终都能够真诚考虑顾客的需求。在服务客户的过程中，能够洞察客户需求，并能够针对杜女士感兴趣的理财产品一一给出精准的解释，专业精神打动着客户，让杜女士信任、踏实的选择产品，执行者理财方案。

杜女士："这个好，听您这么说还真是不错。谢谢您的耐心解答和诚意推荐！就按照您给的规划办理购买划款吧！"

李红经理："还要再次嘱咐您一下，理财规划方案要定期审视并做出评估和调整，一般为一年，以便使理财规划方案更加符合实际。如果您或者您家里发生重大变化，您要及时通知我，我会帮您对理财方案及时做出调整。我这边也应当将一些理财信息和投资信息及时告诉您，以便让您做出合理的判断。"

"您瞧这份计划就是否还要提高额度，如果没有什么不清楚的地方，请您在这里签名（计划书、协议书签名），我会及时把您的理财规划送交我们银行理财专员，为您开设这个理财账户，让您理财计划马上运作起来。"

李红安排柜员同杜女士办理了购买理财产品的相关手续，并把所有注意事项介绍清楚，所有业务办理完成。

8月，客户杜女士在银行合作的房产项目那里经销售员的帮助买了一所大房子。房子虽说不错，可毕竟是价格不菲，杜女士总有一种买贵了的感觉。几个星期之后，房产销售员打来电话，说要登门拜访，杜女士不禁有些奇怪，因为不知他来有什么目的。星期天上午，销售员来了。一进屋就祝贺杜女士选对了一所好房子。聊天中，销售员讲了好多选房的技巧以及杜女士当时所没有考虑到的问题，诸如电梯间位置、地库的出入口位置、单元位置与保温的关系问题，而后又带着杜女士围着小区转了一圈，把其他房子指给他看，说明他的房子为何与众不同。同时告诉杜女士，这个小区里的大多数住户都是生意人及附近高校工作的人员。杜女士疑虑顿消，得意满怀，觉得李红真是个细致入微的人，推荐的这位朋友及其楼盘都不错。销售员表现出的热情甚至超过卖房的时候，他的造访让杜女士大受感染和兴奋，确信自己真是买对了房子，很开心。几天后，杜女士的单位同事到家里来做客，一位同事也对这里的房子产生了兴趣，自然，杜女士把这位朋友引荐给了这位房产销售员。房产销售员又顺利签下了一笔大生意。

【工作模拟】

请根据下列所给材料确定理财营销策略，对该客户进行理财规划的营销模拟，并根据现场表现对学习效果进行客观评价。

李先生和赵女士是一对夫妇，居住在本银行网点附近的区域，今年都是35岁，二人有一可爱的女儿，今年5岁。李先生在一家私营企业当业务主管，税后月薪15 000元，税后年终奖5万元。赵女士在一家国企做会计工作，税后月薪5 000元。李先生有一套一居室的房屋用于出租，每月能得到租金2 000元。去年，李先生家庭的基金和股票收入有10 000元。李先生夫妇除了单位给上的社保外并无其他商业保险。夫妇俩目前有活期储蓄存款10万元，定期储蓄存款20万元，货币市场基金5万元。还有市值为10万元的股票和15万元的偏股型基金。李先生家庭用于出租的一居室目前市场价值60万元；家庭的自住房目前价值120万元，于2010年1月贷款60万元购买，贷款期限20年，等额本息还款，利率7%，目前已还款2年。目前未还贷款本金为570 421元。除此之外，李先生还有一辆价值8万元的轿车。李先生家庭财务支出比较稳定，除了基本的伙食、交通、通讯费用外，就是不定期的服装购置和旅游支出。一家人平均每月的日常生活开支为6 000元，房贷月供4 652元，女儿的学前教育费用为每年2万元，赵女士办的美容卡每年需要2 000元，李先生应酬支出平均每月1 000元，家庭每年旅游支出5 000元。另外，夫妻俩每月都要给双方父母各寄去1 000元的生活费。

客户经理通过理财规划为李先生解决了以下问题：想在本区购买一套价值80万元的房子给父母养老居住，应如何进行规划；想知道目前只依靠单位福利的风险保障是否完备，如果不足，还需要补充哪些保险；夫妻二人希望女儿接受良好的教育，想请客户经理为其规划女儿的高等教育费用问题，非常希望孩子18岁时可以出国上大学，届时至少需要100万元，假设投资回报率为8%；夫妻二人想在退休时积攒下一笔财富，李先生打算在60岁时，夫妻二人共同退休，享受生活，二人预计保险寿命85岁，考虑到通货膨胀及各种旅游休闲开支，以10%的投资报酬率，到60岁共需养老费用400万元；能够对现金流动资产进行有效管理。

提示：信息收集时间为2020年12月31日。不考虑存款利息收入。不考虑房租需缴纳的个人所得税。折旧计算结果保留到整数位。本行的"领投雁"金融产品是李先生夫妇投资必须要考虑的项目，要求分析"领投雁"金融产品是否适合李先生夫妇，如果适合，具体如何进行投资。

1. 家庭基本情况

表 3-14　　　　　　　　　　　理财客户家庭的基本信息资料

信息栏	理财客户本人	理财客户爱人	理财客户女儿
姓名	李富年	赵安娜	李萌萌
性别	男	女	女
年龄	35 岁	35 岁	5 岁
职业	业务主管	会计	学生
工作单位	北京怡文信息技术有限责任公司	北京现代汽车制造有限责任公司	北京汇佳学校
工作稳定度	稳定	稳定	
拟退休年龄	60	60	
预期寿命	85	85	

表 3-15　　　　　　　　　　　理财客户家庭的资产负债表　　　　　　　　　　　单位：元

资　产	金额	负债和净资产合计	金额
一、流动资产		一、负债	
现金		1. 流动负债	
其中：外币		信用卡贷款	
活期存款	100 000	商业银行信用贷款	
其中：外币		商业银行担保贷款	
一年期内定期存款	200 000	商业银行抵押（质押）贷款	
其中：外币		分期按揭还款	
基金	200 000	应付法人（非金融）债务	
其中：股票基金	150 000	应付个人债务	
货币基金	50 000	应缴税金	
公司股票	100 000	流动负债合计	
应收法人（非金融）债权		2. 长期负债	
应收个人债权		信用贷款	
流动资产合计	600 000	担保贷款	
二、投资		抵押（质押）贷款	570 421
一年期以上股票		分期按揭还款	
一年期以上债券		应付法人（非金融）债务	
一年期以上定期存款		应付个人债务	
一年期以上基金		长期负债合计	570 421
投资性住房	600 000	负债合计	570 421
金融衍生工具		二、净资产	
个人住房公积金		1. 金融资产形态	
个人社会退休养老金		2. 实物资产形态	
个人社会医疗保险金		3. 无形资产形态	

续表

资　产	金额	负债和净资产合计	金额
商业寿险		净资产合计	1 909 579
商业财产险			
其他			
投资合计	600 000		
三、个人财产			
个人主要住房	1 200 000		
第二套住房			
汽车	80 000		
屋内设置摆设			
珠宝和艺术品			
古董收藏			
其他自用资产			
个人财产合计	1 280 000		
资产合计	2 480 000	负债和净值合计	2 480 000

表 3－16　　　　　　　　　　理财客户家庭月度税后收支表　　　　　　　　　　单位：元

收入	金额	支出	金额
李富年收入	15 000	房贷月供	4 652
赵安娜收入	5 000	教育费	1 667
其他收入	2 000	衣食费	6 000
		其他支出	3 583
收入合计	22 000	支出合计	15 902
净收入		6 098	

表 3－17　　　　　　　　　　理财客户家庭年度收入支出表　　　　　　　　　　单位：元

项　目	金　额
工作收入	
薪资收入	290 000
其他工作收入	
减：生活支出	
子女教育金支出	20 000
家庭生活支出	72 000
偿还房贷支出	55 824
其他生活支出（旅游费 双亲赡养 美容 交际费用）	43 000
工作储蓄	
理财收入	

续表

项　目	金　额
利息收入	
资本利得	10 000
其他理财收入	24 000
减：理财支出	
利息支出	
保障型保险保费支出	
其他理财支出	
理财储蓄	
储蓄	133 176

表3-18　　　　　　　　　　　理财客户家庭现金流量表（年）　　　　　　　　　单位：元

项　目	金　额
一、生活现金流量	155 000
日常生活中现金收入合计	290 000
各项职业劳动与非职业劳动的现金流入	290 000
其他活动的现金流入	
日常生活中现金支出合计	135 000
日常生活消费的现金流出	72 000
文化教育文体娱乐活动的现金流出（旅游费和美容卡）	7 000
社会人际交往的现金流出	12 000
赡老扶幼的现金流出（父母赡养及子女教育）	44 000
其他消费活动现金流出	
二、投资现金流量	34 000
投资活动现金流入合计	34 000
股票债券投资出售的现金流入	
投资盈利的现金流入	10 000
其他投资活动现金流入	24 000
储蓄存款提现现金流入	
投资活动现金流出合计	
购买股票债券的现金流出	
储蓄存款的现金流出	
投资活动亏损的现金流出	
其他投资活动现金流出	
三、借贷现金流量	-55 824
借贷活动中现金流入合计	
对外借出款项收回得到的现金流入	

续表

项　　目	金　额
对外借入款项收到的现金流入	
借贷活动中现金流出合计	
对外借出款项的现金流出	55 824
对外借入款项归还的现金流出	55 824
四、期末现金结存量	133 176

规划中使用的主要假设有：通货膨胀率3%；学费成长率5%；教育投资回报率8%；养老金投资报酬率10%；基金投资回报率15%；预期60岁退休，预期保险寿命85岁。

2. 财务分析

表3-19　　　　　　　　　　理财客户家庭财务指数分析

财务指标	计算公式	财务指标	合理范围
储蓄率	$\dfrac{年储蓄额}{年收入额}=\dfrac{133176}{324000}$	0.41	0.30左右
净资产投资率	$\dfrac{投资净资产}{净资产额}=\dfrac{900000}{1909579}$	0.47	≥0.50
流动比率	$\dfrac{流动资产}{每月支出}=\dfrac{100000}{190824\div12}$	6	3~6
流动净资产率	$\dfrac{流动资产}{净资产额}=\dfrac{600000}{1909579}$	0.31	0.15左右
净资产偿付率	$\dfrac{净资产}{资产总额}=\dfrac{1909579}{2480000}$	0.77	≤0.50
债务偿还率	$\dfrac{月还贷额}{月收入额}=\dfrac{4652}{22000}$	0.21	≤0.40

李先生的家庭在满足当年的支出外，还可以将41%的收入用于增加储蓄或投资；李先生的家庭净资产中有47%是由投资构成的，一般净资产投资率保持在0.50以上，才能保证其净资产有较为合理的增长率，所以，李先生应在未来适当增加投资在净资产中的比率；李先生的家庭流动资产可以满足约6个月的开支，一般流动性比率应控制在6个月左右比较适宜，即满足6个月的日常支出。但是，由于流动资产的收益一般不高，因此，对于李先生夫妻两位工作稳定的情况，建议可适当在资本市场进行投资；李先生的家庭净资产中有31%是由流动资产构成的，一般该指标应保持在0.50以上，才能保证其净资产有较为合理的增长率，即李先生应适当增加投资使自己的流动资产升值；偿付比率一般控制在0.50左右。李先生家庭的净资产偿付比率偏高，则李先生可利用自己的信用额度，通过借款进一步优化其财务结构；从财务安全角度看，债务偿还率指标应在0.40以下，李先生家庭的财务状况属于良好状态。

李先生家庭财务规划中的不足主要有：第一，收入来源单一。李先生家庭收入主要来自工作收入,其他收入来源较少,这种情况存有很大风险。一旦夫妻双方的工作,尤其是李先生的工作发生任何变故,将对家庭生活产生相当大的影响,建议开辟新的收入来源途径,特别是加大投资的力度。第二,资产配置不是很合理。建议李先生可以进行适当的多元化资产配置,在分散风险的同时可以获得较高的投资收益。第三,家庭风险保障不足。除单位给的社保外,李先生的家庭没有投过任何的商业保险。这种做法显然不是很合理。作为家庭的顶梁柱,李先生应考虑进行一些保障性的保险安排,从而使家庭经济保障更加牢固。

对李先生家庭理财目标建议如下:短期目标方面,对李先生家庭的现有资金进行规划,以应付日常所需,并将部分多余的储蓄用于进行其他的投资,以提高资产的整体收益率;中期目标方面,风险管理和保险规划安排:李先生夫妇除了单位上的社保外,没有购买其他保险,所以可以考虑购买一些适当的商业保险。投资规划安排:考虑适当利用现金、活期存款和定期存款去投资货币市场基金,以提高总体资产的收益率。房屋规划安排:李先生家庭的生活过得越来越富裕,所以希望在惠州购买一套价值80万元的房子给父母养老居住。长期目标方面,对于女儿教育规划安排:孩子目前5岁,夫妻二人希望女儿能茁壮成长,在孩子18岁时可以出国上大学,届时至少需要100万元。养老规划安排:尽管李先生夫妻二人单位福利不错,但考虑到养老费用是一笔不小的开支,同时想在身后能够为女儿留下遗产,所以夫妻二人还是想在退休时积攒下一笔财富。李先生打算在他60岁时,夫妻二人共同退休,享受生活,二人预计保险寿命85岁,考虑到通货膨胀及各种旅游休闲开支,以10%的投资报酬率,到60岁共需养老费用400万元。

表3-20　　　　　　　　　　　　　客户理财目标分析　　　　　　　　　　　　　单位:元

生活或事业目标	筹备时间	预期金额
买房	2 年	800 000
保险	3 年	31 943
子女高等教育	13 年	1 000 000
旅游或服装购置	不定期	10 000
退休养老	25 年后	4 000 000

3. 风险测试

主观因素分析,从李先生的资产分配上看,除了股票投资和市场基金外,房产投资和银行储蓄比例较大,基本上没有更安全的投资方式。所以,综合起来考虑,从主观因素方面,他的家庭属于低度风险偏好。客观因素分析,李先生的职业由于受行业的限制不太稳定,其爱人的职业目前较为稳定。从家庭风险偏好和风险承受能力比例来看,李先生及爱人处于年轻阶段,有一定的学历和管理水平,李先生又是管理岗位,且其家庭收入来源较分散,分析结果其可承受中度风险。

4. 家庭成员保险规划建议如下:李先生夫妇已经有了社保,因此主要考虑购买人寿保险,意外伤害保险和重大疾病保险。建议李先生夫妇两人购买"安康无忧"保险计划,即交费15年保障至70周岁,其基本保险金额为15万元的重大疾病保险,月交保险金额为420元,年支付保险金额为5 040元,则15年共交费75 600元。同时,建议李先生夫妇购买卡式意外伤害保险,李先生选择保险金额为20万元,年缴保费200元的保险品种,李太太选择保险金额为 10 万元，年缴费 100 元的保险品种。因为家庭中有经济依赖者，因此还可以考虑夫妻双方均购买生死两全保险，因为生死两全保险具有储蓄性和给付性与返还性两大特点，李先生夫妇可以选择每人年缴保费 1 万元，年限 20 年，保额 30 万元的生死两全保险，以防发生不测时，他们女儿的生活、学习费用没有着落。如果不发生意外，到期后二人总共可领取大约 30 万元的赔偿金用于退休养老所用，该险种即达到了李先生夫妇退休前的保障目的，又兼顾了二人退休后补充养老金的需求。

考虑到李先生家庭有车，建议李先生家庭可以购买基本保费为 539 元，费率为 1.28% 的车辆损失保险，即年支付保险额为 1 563 元。

5. 购房投资建议如下：李先生家庭的月节余为 6 098 元，加上年终奖，不加股票基金收入的年节余为 123 167 元，现在李先生家庭的定期存款为 200 000 元，活期存款 100 000 元，购买保险后，每年的花销增加 31 943，因要在女儿满 18 岁前存够高等教育费用，即每年至少需要增加存款 77 000 元，李先生夫妇要购买一套 80 万元的房子，因其是购买第二套房子，所以首付为房价的六成，即首付为 48 万元，可以先不买保险和存高等教育费用，存两年的年节余再加上定期存款和部分的活期存款，即在房子的首付款付清后，然后再向银行贷款 32 万元，因其购买的是二套住宅，贷款利率应记为 7.53%，还款期限为 20 年，等额本息还款，月付款为 2 972 元，15 年的还款总额为 534 941 元。

6. 子女教育投资规划建议如下：由于小学和中学阶段教育开支并不太大，根据九年义务教育，预计小学每年平均教育支出在 1 000 元左右，初中每年教育支出在 1 200 元左右；高中开始交学费，公立高中每年学杂费、书本费、制服费、住宿费等合计在 3 500 元左右。出国上大学每年预计学费 250 000 元，届时至少需要 1 000 000 元。由于李先生希望女儿接受良好的教育，择校费也因考虑其中。按 2021 年本区一中每年的择校费 24 000 元计算，则三年择校费总为 72 000 元。

表 3-21　　　　　　　　　　客户子女教育理财目标分析　　　　　　　　　　单位：元

重点高中费用			
当前择校费	72 000	学费成长率	5%
实现时间	10 年	届时费用	117 280
高等教育经费			
小孩现在年龄	5 岁	大学学费总额（终值）	1 885 600
距离上大学年龄	13 年	必须准备子女教育基金总额	1 885 600
学费成长率	5%	预期投资报酬率	8%
现在每年大学学费（现值）	250 000	每年投入	87 723
每年大学学费（终值）	471 400	每月投入	7 310
预计读几年	4 年		

假设教育投资报酬率 8%。结合通货膨胀率和大学收费增长、经济增长率等诸多因素，预计教育费用的年平均增长率是 3%～7%，取中间值 5%。每年预计大学费用计算：250 000×复利终值系数；应准备大学教育费用：1 000 000×复利终值系数；每年应提存金额：1 885 600÷年金终值系数；每月应提存金额：每年应提存金额÷12。

李先生女儿接受高等教育的费用估计共需要 100 万元，由于这是 13 年后才发生的费用，因为未来具有不确定性，教育费用可能会超出 100 万元。鉴于李先生夫妻对女儿教育的重视程度，建议其现在就开始定期定额的投资，以实现该子女教育目标。鉴于目前李先生夫妻并没有预留教育准备基金，所以李先生夫妇每月可以从收入中提取 35% 的比例进行长期的子女教育保险，以确保孩子出国上大学的费用。

7. 养老退休规划建议如下：

表 3-22　　　　　　　　　　　客户退休理财目标分析　　　　　　　　　　　　单位：元

现在年龄	35 岁	退休后生活费总额	8 374 800
预计退休年龄	60 岁	已有准备每年年金（社保）	258 084
距退休年限	25 岁	社保退休金 25 年大约领取	6 452 100
预计生命长度	85 岁	投资报酬率	10%
退休后生活年限	25 岁	已有准备年金总额	7 097 310
退休后每月生活费（现值）	13 333	退休金所需资金缺口	1 277 490
预期通胀率	3%	每年投入	51 100
退休后每月生活费（终值）	27 916	每月投入	4 258

按照李先生的退休生活目标标准，他和他爱人的养老退休金需要约 837 万元，除了社保提供的养老金之外，尚差约 128 万元，除去生死两全保险的 60 万元，还差 68 万元，应该在一个稳健的渠道每月进行投资，才能在退休时积累到目标生活费。"领投雁"金融产品优选项目收益稳定，预期年化收益率 15%～20%，若预计每年最低收益 15%，则李先生可每年投资万元左右，即每月投 2 000 元，占夫妇总收入的 10%，最后达成 68 万元的养老金保障目标。

8. 需要和李先生交流的看法主要是：李先生的家庭基本财务状况不太稳定，由于家庭收入来源主要来源于收入，尤其依靠李先生的收入，造成目前净资产不足，财务结构不合理。因此，李先生家庭应该在做好安全保障的基础上，大胆地调整投资结构，增大金融投资比例，做好投资组合的分配，以增加可分配收入。由于李先生的资金用于还房贷外，并无其他的用途，而且在家庭资产负债表显示，李先生夫妇的养老保障目前还没有长远考虑，对子女未来的教育费用估计不足。因此，很可能今后会出现子女教育、就业和他们夫妇俩养老以及大病患等一连串问题同时存在的现象，导致家庭财务出现困境。所以在现有资产中，李先生应做好安全保障及投资的合理配置，规避资金风险，防止房价价格崩溃或企业效益下滑造成的重大损失。另外，考虑到李先生夫妇对孩子的学业期待较大，接受良好教育，同时父母的责任和愿望是使孩子有一个高质量的生活空间，并且还要茁壮成长。因此，李先生要计划开支，还要有一个稳健和增值的渠道，来保证他的目标得以实现。

建议解决李先生三个理财难题：通过流动现金的大部分用来预付给父母养老的房子首付和还贷款，通过投保子女教育保险，为孩子积累教育经费；投保投资分红型保险和定期定投基金，为李先生积累养老金。

建议事项如下：理财目标的实现，建两个专户，一是基金专户，每月有银行将投资部分的款项存入专户；二是保险专户，每年由银行将保险费自动划转到保险账户中。投资环境瞬息万变，最好每半年检视一次，必要时进行投资组合的调整。当投资绩效有严重落差时，整体理财目标规划必须重新调整。

表3-23　　　　　　　　　　　营销理财规划评价表

评价指标	分值	得分
能否准确提出理财营销目标	10	
是否能对理财营销目标进行修正并最终确定	20	
能否客观、准确地为客户提供理财营销策略	10	
能够运用执行理财策略的技巧和方法	20	
能否及时与客户沟通并进行跟踪	10	
能客观、准确地为客户提供理财营销策略	10	
接待客户有职业素养体现	10	
能够顺利的执行理财营销策略	10	
合计	100	

【工作纪律】

　　客户经理销售前应熟练掌握待售理财产品的特点，包括产品的风险及其收益特征、投资期限、投资标的、收益计算方法以及其他相关产品信息。应准备好与销售相关的合同文本，包括业务申请书、产品说明书、风险评估报告、产品风险揭示文件。应制定销售方案和销售话术。保证在正确理解产品后，能够准确向客户说明产品特点，并详细揭示产品投资风险。在说明产品特点和揭示产品投资风险时，为增进客户对产品的正确理解，建议用明确的手势或线条突出说明书中对应的文字内容，指导客户加以关注。对投资程序复杂、专业术语较多的理财产品，尽可能采用通俗易懂的解释方法，方便客户对产品的正确理解。

　　客户经理应在了解客户的年龄、职业、资金来源等基本情况以及客户的理财需求的基础上，客观对客户风险承受能力进行评估，依据客户填写的评估报告，对照理财产品风险等级，进行产品适合度评估，向客户提供合适的产品，并应向客户充分说明理财产品的投资期限、投资标的、收益计算公式、投资风险等要素，由客户自主选择。一般而言，商业银行对理财客户进行的产品适合度评估应在营业网点当面进行，不得通过网络或电话等手段进行客户产品适合度评估。

　　销售理财产品，应当遵循风险匹配原则，禁止误导客户购买与其风险承受能力不相符合的理财产品。风险匹配原则是指商业银行只能向客户销售风险评级等于或低于其风险承受能力评级的理财产品。客户经理对风险承受能力等级与拟购买理财产品风险及其收益评级不相匹配的客户，客户经理应充分披露理财产品存在的风险，明确告知客户其不适合投资该产品，经解释后客户仍执意要购买的，应请该客户指定一位证明人陪同，客户本人与证明人分别在产品说明书和风险评估报告上签字确认，并由具有权限的业务人员和客户经理共同与客户阐述产品风险并签字确认后方可进行销售。此类销售资料应有明显标识，定位重点监控，必须进行事后检查和电话回访。对于拟购买金额大于理财产品投资起点金额较高的客户，也应由具有更高权限的业务人员和销售人员对销售行为进行确认。

明确个人理财业务人员与一般产品销售和服务人员的工作范围界限，禁止一般产品销售人员向客户提供理财投资咨询顾问意见、销售理财计划。客户在办理一般产品业务时，如需要银行提供相关个人理财顾问服务，一般产品销售和服务人员应将客户移交理财业务人员。如确有需要，一般产品销售和服务人员可以协助理财业务人员向客户提供个人理财顾问服务，但必须制定明确的业务管理办法和授权管理规则。理财业务人员应当是具有理财从业资格的银行人员，销售过程应当使用统一的规范用语，妥善保管客户信息，履行相应的保密义务。商业银行通过本行电话银行向客户销售理财产品应当征得客户同意，明确告知客户销售的是理财产品，不得误导客户；销售过程的风险确认不得低于网点标准，销售过程应当录音并妥善保存。

销售人员从事理财产品销售活动，不得有下列情形：在销售活动中为自己或他人牟取不正当利益，承诺进行利益输送，通过给予他人财物或利益，或接受他人给予的财物或利益等形式进行商业贿赂；诋毁其他机构的理财产品或销售人员；散布虚假信息，扰乱市场秩序；违规接受客户全权委托，私自代理客户进行理财产品认购、申购、赎回等交易；违规对客户做出盈亏承诺，或与客户以口头或书面形式约定利益分成或亏损分担；挪用客户交易资金或理财产品；擅自更改客户交易指令；其他可能有损客户合法权益和所在机构声誉的行为。

信息披露是个人理财业务重要的内容。商业银行应尽责履行信息披露义务，向客户充分披露理财资金的投资方向、具体投资品种以及投资比例等有关投资管理信息，并及时向客户披露对客户权益或者投资收益等产生重大影响的突发事件。商业银行理财产品的宣传和介绍材料中应全面反映产品的重要特性和与产品有关的重要事实，在首页最醒目位置揭示风险，说明最不利的投资情形和投资结果，对于无法在宣传和介绍材料中提供科学、准确的测算依据和测算方式的理财产品，不得在宣传和介绍材料中出现"预期收益率"或"最高收益率"字样。商业银行理财产品的宣传和介绍材料中如含有对某项业务或产品以往业绩的描述或未来业绩的预测，应指明所引用的期间和信息的来源，并提示以往业绩和未来业绩的预测并不是产品最终业绩的可靠依据，不得将以往业绩和未来业绩的预测作为业务宣传的最重要内容。商业银行向客户提供的所有可能影响客户投资决策的材料，商业银行销售的各类投资产品介绍，以及商业银行对客户投资情况的评估和分析等，都应包含相应的风险揭示内容。风险揭示应当充分、清晰、准确，确保客户能够正确理解风险揭示的内容。

拓展练习

选择题：

1. 客户从单纯被动接受，转为主动参与理财规划、设计方案的确定，这体现了客户的（   ）。
   A. 成功需求　　　　　　　　　　B. 体验需求
   C. 关系需求　　　　　　　　　　D. 产品需求

2. 属于反映理财客户个人或者家庭在某一时点上的财务状况的报表是（   ）。
   A. 资产负债表　　　　　　　　　B. 损益表

C. 现金流量表 D. 利润分配表

3. 在下列需求中，属于理财客户最基本的需求是（　　）。
   A. 服务需求 B. 体验需求
   C. 关系需求 D. 产品需求

4. 某消费者选择理财产品的能力比较强，对价格变动敏感，选价心理较重，往往以价格高低为选购标准。此人属于（　　）。
   A. 习惯型消费者 B. 理智型消费者
   C. 经济型消费者 D. 疑虑型消费者

5. 制订个人理财目标的基本原则之一是将（　　）作为必须实现的理财目标。
   A. 个人风险管理 B. 长期投资目标
   C. 预留现金储备 D. 短期投资目标

6. 下列项目中，不属于个人或者家庭资产项目的是（　　）。
   A. 收藏品 B. 接受别人的礼品
   C. 按揭房产 D. 租借的房屋

7. 个人资产负债表中的资产价值是按（　　）计算的。
   A. 购置价 B. 当前市场价格
   C. 平均购置价和当前市场价格所得 D. 视情况而定

8. 在制定理财规划时，客户经理需要对理财客户家庭的资产负债情况进行分析，下列选项中属于流动负债的是（　　）。
   A. 汽车贷款 B. 教育贷款
   C. 住房抵押贷款 D. 信用卡贷款

9. 对于客户的中期投资目标，应（　　）。
   A. 采用现金投资和固定利息投资，收益不高，但收益率较稳定，很少出现亏损
   B. 主要考虑投资的成长性，可考虑采用具有税收效应的投资产品
   C. 要更多地考虑投资的成长性和收益率，但投资风险会上升，出现亏损的概率也会更大
   D. 视具体目标而确定投资策略

10. 下列服务机构中无法提供金融理财服务的机构是（　　）。
    A. 基金公司 B. 保险公司
    C. 信托公司 D. 律师事务所

11. 下列投资工具中，风险相对最小的是（　　）。
    A. 国债 B. 股票
    C. 企业债券 D. 期货

12. 理财客户的购买理财产品的动机主要包括有（　　）。
    A. 精神动机 B. 生理性动机
    C. 心理性动机 D. 物质动机

13. 影响理财客户行为的基本因素包括（　　）。
    A. 公共因素 B. 消费者个性心理因素
    C. 经济因素 D. 社会因素

14. 理财客户市场分类的常用的依据主要有（　　）。
A. 社会特征　　　　　　　　　　　B. 地理特征
C. 心理特征　　　　　　　　　　　D. 个人特征
15. 下列选项中可能会增加理财客户家庭的净资产主要有（　　）。
A. 投资实现资产增值　　　　　　　B. 增加消费
C. 将投资收益进行再投资　　　　　D. 利用自动转账偿还信用卡透支
16. 多数情况下，会将客户的风险偏好分为保守型、轻度保守型及（　　）。
A. 中立型　　　　　　　　　　　　B. 均衡型
C. 轻度进取型　　　　　　　　　　D. 进取型
17. 执行理财规划应遵循的原则主要包括（　　）。
A. 准确性　　　　　　　　　　　　B. 一致性
C. 有效性　　　　　　　　　　　　D. 及时性

判断题：

1. 理财规划是技术含量很高的工作，服务态度不好并不会直接影响理财服务水平。　　　　　　　　　　　　　　　　　　　　　　　　　　　　　　（　　）
2. 对个别 VIP 客户，理财工作人员可接受客户委托，替其保管存折、存单、密码、钥匙、有价证券、协议书、印章等文件和物品。　　　　　　　　　　（　　）
3. 某位客户提出"2021 年成为中产阶级的一份子"的理财目标其实并不符合理财目标明确性和可量化的要求。　　　　　　　　　　　　　　　　　　（　　）
4. 在与外向型客户进行沟通时，应做到：态度热情、多倾听，与对方建立非正式关系，切忌态度冷淡。　　　　　　　　　　　　　　　　　　　　　　（　　）
5. 客户经理在与客户沟通时，应直接切入主题，话题不应涉及客户太多的个人或家庭隐私问题。　　　　　　　　　　　　　　　　　　　　　　　　（　　）
6. 理财规划是一个人一生的财务计划，是理性的价值观和科学的理财计划的综合体现，因此，理财规划一经制订就不得改变。　　　　　　　　　　　（　　）
7. 现金的收益性太差，所以理财客户的钱都应该拿去投资。　　　　（　　）
8. 理财规划首先应该考虑的因素是风险，而非收益。　　　　　　　（　　）
9. 若投资回报率指标可以基本确定，则客户经理可以向客户做出确定的承诺。（　　）

问答题：

1. 理财规划中需防范的个人风险主要有哪些？
2. 退休规划的工具主要包括哪些内容？

第四单元
维护与客户的理财关系

本单元将学习银行理财客户售后服务工作的主要内容；掌握理财客户售后服务的主要方式方法；培养学生对理财客户持续开发的意识并能够不断挖掘客户新的理财需求；掌握客户售后理财产品推销的基本方法。

表 4 – 1　　　　　　　　　　维护与客户的理财关系学习目标分析

任务名称	知识目标	能力目标	素养目标
任务 1　理财客户的售后服务	银行客户售后的主要内容	能够进行客户售后维护工作	培养终身服务客户的职业意识
任务 2　理财客户的再次开发	客户再次开发的主要方法	能够进行客户再次开发工作	

任务 1　理财客户的售后服务

赢得有利可图的客户，唯一的办法就是为客户提供比竞争对手更大的价值。学会售后服务，慢慢地会积累下大量的忠诚客户资源。售后服务工作会使你的原有理财客户和潜在理财客户记住你，客户采取理财消费行动时首先会想到并联系你。能在交易结束之后继续为理财客户主动提供服务，继续发展与理财客户的关系，应该是优秀的客户经理必须要做的事情。客户经理最好是定期且有计划的展开售后服务工作。

【任务分析】

表 4 – 2　　　　　　　　　　理财客户的售后服务任务分析表

工作内容	业务知识	业务技能	工具使用	职业意识
理财客户的售后服务	理财客户售后服务的重要性 维护理财客户关系的主要内容 维护理财客户关系的主要方法	理财客户售后服务信息收集 银行软件及社交软件使用 服务语言使用	银行理财客户会面记录表 银行理财客户关系维护计划	对客户忠诚 提供优质服务

【知识准备】

理财客户售后服务是理财产品被销售后由客户经理为客户所提供的培训、咨询、客户回访、理财产品维护和升级等服务，其服务质量评价标准是客户满意度。理财客户售后服务的重要意义如下：

1. 培育理财客户忠诚度。良好的售后服务有助于巩固与理财客户的友好关系，积极主动为理财客户提供良好的售后服务，是增强和巩固友好客户关系的重要方式，很多优秀的银行客户经理都是通过这种方式获得越来越多忠诚客户的。大多数客户经理都知道，要想长期保持良好的销售业绩，在很大程度上需要一大批忠诚客户的支持，大量的忠诚客户特别是理财客户常常是利润的重要来源。而要想获得大量忠诚理财客户的长期支持，客户经理就必须不断加强和巩固与这些老理财客户的友好联系，努力培养理财客户的忠诚度。这就需要客户经理尽可能主动的为理财客户提供超出其期望值的优质服务，否则理财客户的忠诚度将很难建立。事实上，很多客户经理之所以不能与客户保持长期的友好合作关系，理财客户对于售后服务工作的不满意常常在各项原因中居于主要地位。如果理财客户在产品成交之后不能享受到令其满意的售后服务，那么必将大大影响他们今后的购买决定。当客户经理不能为理财客户提供良好的售后服务时，客户经理的销售额必定会受到严重损失。客户经理如果想要获得更多的忠诚客户，如果想要在今后创造更大的销售业绩，那么就必须做好相应的理财客户服务工作，努力培养理财客户的满意度和忠诚度。

2. 有助于增加理财潜在客户。如果客户经理能够在工作过程中为理财客户提供良好的售后服务，那么不仅可以获得更多老客户的长期支持，而且还可以由此增加理财潜在客户。这些理财潜在客户一方面来自老客户的介绍，一方面来自理财潜在客户之前对你进行的各种观察及其接触印象。如果在成交任务完成之后仍然积极主动地询问理财客户的需求，并且尽最大努力为他们提供帮助，那么老客户就会心存信赖和感激，如果他们周围有人需要同类产品，那么这些理财客户就会非常主动地将这些潜在客户介绍给客户经理。另外，很多理财客户在购买之前都会对银行在售的理财产品在各方面进行综合比较，如果他们发现客户经理与老客户接触时始终能够提供优质的产品和良好的服务，那么他们也可能会主动与客户经理联系。积极主动地做好理财售后服务工作，不仅是维系老客户的需要，也有助于增加新的潜在客户，从而在更大程度上增加销售业绩。客户经理必须尽自己最大努力认真做好理财客户服务工作。好的理财售后服务能与客户进一步增进感情、为下一步合作打下基础。优秀的售后服务人员，总能够给客户留下一个好的印象，能够与不同类型的客户建立良好的关系，甚至成为终身的朋友。好的售后服务已经为下一次的合作增加了成功系数。当然这需要有扎实的技术功底、良好的职业道德和优质服务的强烈意识。

3. 售后服务是信誉的名片。我们经常听到这样的说法："这家产品尽管贵些但服务不错，那家便宜但服务没保障。"市场的规律已经证明，信誉积累很大程度上来源于售后服务，有助于银行品牌形象的有力传播。当越来越多的理财广告宣传充斥在人们周围的时候，消费者似乎并不买银行的账，许多银行用于广告宣传的良苦用心一律被认为是"王婆卖瓜"无一能幸免自卖自夸的嫌疑。然而，背后的银行却为此付出了巨大的资源花费，其中既包括高居不下且正呈直线上升的宣传成本，还包括大量的人力和物力资源。面对在广告宣传过程中的高付出、低回报，在理财营销时不妨利用口碑传播的途径在客户之间进行宣传。良好的口碑形象对于潜在理财客户的吸引力通常大大超过广告宣传的作用。老客户的口碑是银行理财产品品牌形象的最好传播渠道，当销售人员积极主动地为老客户提供优质售后服务时，感到满意的理财客户们自然就会将他们的感受通过各种途径对外宣传，这种来自老客户的口碑宣传对理财产品品牌形象的传播发挥着十分重要的作用。无论从短期效益来看，还是从长远发展来看，售后服务能为理财产品增值。理财产品售后服务是现有营销的最后过程，也是又一次营销活动的开始，它是一个长期的过程。理财产品售出以后，如果所承诺的服务没有完成，那么可以说销售活动就没有结束。一旦售后服务被很好的完成，也就意味着下一次营销活动的开始。

维护理财客户关系的主要方法有：

1. 建立理财客户档案。要维护好与理财客户的关系，就要有全面的客户信息，要有理财客户的档案，要记录理财客户的尽可能多的信息。客户档案的内容不仅限于客户的姓名、性别、年龄、职业等基本信息，而且还包括客户的爱好、家庭情况以及购买的产品类型、收益情况、年限及其赎回、客户回访等产品消费及其服务信息。建立理财客户档案对于后期维系客户关系有着非常重要的作用。理财客户维护要建立周全的客户资料数据库。在互联网金融时代，面对云计算、大数据、区块链及其人工智能的快速迭代和激烈竞争，客户经理更需要与时俱进，在开展与客户关系的工作中，有效应用大数据及其相关技术，促进客户管理技术的不断提升。要学会借助大数据强大的数据处理和分析能力，挖掘更多的潜在优质理财客户。有多么聪明的大脑和多好的记忆力，也是不可能记住客户的所有理财消费信息，因而有一个智能的理财客户资料库是必须的，也是售后服务工作开始的第一步。创建理财客户数据库可从最基础的理财数据信息采集开始，客户数据库要满足客户经理使用手机端查询及记录服务的需要，满足其日常理财客户服务的需要。当然，银行需要建立理财客户售后服务信息库，客户信息库里面应该包括有理财客户的所有理财产品及其理财服务信息。

2. 主动接触理财客户。要想维护与理财客户的关系，就要经常联系理财客户，主动接触理财客户。感情是越走才越亲的，多来往自然关系就会产生好感。可以采取电话、短信、微信、QQ等各种通信及社交聊天软件与理财客户取得联系，谈谈他们购买的产品感受如何？谈谈他们的爱好，谈谈他们的孩子，等等。在与客户进行成交后的联系时，不少客户经理认为除了产品交易以外，双方之间好像没有其他共同话题，可是如果只是就交易内容进行联系的话，又很容易使双方之间的联系流于程式化和表面化，不利于彼此之间心理距离的不断拉近。其实，客户经理不必总是害怕自己与客户之间没有共同的话题，在具体的联系过程中，客户经理可以通过寻找共同兴趣和爱好的方式确立彼此之间的共同话题。比如，如果发现理财客户喜欢户外运动，销售人员则可以借助组织一些户外活动与客户进行联系；如果发现理财客户对棋牌类游戏比较感兴趣，销售人员也可以培养自己这方面的兴趣，或者收集一些这方面的信息与客户进行交流。这种建立在共同兴趣和爱好基础之上的话题通常对理财客户具有更大的吸引力，而且也更容易增强彼此之间的亲密感。例如："听说您特别喜欢看足球，我这里正好有几张足球比赛的入场券，到时候如果您方便的话，可以叫几个朋友一起去看一下……""明天我们公司组织了几场排球联谊赛，我十分希望您能带领贵公司的团队一起参加……"

3. 及时跟踪理财客户。客户经理并非把产品销售出去就万事大吉了，现在市场上的同类产品很多,竞争相当激烈,产品销售出去后还要做好后续跟踪,有没有什么问题需要及时解决,让客户从心里觉得银行并不是为了赚钱而销售,而是把客户利益放在第一位的。这就需要客户经理跟踪客户的服务需求。在成交结束之后,客户经理可以定期主动回访理财客户,及时有效了解客户在哪些方面仍需要指导和帮助,理财客户还有哪些方面的资源需要开发,从而为客户提供令其更加满意的服务及新的理财产品。及时跟踪理财客户,对于客户经理来说具有如下几个方面的好处:首先,销售人员可以向客户充分表达自己的关切和关注,让客户充分感受到来自银行的尊重和关心;其次,客户经理可以通过主动的询问及时了解客户遇到的问题,这有助于及时、有效地解决理财客户的问题;客户经理还可以通过认真地询问对客户的服务需求进行更准确的把握,以免做不必要的无用功。在向客户主动询问具体的服务要求时,客户经理必须态度诚恳,切勿敷衍了事;客户经理需要坚持不懈开展跟踪服务活动,有规律、有内涵,不要时紧时松、时冷时热。客户经理应热情礼貌细致对客户进行询问,并且要在征求客户意见的基础上保证尽可能为客户提供最及时、有效的解决方案。客户经理要在客户需要帮助时积极提供有效服务,无论是在成交之前,还是成交之后,只要发现客户有需要,客户经理都应该为客户主动提供良好的服务。在成交结束之后,客户经理仍要主动询问客户是否需要某种服务,而且要尽心尽力地予以满足,千万不要在成交结束后对客户提出的服务要求故意逃避或假装视而不见。如果在能力范围之内能够为客户提供相应的服务,那么就不要吝啬自己的能力,为客户付出得越多,就会从中获得更多、更长远的回报。

4. 倾听理财客户意见。好的客户经理是要能静下心来听取客户的倾诉的,在维护理财客户关系过程中,要耐心听取理财客户的意见,及时判断客户所要表达的意思特别是价值取向,在不损害银行利益的前提下,为理财客户提供种种方便,积极想办法帮助理财客户圆满解决问题。只有这样,理财客户会从心底里感激,才会与你建立长期稳定的合作关系。在维护客户的关系中,倾听是一种方法,同样是将主动权掌握在自己的手中,不能听到客户的三言两语所谓不满就乱了方寸。客户经理要想方设法让理财客户得到心理上的满足,满足客户对精神方面的层次越来越高的要求。销售工作没有止境,和客户接触中一定要善始善终,做到真正用心想客户所想,急客户所急,让客户从心理上对你产生好感和依赖。

5. 适时拜访理财客户。与理财客户保持长期联系的过程中,如果有必要的话,客户经理不妨适时对理财客户进行登门拜访,特别是在确定客户具有新的需求之后、在重大节日即将来临之时、在双方关系发展得较为友好的情况下更是如此。对理财客户进行登门拜访,既可以充分显示出银行对自己客户的关注和尊重,有助于更全面、更有效地与客户展开更深入的沟通,甚至还可以促成与客户之间的又一次理财产品的成交。在对客户进行登门拜访的时候,客户经理一定要做好相应的准备,诸如必要的职业信息分析、风俗习惯了解及适度的礼品准备。做好准备工作,可以使拜访活动更具成效。同实现成交之前与客户保持紧密联系一样,在成交之后,客户经理同样可以借助电话、邮件以及书信等各种方式与客户进行联系。遇到合适的机会,客户经理就可以不失时机的与客户之间沟通一下情感,要尽可能与客户保持长期的友好联系,促进双方之间的长期合作。登门拜访尽可能表现出你对客户的尊重信息。客户充分感受到了被尊重,所开展的售后服务工作才可能产生积极的作用。在展开拜访客户工作前,同样做好各种信息的分析和准备,拜访并非简单的程序和礼节的问题,准备得越细致,在与客户联系时就越能做到心中有数,所做的努力也就越容易看到成果。

客户关系来源于客户忠诚,而客户忠诚来源于客户满意。客户满意是客户对产品的实际效果与期望效果的比较。"忠实"客户相对于"满意"客户会产生更大的利润来源,而且忠实的客户会成为银行最有说服力的推销员、他们会真心向别人推荐该银行的产品。理财客户售后服务工作从某种角度来讲就是培养客户的忠诚度。做好售后服务需要的技巧主要有:

1. 整合客户数据。客户经理首先是利用银行现有数据平台收集理财客户尽可能多的信息。理财客户是银行的重要资源,客户信息的完善是银行做出正确决策的首要前提。应尽可能通过客户使用信用卡、网上银行服务来了解客户的消费偏好、资金动向及其流动规律,掌握客户的金融活动数据,形成全面、科学的客户信息数据印象。对贵宾级的理财客户可以通过建立单个客户档案的形式来实现对客户信息的收集。其次是数据的整理。客户数据库是一个动态、整合的数据管理和查询系统,是为银行存储客户数据而设计的,它可以保证客户经理便利、快捷、准确管理存储和应用客户的数据。会根据需要整理客户的碎片数据,特别是把分散于不同数据库里面的客户信息重新整合出客户的消费特征,客户经理在相关新的理财需求挖掘中将数据库中的客户信息更准确、快速的提用,达到精准把握客户、有效利用客户数据的目的。

2. 分类管理客户。客户的理财规模及其盈利要求并不相同,需要推行差别服务,为客户提供不同层面的服务。差别服务不仅是客户经理拓展中高端客户的需要,也是银行实现自身价值最大化的内在要求。差别服务是指将提供服务的地区、产业、客户加以识别和区分,对不同的客户提供有针对性的服务。一是细分客户,确定客户不同层次。确定客户层次即对客户进行细分,这是差异化服务的基础。从调研数据来看,80%的利润来自20%的重点客户,且这些客户希望得到与众不同的服务。多数银行会依据客户贡献度的大小将客户分为优质客户、中低价值客户、负价值客户三类。二是实行差别服务,提高服务效率。对于塔尖的贡献大的优质客户,客户经理应该认真分析其个性要求,配备专门的客户经理甚至部门来实行"一对一"或者"多对一"的个性化服务,通过独一无二、积极的"金融套餐"帮助客户实现价值最大化,增加其对于银行的信任感和依赖感,逐步形成利益双赢的战略伙伴关系。对于中间层客户群,应该深入发掘其需求,提供规范化、标准化的低成本、高效率优质服务,尽可能保持与提高其满意度。对于侵损利润的负价值客户群,或对于部分"赔本"业务可收取一定的手续费。需要注意的是,对客户的区别对待只能体现在对产品和服务的设计上,而不能体现在服务态度上。客户经理应明白"服务不是为了盈利,但服务好了一定会盈利",一个不满意的客户比一个满意的客户对银行盈利的影响要大两倍。三是保持优质客户忠诚,发掘潜在客户价值。顾客忠诚对银行具有至关重要的意义,因为在任何时候,吸引新客户的成本都是巨大的。有研究表明,一家商业银行开发一位新客户所花费的成本是维护一位老客户成本的5倍左右;对于一个拥有一定市场占有率的企业来说,这种老顾客的消费占公司总营业额的比重一般都超过50%以上。同时,在90%以上的企业利润中,由于顾客忠诚的"再次购买"带来的利润占总利润的60%以上。如果客户只与银行往来很短的一段时间,或者只是进行一次性交易,银行就无法收回成本,而且必须再次支出新的成本吸引新的客户。所以,客户经理应当保持20%的高层重点客户的忠诚,集中资源为其服务,以最周到的服务和最优惠的条件吸引他们。客户经理要关注重要客户,但是吸引优质客户群、营造良好的客户关系比追求短期利益更重要。因为客户的经济收入通常随着时间的推移不断提高,顾客忠诚带来的"终身价值"是十分可观的。因此,在开发新理财客户上,要充分利用现有理财客户的信息资源，善于从现有理财客户中挖掘和培育潜在理财客户。客户经理要想在激烈的市场竞争中取胜，最重要的一点就是真正把"以客户为本"的观念结合到日常业务之中，最大程度地提高客户满意度及忠诚度，维持现有理财客户和吸引潜在的理财客户，实现理财客户价值持续贡献。

3. 客户维护时间分配。对于银行来讲，理财价值规模的大小决定着银行利润来源的多寡，对银行利润贡献大的理财客户自然应该享受更多的时间来维护。可利用软件中通讯录分组功能，按照不同需求进行分类，将通讯录按照家人、朋友、重要客户、普通用户、集团客户不同标志分类。在通讯录数据库中将忠诚的、能带来利润的客户按照标准再进行分组，然后用不同的策略予以特别关注，或根据利润大小来分配工作时间，赢得更多的商业利润。不同的行业，衡量的标准不一样。客户经理可以按照金融行业标准分组，看客户是不是购买了很多不同的理财产品，是否有很多的贷款需要，银行从理财客户身上挖掘了多少价值，以此来评判客户价值的高低。当然，也可以仔细观察客户的需求和习惯，并详细地记录下来，这些记录就是以后的客户服务中需要注意和关照的部分。会分配工作时间的客户经理，往往能获得客户更高的评价。对普通理财客户可采取整体关注的方式来使时间成本获得最大的节省，这种方法有效且更加实惠。客户经理在与客户进行面谈时，一般是"两分钟谈主题，八分钟聊家常或时事"的时间分配和谈判技巧，因为这样做可能会让双方很愉快，让有了这种体验感，客户维护工作基本就算成功了。

4. 客户流失的原因查找。客户管理关系技术的相关数据表明，客户保持率每增加5%，行业平均利润增加幅度在25%～85%。发展一个新客户是保留一个老客户所花费代价的5～6倍，而保持现有客户比获取新客户一般可节约代价4～6倍，减少客户流失对企业利润有着惊人的影响。理财客户流失是客户经理必须坦然面对的现实问题。从国内银行现有数据分析来看，普通客户和理财客户不存在太大差异，客户在银行的资产越多，与银行的联系越紧密，就越不容易流失。但就目前理财产品市场来看，银行理财产品"保本保收益"的优势已经不在，理财资金初现"搬家"端倪。如何留住投资者，如何推销理财产品以及如何构建理财产品体系，成为理财转型大背景下不得不思考的问题。"闹心"的并不只是投资者，理财经理推荐产品的专业性普受质疑，同样面临着压力。净想着怎么安抚客户情绪，怎么解释产品浮亏，新产品没卖出去几款。客户经理坦言，银行理财产品"想怎么卖就怎么卖"已经行不通了。想留住客户真是太难了。理财产品出现集体浮亏后，不少客户表示到期赎回后就不会再买了。对于银行而言，客户的流失相比收益率下滑的压力更大。对于流失的理财客户，首先要找到联系疏远的问题所在：理财客户为什么会在我这里流失掉了？哪一类的客户会在我这里流失掉？是什么时候流失的？要把更多的工作重点放在问题的解决上面，而不是放在流失的客户身上。根据发现的问题深度挖掘，而后是亡羊补牢。银行应顺时改变处理问题的方式，重新树立在顾客心目中的品牌形象。

5. 增加客户的粘性。目前大多数银行的理财产品品种及其结构的差异已经非常小了，几乎所有银行的售后服务都在开始分类理财客户的层次并进行细化管理，高值客户的个性管理、中值客户的规模管理、负值客户转移他行的做法其实都是想到了增加客户的粘性。粘性虽好，也有成本控制问题。但从服务的本质来讲，理财客户提出的合理要求、隐性的需求都需要认真对待，努力满足。客户经理要用服务的细节感动理财客户。售后服务的过程有的时候也是一个解决双方利益冲突的过程，解决双方服务争议或者服务出现纠纷的过程，双方都满意了才算真正"双赢",才能有挽留住大理财客户的基础。售后服务很关键,要让你的客户看到你足够的专业,你的理财客户才会信服你。要想与同业对手做的不同,最大的重点在于如何"感动客户"。要帮你的客户省钱,帮你的客户省时,帮你的客户省心,帮你的客户省力,让你的客户心情愉快,要为你的客户提供额外价值。客户经理要学会提供个性化服务,总是超越客户期望。提供简单的基本服务已经难以满足客户的需要,想要赢得有利可图的客户,唯一的办法就是为客户提供比竞争对手更大的价值。如果没有达到客户期望,那么最后的结果将带来更多的麻烦,可能你将永远失去一个忠诚的客户和银行利润的贡献着。学会做客户的生活顾问,是拉近你与客户之间的距离并打动客户的有效之举。你认为做一名客户的生活顾问应该做好哪些方面的准备哪?

在理财客户的售后服务工作中,客户经理需要根据客户需求反馈表及时了解理财客户对银行服务工作的意见及建议,据此找到售后服务工作需要改进的地方,同时了解理财客户新的产品需求和新的服务需求。银行理财客户需求反馈表的基本格式如下所示:

拜访日期: 　年　月　日　　　银行理财客户需求反馈表(样式)

您的姓名_____ 性别_____ 年龄_____ 手机_____

1. 您希望下次来参加的夏汇银行活动的形式或内容是哪个(单项选择)　　(　　)
   A. 投资技巧等知识类讲解活动　　　B. 出游活动
   C. 生活类问题探讨(如健康、出国)　　D. 晚会聚餐类
   E. 居住及办公环境讲解　　　　　　F. 其他
2. 对于夏汇银行的整体印象中,您认为哪些方面需要继续改善提升(多项选择)(　　)
   A. 网点环境　　　　　　　　　　B. 网点人员服务
   C. 业务手续　　　　　　　　　　D. 产品多样性
   E. 销售专业性　　　　　　　　　F. 售后维护
3. 在获取自己所感兴趣的金融信息时,您更愿意选择以下哪种方式(单项选择)(　　)
   A. 直接电话询问客户经理　　　　B. 自己从网上银行等网络资源获得
   C. 通过手机短信获取　　　　　　D. 自己去银行网点获得
4. 您一般选择银行产品投资的途径是下列中的(单项选择)　　　　　　(　　)
   A. 朋友介绍　　　　　　　　　　B. 银行业务人员介绍
   C. 网上查阅　　　　　　　　　　D. 其他
5. 在明年的金融投资中,您希望我们为您提供哪些服务(多项选择)　　(　　)
   A. 新产品推荐服务　　　　　　　B. 理财沙龙投资专家讲座
   C. 基金账户风险提醒与优选服务　　D. 抵御通货膨胀的资产配置建议
   E. 金融最新资讯服务　　　　　　F. 其他
6. 如果您成为夏汇银行的贵宾,您将有专属的客户经理为您服务,您最看重的是(单项选择)　　　　　　　　　　　　　　　　　　　　　　　　　　(　　)
   A. 客户经理很专业,能及时提供最新的财经资讯和理财产品供您选择
   B. 客户经理很热情,服务态度很好就够了

C. 客户经理能够解决您金融需求，同时能解决部分高端的非金融需求，成为您私人管家

7. 您希望客户经理给您提供哪方面的信息或者服务（单项选择）　　　　（　　）

   A. 短信发送最新的财经新闻和理财产品资讯

   B. 短信发送所购买产品的收益状况和金融市场的变动，及时提醒

   C. 通过电话通知最新的理财产品就可以了

   D. 通过 E–mail 发送给您所有跟金融相关的信息

8. 您希望我们的客户经理联系您的频率是下例中的（单项选择）　　　　（　　）

   A. 无所谓，可随时以联系我　　　　　　B. 每天

   C. 1~2 周　　　　　　　　　　　　　　D. 1~2 个月

   E. 不要联系我　　　　　　　　　　　　F. 有新产品时联系我

   G. 其他

9. 您已经拥有哪些金融产品服务（多项选择）　　　　　　　　　　　　（　　）

   A. 信用卡　　　　　　　　　　　　　　B. 网上银行

   C. 黄金　　　　　　　　　　　　　　　D. 外汇

   E. 基金　　　　　　　　　　　　　　　F. 股票

   G. 债券　　　　　　　　　　　　　　　H. 银行理财产品

   I. 期货　　　　　　　　　　　　　　　J. 信托

   K. 个人住房贷款　　　　　　　　　　　L. 个人经营贷款

   M. 个人信用贷款　　　　　　　　　　　N. 个人汽车消费贷款

   O. 个人出国留学贷款　　　　　　　　　P. 个人其他用途贷款

   Q. 海外投资　　　　　　　　　　　　　R. 其他

10. 您觉得银行目前提供的产品种类是否能够满足您的投资需求（单项选择）（　　）

    A. 完全满足　　　　　　　　　　　　　B. 基本满足

    C. 只满足小部分　　　　　　　　　　　D. 完全不能满足

11. 您最大可投资的金融产品的额度（不同金额选择不同投资方式，将获得更高收益）（单项选择）　　　　　　　　　　　　　　　　　　　　　　　　　　　　　（　　）

    A. 1 万元以下　　　　　　　　　　　　B. 1 万~50 万元

    C. 50 万~100 万元　　　　　　　　　　D. 100 万~200 万元

    E. 200 万元以上

12. 您在选择投资理财时，对年收益的要求是（单项选择）　　　　　　（　　）

    A. 高于定期存款即可　　　　　　　　　B. 收益 6%~8%

    C. 收益 8%~10%　　　　　　　　　　　D. 收益 10%~15%

    E. 收益 15% 以上

13. 您选择银行产品时最关注下列中哪些指标（多项选择）　　　　　　（　　）

    A. 是否保本　　　　　　　　　　　　　B. 预期收益率是否满足

    C. 流动性（是否可提前赎回）　　　　　D. 投资期限

14. 您自己或者身边的朋友及生意伙伴是否有其他融资方面的需求，如短期资金周转、项目融资、房屋贷款、个人抵押贷款等（单项选择）　　　　　　　　　（　　）

A. 无　　　　　　　　　　　　　　B. 有

15. 您对银行现有的产品有什么建议您希望获得什么样的产品？

【工作过程】

10月12日，夏汇银行北京白广路支行客户经理李红接待了客户王淑梅女士，王淑梅今年59岁，是该行的优质客户，在客户经理李红的推介下购买了汇行成长基金产品。考虑到王女士是第一次购买基金，想要她有个好的投资体验。而且王女士年龄偏大，李经理担心王女士在家里查看基金收益有一定困难，所以给王女士打电话进行售后服务。

李红经理："王女士，您好啊！我是夏汇银行北京白广路支行的客户经理李红。"

王女士："哦，小李啊，你好！"

李红经理："王女士，今天给您打电话是想问问您在家查看您的基金收益了吗？"

王女士："没有呀，我不会看啊。"

李红经理："那我教您学习怎样上网查询基金的收益吧，这样您在家里就能看到您这只基金每天的情况了。"

王女士："好啊，在家就能查看收益，那可真是太好了。"

李红经理："王女士，您家里有电脑吗？"

王女士："有的。"

李红经理："我帮您申请一个免费的邮箱，再给您设计一个收益测算表，教您学会如何计算理财收益。"

王女士："哎呀，姑娘，你可真是太贴心了。"

客户经理李红热情又耐心的帮王女士申请了邮箱，又给王女士设计了收益测算表，指导王女士如何计算理财收益，提供一些好的网站地址，教会她自己上网查询基金净值，每天享受投资的快感和下跌时的心跳，到进一步教会她如何看大盘，如何看指数，如何分析股市行情等。

11月25日，李红在收益达到2%的时候就给王女士进行了提示，请她考虑自己承受风险的能力，要考虑一下是继续持有，还是赎回。

李红经理："喂？王女士，我是小李呀。"

王女士："小李，你好！"

李红经理："王女士，您最近身体怎么样啊？这段时间没见您来行里啊，今天给您打电话是想和您说咱们这只基金的收益已经达到2%了，您要考虑一下您的风险承受能力，您可以选择赎回，也可以选择继续持有。"

王女士："我这段时间一直在我女儿家住，没去行里，最近我经常浏览你推荐给我的那几个网站，根据你上次教我的方法我天天上网查询基金净值，现在也会看一点大盘和指数了，咱们这支基金我感觉还会涨啊，先不赎回呢，我想继续持有。谢谢你啊，小李。"

李红经理："嗯，好的，王女士，那您可以选择继续持有，如果有什么风险，我会第一时间通知您的，您如果有任何问题，随时联系我，那您注意身体，咱们随时沟通！王女士，再见！"

王女士："好的，谢谢你小李！再见！"

客户经理李红每次对王女士进行售后服务，都会填制《夏汇银行客户关系维护记录表》和《夏汇银行客户需求反馈表》，以便更好了解客户的需求，对客户进行售后服务。

12月16日汇行成长基金的收益达到4%多的时，李红再一次进行了提示，王女士再次选择持有。

李红经理："王女士，您好啊！我是夏汇银行北京白广路支行的客户经理李红。"

王女士："你好啊，小李！"

李红经理："王女士，今天您查看咱们这只基金的收益了吗？"

王女士："还没有呢，早上去公园锻炼身体了，刚回来，今天的收益怎么样？"

李红经理："王女士，今天咱们汇行成长基金的收益已经达到40%多了，您考虑一下您的风险承受能力，看是赎回还是继续持有？"

王女士："小李，你给我推荐的这只基金真不错，真没想到收益能有这么高，我呀这段时间在你的帮助下也学会了很多投资理财的知识，依我看啊，兴许还会涨呢，所以呀我还想继续持有，试试看能不能再多赚点。"

李红经理："嗯，好的，王女士，那您要随时关注大盘，注意您的风险承受能力，有任何动态我也会再次提醒您的。"

王女士："好的，谢谢你，小李！再见！"

客户经理李红再次填写了《夏汇银行客户关系维护记录表》和《夏汇银行客户需求反馈表》相关理财客户售后服务信息……

春节放假的前一周，李经理再一次给老人家进行了提示，简述了个人对目前股市行情的分析以及如何把握对收益的掌控，王女士根据李经理的分析以及自己对收益的期望，在2月14日将汇行成长赎回，在短短的4个多月的时间里获得了5%的收益，十分满意。

春节过后，股市大跌，基金大幅缩水，针对市场行情，王女士非常感谢李经理对她的提示。

李红经理："王女士，还有一周就是春节了！在这里我先给您拜个早年！"

王女士："哎，小李，谢谢你呀！也提前祝你春节快乐！"

李红经理："王女士，咱们汇行成长基金这段时间收益一直不错呢。"

王女士："是啊，小李，多亏你给我介绍这只基金，收益真不错！早就超过了我的预期呢。"

李红经理："王女士，马上就过年了，根据目前股市的行情分析，春节过后大盘很有可能会出现震荡，您要考虑一下您的风险承受能力，咱们该把控收益就牢牢的把握住呀！"

王女士："嗯，小李，我也正想和你问呢，这几个月咱们汇行成长一直都在上涨，我也是天天都看大盘，自己心里也琢磨着要不这几天赎回呢，春节前有个好收益，高高兴兴地过年！"

李红经理："王女士，我也是这么想的，给您打电话也想提醒您呢，看来咱俩想到一块去了。"

王女士："小李呀，这几个月，我真的特别感谢你，这是我第一次尝试基金理财，什么都不懂，什么都不会，你一点点的教我，从来不嫌麻烦，我从你这里学到了很多基金的知识和理财的技能，你不仅给我带来了财富还教会了我知识。"

李红经理："王女士，您可别客气，是您自己勤奋又好学，您有收获这是我最愿意看到的了！您这么说真让我成就感满满呀！"

王女士："小李啊，你人好，踏实又实在，以后投资理财我就认定你了！"

李红经理："哪里，我的水平很有限！谢谢您的夸奖，王女士，您随时联系我就是了！"

李红的做法是有道理的，在理财的过程中要不断关怀培养着理财客户，使王女士从理论和技能方面不断得到提升，特别是在对王女士的服务上，从最初的帮她开通邮箱，教会她自己上网查询基金净值开始，到电话服务，每周通报基金的涨跌情况，每天享受上涨的快感和下跌的胆战心惊，到进一步教会她如何看大盘，如何看基金指数，如何分析基金行情。王女士的快速成长几乎是和李红的细致呵护分不开。

李红整理的客户王女士的客户关系维护计划表相关信息如下：

表4-3　　　　　　　　　　夏汇银行理财客户关系维护记录表

客户姓名	王淑梅	性别	女	身份证	110105196307130013
配偶姓名	张嘉译	性别	男	身份证	110103196203100015
子女1	张蕾蕾	性别	女	身份证	110105199710110013
子女2		性别		身份证	
父亲		性别		身份证	
母亲		性别		身份证	
客户需求	对汇行成长基金产品感兴趣且风险偏好符合产品要求。成长型基金略保守，该类基金将资产主要投资于资信好、长期有赢余或者发展前景较为明朗的公司普通股为主要投资对象。				
意向追踪	10月12日到白广路网点进行理财咨询和风险偏好测试 10月12日办理了汇行成长基金产品购置手续				
回访记录	2021年11月25日电话回访：收益达到2%的时候，客户经理李红对王女士进行了提示，请她考虑自己承受风险的能力，要考虑一下是继续持有，还是赎回。王女士选择继续持有。 2021年12月16日电话回访：汇行成长基金的收益达到4%多的时候，客户经理李红再次进行了提示，王女士选择继续持有。 2022年2月14日电话回访：汇行成长基金的收益达到5%多的时候，李红再次进行了提示，王女士选择将赎回操作。				
手机	18611310797	家庭住址		北京市西城区白广路南塔胡同131号院	
办公电话	81764413	单位地址		北京市石景山区首钢经济园区B区1105室	
理财产品交易记录	理财产品名称	金额	收益情况	期限	备注
	汇行成长基金	100 000	55 000	4个月	已赎回
推荐理财产品					
产品成交记录					

【工作模拟】

请根据下列材料进行理财客户售后服务模拟，并填写《客户关系维护记录表》和《客户需求反馈表》，根据现场表现对学习效果进行客观评价。

张英女士是夏汇银行北京白广路支行的优质客户，张女士今年42岁，张女士的爱人吴汉林今年44岁，是一家国有企业的中层管理人员，夫妻俩育有一儿一女，分别是12岁和10岁，一家四口和父母一起居住在白广路附近的金茂府小区，张女士去年为父母购买了大病医疗保险和意外伤害保险。张女士在本行有汇利丰理财产品5期，客户经理李红在10月11日打电话提醒客户张女士，提醒张汇利丰产品的收益已经达到了3.71%，是否需要办理赎回了。张女士觉得这是以前理财市场向好时购买的高息产品，现在继续持有没有这么高的收益表现了，再继续持有不会有这么高的收益了。张女士最终选择了赎回。客户经理李红了解到张女士还是想每月计划性的积累一定的收入，这样积少成多没有太多负担，主要是想为两个孩子积累上大学的费用，就问客户经理有没有适合的理财产品，让她帮忙给介绍介绍。客户经理李红想到子女教育投资是一件时间跨度较长的投资，所以应选择一种能够与孩子一起"成长"的，具有长期投资优势的理财产品进行长期投资，这样就可以让资本有时间增值，也可以克服短期的波动。一般而言，基金短期波动性很大，但如果投资的时间足够长，就可以避免短期波动的风险。所以客户经理李红建议张女士可以采取带有强迫储蓄性质的子女教育储蓄和一定的投资产品进行组合，以完成这一财务安排。建议从每月收入的结余中采取定期定额方式投资于债券型基金定投、黄金型基金定投、混合型基金定投从现在开始建立教育基金定投，为孩子筹备大学教育费用。李经理还建议有一些分红型保险也可以每月存入固定金额，同样可以实现每月计划性积累的目的。而且还能够得到比零存整取更高的收益，因为它的收益是固定的保底利息收入与保险公司每年分红收益的总和。张女士觉得李经理的介绍非常好，特别符合她的需求，就是对基金和保险不太了解，想进一步了解一下。李经理利用微信给张女士提供了相关的产品推介资料，让张女士先熟悉一下，张女士对这些资料有个大体的了解之后，再给张女士进行技术方面的推荐或面谈，如果张女士有疑问可以随时联系自己。张女士对客户经理李红的服务非常满意，两人互道再见。

表4-4　　　　　　　　　　夏汇银行理财客户关系维护记录表

客户姓名	张英	性别	女	身份证	110105197908078224
配偶姓名	吴汉林	性别	男	身份证	110227197705126163
子女1	吴晶	性别	女	身份证	110108200901182271
子女2	吴雄	性别	男	身份证	110108201104291176
父亲	张北京	性别	男	身份证	110105195511143927
母亲	蔡桂英	性别	女	身份证	110105195412226774
客户需求					

续表

意向追踪					
回访记录					
手机		家庭住址			
办公电话		单位地址			
理财产品交易记录	理财产品名称	金额	收益情况	期限	备注
推荐理财产品					
产品成交记录					

表 4-5　　　　　　　　　　　　理财客户售后服务评价表

评价指标	分值	得分
依据客户信息提供产品	10 分	
有效了解客户理财需求	10 分	
客观准确提供售后服务	10 分	
及时提示理财客户操作	10 分	
售后服务内容基本覆盖	20 分	
客户信息记载无错误	20 分	
记录整理客户资料完整	10 分	
及时回馈客户解决办法	10 分	
合计	100 分	

【工作纪律】

　　商业银行应建立完善、明确的文档保存制度，根据监管部门的相关要求妥善保存理产品销售环节所涉及的所有文件、记录、录音、录像等相资料，保证相关资料的完整、保密。

　　商业银行应为客户提提供理财产品在生命周期内以及产品到期后的查询及咨询服务，渠道包括并不限于网上银行、柜台、客户服务电话、官方网站等。除电子渠道外，其他渠道应有专人受理，并保证信息及时传递，快速反馈客户问题。

　　商业银行应根据自身发展战略与客户特点，向客户提供个性化、差异化理财产品和服务已满足客户多样性理财需求，个人理财产品的销售应遵循风险匹配原则，使客户风险承受能力与产品风险等级相匹配。

商业银行应对客户开展金融知识普及宣传活动，为客户提供专业的理财咨询服务，提高客户对金融产品、服务及其内涵和风险的理解，引导和培育客户的金融风险意识和保护自身权益的意识。

理财售后服务中，不要故意拖延问题的处理，增加客户获取相关服务和补偿的困难，最终使客户知难而退，自认倒霉，事情不了了之。不要和客户正面冲突。严格禁止服务人员自视专家，听不进客户意见和解释，甚至出现指责客户，使客户难堪的现象。不要忽视客户抱怨。客户抱怨往往反映出"看不到、听不着、想不全"的侧面问题，是对理财产品或者服务不满的一种暗示。对客户的抱怨要及时记录，及时分析，及时反馈，避免事态扩大或重复出现。

拓展练习

1. 下列原因中，哪项不是需要对理财客户展开售后服务的原因（　　）。
   A. 培育理财客户忠诚度　　　　　　B. 销售更多的理财产品
   C. 增加潜在理财客户　　　　　　　D. 售后服务是银行信誉的名片

2. "要维护好与理财客户的关系，就要有全面的客户信息，要有理财客户的档案，要记录理财客户的尽可能多的信息。"描述的是（　　）维护理财客户关系的手段。
   A. 建立理财客户档案　　　　　　　B. 主动接触理财客户
   C. 及时跟踪理财客户　　　　　　　D. 适时拜访客户

3. "在成交结束之后，客户经理可以定期主动回访理财客户，及时有效了解客户在哪些方面仍需要指导和帮助，理财客户还有哪些方面的资源需要开发。"上述文字描述的是（　　）维护理财客户关系的手段。
   A. 建立理财客户档案　　　　　　　B. 主动接触理财客户
   C. 及时跟踪理财客户　　　　　　　D. 适时拜访客户

4. 客户的理财规模及其盈利要求并不相同，需要推行差别服务，为客户提供不同层面的服务，因此银行客户经理需要采取（　　）手段来维护客户理财关系。
   A. 整合客户数据　　　　　　　　　B. 增加客户的粘性
   C. 客户维护时间分配　　　　　　　D. 分类管理客户

5. 针对目前大多数银行的理财产品品种及其结构的差异已经非常微小的现状，几乎所有银行的售后服务都在开始分类理财客户的层次并进行细化管理，请问这种客户售后服务的技巧的手段是（　　）售后服务技巧。
   A. 整合客户数据　　　　　　　　　B. 增加客户的粘性
   C. 客户维护时间分配　　　　　　　D. 分类管理客户

6. 下列选项中，（　　）是做好售后服务可以采取的技巧和分析方法。
   A. 整合客户数据　　　　　　　　　B. 分类管理客户
   C. 客户维护时间分配　　　　　　　D. 客户流失的原因查找

7. 在实际工作中，银行可使用（　　）方法维护理财客户关系。

A. 建立理财客户档案   B. 主动接触理财客户
C. 及时跟踪理财客户   D. 整合客户数据

判断题：

1. 银行重视理财客户售后服务工作，主要是为了培育客户的忠诚度、有助于增加理财潜在客户、售后服务是银行信用的名片。（   ）

2. 这家产品尽管贵些但服务不错，那家便宜但服务没保障。这句俗语体现了销售服务中售后服务的重要性，银行销售理财产品需要注重销售理财产品的售后服务。（   ）

3. 建立理财客户档案，其中记录得客户信息包括客户的基本信息和财务信息，银行客户经理不需要记录得特别详细，仅需要记录与购买理财产品相关信息即可。（   ）

4. 银行客户经理为客户提供售后服务时，可以时刻与客户保持紧密联系，不需要考虑客户的个人时间安排。（   ）

5. 整合客户数据就是客户经理利用银行现有数据平台收集理财客户尽可能多的信息。理财客户是银行的重要资源，客户信息的完善是银行做出正确决策的首要前提。（   ）

6. 对VIP客户，理财工作人员可接受客户委托，替其保管存折、存单、密码、钥匙、有价证券、协议书、印章等文件和物品。（   ）

7. 客户经理负责理财客户售后关系维护，与客户之间实行售后单线联系。（   ）

8. 由于是售后服务，客户经理在与理财客户接触联系时，应直接切入主题，话题不应涉及太多个人或家庭问题。（   ）

9. 对孔雀型客户提供售后服务，应做到态度热情、多倾听，最好与对方建立非正式关系，切忌态度冷淡傲慢。（   ）

问答题：

1. 请简要总结和归纳一下维护理财客户关系的方法有哪些？
2. 做好理财客户售后服务可以采用哪些售后服务的技巧？

任务2　理财客户的再次开发

没有客户关系的维护，意味着我们将失去更多的客户。客户关系的维护能够促进新的合作。在同行业中要想长期立足，老客户的维护至关重要。只要客户关系维护好了，想要再继续合作是非常容易的，客户已经完全信任我们了，已经在情感上接受我们了。我们再给客户介绍新产品，客户自然会欣然接受它们，而且还会给我们介绍源源不断新的客户。

【任务分析】

表 4-6　　　　　　　　　　　理财客户的再次开发任务分析表

工作内容	业务知识	业务技能	工具使用	职业意识
理财客户的再次开发	理财客户再次开发的主要方法	理财产品销售技术 理财客户服务技术	理财产品营销方案 理财产品宣传手册	营销产品意识 服务客户意识

【知识准备】

　　大量活跃的理财客户资源，是银行长期发展的重要资源，对其进行有效的分析，实施有效的维护与深度开发，对于银行理财及其相关业务的长足发展、竞争优势的有效保持，有着非常重要的作用。尤其是随着时间的推移，有效成交客户数量的积累增多，成交客户的区域会越来越大，成交客户所属行业会越来越广。对已成交客户再次进行深度开发，将是银行理财业务发展的又一个重要契机。理财客户的再次开发的重要作用主要体现在以下几个方面：

　　1. 有利于降低理财运营成本。一个新客户的开发，要涉及各种市场通道的铺建与客户经理的不断努力，其人力物力投入是很大的一笔消耗，而相应的对于老客户的维护，由于前期的营销活动开展已经让客户了解了银行，消费了相关的产品和服务，建立起初步的信任关系，因而其所需人力物力的投入比例却是相对较小的，而其执行效果则比开发一个新客户要好得多。相关数据表明，银行开发一个新客户的费用是维护老客户的 4~6 倍，向新客户推销产品的成功率在 15%，而向老客户推销产品的成功率是 50%。激发老顾客的再次消费，建立一个良好的合作关系，是商业银行降低理财成本的最好方法。

　　2. 有利于带来新的客源。随着银行业务的发展，已有客户逐渐增多，客户行业覆盖越来越广，客户来源区域越来越大。长期的合作、收益的丰厚回报、彼此的信任了解，老客户会对客户经理有较高的认同感和忠诚度，其在自己的圈子中很有可能对理财产品进行转介绍，主动推广客户经理的服务及其产品。由老客户进行推销的效果要比银行客户经理进行一般的市场营销效果有更大的说服作用。在理财产品琳琅满目、品种繁多的当下，老客户的推销作用是不可低估的。老客户还会主动向客户经理引荐自己的朋友圈，或者为客户经理直接带来想买理财产品新的客户。理论上讲，有益于获取更多的理财市场份额。不断着眼于和客户发展长期的互惠互利的合作关系，忠诚的客户愿意购买更多的理财产品和服务，其对理财业务增长必然带来有益的作用。

　　随着理财市场的快速发展，行业的竞争也非常的激烈，各家银行推出的理财产品和服务基本都是大同小异。如何在这些相似的理财产品或服务中脱颖而出，并具备自己的优势，其实就是提供更好的售后服务。提高客户的满意度，留住老客户，对老客户进行二次开发，是目前各家商业银行都非常重视的问题。老客户是一个非常重要的圈子。越来越多的客户经理开始注重老用户市场的开发，也就是集中做存量市场。这里面，既有新用户开发成本高的考虑，也有目前增量市场增长缓慢的担忧。但不管是对理财市场利润的增长还是对理财市场覆盖度的提升来说，都应该重视对老客户进行维护，都应该重视对老客户进行二次开发。老客户再次开发的主要方法有：

1. 做好售后服务，提高客户满意度。对完整的销售工作来说，不管前面的销售工作做得多好，都少不了售后工作，售后服务工作是销售工作的延续，甚至有学者将售后服务工作认为是真正销售工作的开始。做销售就是在做服务，销售能力再出色，没有好的服务跟上，客户最终也会流失掉。服务至上作为至理名言是没有错的。不要总想着销售产品，要思考如何给更多的人提供更好的独特的服务。把服务的基础打好，建立了彼此的信任，客户的再次开发应该是"水到渠成"的事，或者说成功率要远高于你开发一个新的客户。在消费多样性日益明显的今天，用大家共有的服务方式维系客户显然已经落伍并不合时宜了，维护老客户同样需要服务创新。要根据客户本身的价值取向和带来的利润率水平来细分客户，密切关注高价值的客户的服务偏好和投资偏好，使客户在购买产品享受服务的过程中获得产品以外的良好心理体验。做客户想到的，客户会满意你；做客户没想到的，客户会赞许你。具备自己的售后服务"独家秘笈"，是客户经理在激烈的市场竞争中生存的优势。

2. 周期性的跟进老客户，赢得客户的信任。客户经理要与客户建立经常性联系，保持良好融洽的关系和和睦的气氛。客户经理只有不断对老客户进行跟进服务，才有可能让彼此更加熟悉，才有可能获知老客户消费产品的偏好变化，同时也有更多的机会去获得客户想购买理财产品的信息，有更多的机会去营销银行的理财产品。大多数客户经理都会通过互联网渠道及其社交软件、金融软件向老客户介绍更多、更详细的产品和服务信息，而日常拜访、节日问候、婚庆喜事、生日祝福都会使理财客户感动并加深相互的友谊。做到定期回访，邀请来访，保持融洽的合作关系也是需要客户经理动脑筋的，客户经理要对客户的背景有一定的了解与研究。目前客户经理采取的回访方式主要是电话交流、电子邮件、上门拜访及其邀请来访。从回访内容来看，其一是理财产品推广，其二是客户需求挖掘，其三是其行业内客户转介绍。其实，节日的真诚问候及礼物安排、婚庆喜事、客户生日的真诚祝福都是回访客户的具体形式，而拜访则是有目的的，多是那些带来了较高利润率的客户。高净值客户对于客户经理会具有更长期的意义，因而会对他们采用不同的沟通方法，让高净值客户得到更多的关照。在长期的销售工作中，每个客户经理都会积攒下相当多的客户资源，老客户对于客户经理来说，是隐形的帮助，老客户会通过自己使用过的体验为客户经理推荐潜在的客户，熟人推荐的客户比客户经理寻找的客户要优质得多。而要想得到老客户的帮助，关键看对待老客户的态度。在产品成交过后就对老客户弃之不理，在新的产品推出且未有口碑的时候，老客户极有可能弃我们而去。相关数据表明，银行客户在第一年的流失率是最高，存款额低的客户其流失率也是最高的，因而培育客户规模非常重要。在合作过后仍能保持对客户的熟络感，对客户进行周期性的跟进，会赢得客户的信任感，不仅自身保持了长久合作，客户还会把他们自己的朋友拉进圈子里，并形成不断的循环。

3. 邀约老用户参加活动。目前不少银行采取邀约客户参加一些主题性活动的办法来联络感情、推荐新产品。诸如投资理财专题讲座、经济热点讲座、文学讲座，甚至还有女性朋友感兴趣的厨艺讲座、美容美发、口红制作。讲座或者沙龙最大的优点就是把客户聚拢在一起且能够找到共同的爱好和理财话题。多数情形下，客户经理在邀约老用户参加活动时候，会以售后服务回访名义，以这种方式打通老用户电话，对方基本不会拒绝，这也是很多客户经理更喜欢与用户沟通的一种方式。还有一种方式是利好消息的告知。告知老用户活动政策、利好优惠等等。老用户的邀约无论采用何种方式，基本上较比新用户开发要简单、直接且有效。礼品设置要能够唤醒老用户的记忆,像厨房类产品的礼品可以与生活息息相关;或者多设置女性感兴趣的产品。相比男用户,女性用户到门店领取赠品的概率更大。礼品的选择绝对不是价格越高越好,要考虑自身成本,尽量选择时尚、美观、实用、上档次的商品。还可以制定标准化的跟进政策,如针对不同类别的用客户,采取不同的跟进策略。

4. 建立针对所有老用户的档案。详细收集老客户资料,建立老客户档案,进行归类管理并适时把握老客户需求才能真正维系住并实现老客户的投资价值目标。记录整理老用客户的信息,切忌只是记录本上的资料、也不能是随意存在客户经理的手机里面,要有一套老用户全面详尽信息的表格,直观方便了然并掌握用户基本情况,包括客户购买理财产品类型、购买时间、风险偏好、消费习惯、兴趣爱好、甚至用户的生日信息、家庭成员信息记录在册。要学会用户的分类管理,精力有限,不可能将有限资源投入到所有用户中。学会聚焦就是学会分类管理,尤其是针对用户基数较大的客户经理而言,用户分类可以有目的、有针对性的开发和制定服务政策。

新理财产品的推介同样是理财产品营销的重要内容,客户经理同样需要了解客户需求、了解客户的风险偏好、了解客户对投资收益的期望值。虽然多数时候是面对自己熟知的客户,但理财产品的推荐还是要注意以下的基本要求:

1. 充分了解推介的产品。在推介产品前,客户经理要对推介产品的特点、收益情况、同行业的类似产品、适用客户群等都要进行详细的了解。任何产品都有竞争对手,但每个产品也具有自己的某种优势,要对自己产品的优势进行充分的了解,在产品推介时才能向客户们进行充分准确的展示,圆满回答客户们提出的各种问题及其疑惑,并让客户对新的产品及其服务提前有着良好的预期。各家银行在推出新的理财产品的时候,通常都会有专门的培训,客户经理要熟悉新产品的"卖点"在哪里,要对新产品的营销方案有充分的理解和准备。

2. 推介资料要有严谨性。银行展示的新产品推介资料要做到严谨无漏洞,要充分体现出推介资料内容的逻辑性、结构的完整性、内容的专业性。新产品上市前要对宣传资料反复阅读,特别是进行专业性的审阅,对宣传资料中错误的标点符号、错别字、冗长无序的语言、可能存疑的诱导性语言进行删改,从产品的推介资料上要体现出清楚和专业性,能够方便客户理解并有助于树立客户的信任。产品推介的最终目的是成交,推介新产品及其成交产品过程中还会涉及理财产品宣传资料的使用,所以对这些资料在使用前应进行内容的核对和宣传点的确定,让宣传资料发挥最大的促销作用。

3. 吸引理财客户关注产品。客户经理要对自己即将开始的营销活动的模式进行认真的策划和精心的准备,是组织讲座、还是郊游、产品制作,或是厨艺学习,要找到新产品推介活动的载体,要有语言使用的设计及反复推敲。客户经理及其相关人员应该事前多次的模拟演练,把时间及其节点的把控事前默记于心。要知道吸引客户关注新产品的方式和方法是什么?客户经理事前要了解客户的类型,调查客户的需求,分析客户关注的内容。讲解时要依据事前的调查分析,讲解客户高度关注的内容,如果讲解的内容客户不感兴趣,他们将不会有耐心继续听下去。客户所关注理财产品的收益及售后服务历来是新产品营销的"热点",应将讲解的大部分时间分配在这些方面。要注意耐心解答客户的所有问题。银行服务热线应允许客户随时进行提问。客户提问,说明客户对产品感兴趣。当然,推介前要对客户可能提出的问题进行预测,并进行针对的回答设计,这样才能做到对答如流。回答问题时尽量简洁明了，要直截了当，不能绕弯子。另外，对问题不能遗漏，保证每个客户的每个问题都要得到答复。现代推销学强调，成交时，我们要建立客户对客户经理及所推荐产品的信任，在建立信任与引起兴趣的基础上，应检验客户对营销拜访态度的转变过程，检验客户对营销的信任是否达到了有购买欲望的程度。态度的转变是连续的，而信任程度是可以检验的。在引起客户对产品的兴趣后，应及时检验客户对所推荐产品的认识程度。如询问客户是否有不明白不理解的地方，是否有需要进一步说明的地方等，如有的话，客户经理应立即进行示说明，直至客户表示明白并形成整体良好印象为止。针对客户的担忧与疑虑进行反复解释。通过聆听及询问，了解客户在听了介绍后，对产品还有什么疑虑，尤其是了解客户在主要购买动机方面的疑虑是什么，再进行重点介绍。若发现客户对销售人员的不信任与顾虑，则要有针对性地证实诚意。

4. 对客户强化情感。许多时候，客户在对产品产生兴趣后并不会立刻购买，或者提出一些不能成立的理由。这说明客户缺乏购买欲望而不是因为对产品无兴趣或不了解，是情感上仍不能全部接受营销。若客户在情感上有了对立情绪，那么客户经理无论怎样介绍产品，也不可能激起客户的购买欲望。因此，客户经理在检验出客户在情感上仍有消极心态时，不应急于成交产品或服务，而应再次对客户的问题、困难表示同情与理解。这时需要重新建立客户信任，重新让其理解客户经理愿意为其服务的愿望。建立信任、沟通情感的关键是诚恳。客户在考虑是否购买产品时，总是多方权衡利弊得失的。只有当客户意识到拥有产品的众多利益时，客户才可能有强烈的购买欲望。客户经理应多方面举例，详述获得产品的好处有诸多的方面。在营销的关键时刻，站在客户的立场上，介绍与研究拥有产品的利益与收获，诱导客户去想象购买产品后的种种好处和不买的种种遗憾，达到激发客户购买欲望的目的。当然，当下未成交也许后面时候会成交，给客户必要的思考和产品对比机会，会让客户有更多的理解产品的机会。

5. 刺激客户的购买欲望。不仅要从情感上激发客户的购买欲，还要用理智去唤起客户的购买欲望。充分说理就是摆事实、讲道理，为客户提供充足的购买理由。充分说理的方法有：（1）提供充分的证据。在营销产品时，客户经理应将准备好的证据提供给客户过目。这些证据包括：有关权威组织部门的鉴定、验证文件；有关技术与职能部门提供的资料、数据、认可证书；有关权威人士的批示、意见等；有关购买与使用者的验证、鉴定文件、心得体会、来信来函等；有关部门颁发的证书、奖状、奖章等。（2）利用展示刺激客户的购买欲望。营销是客户和客户经理共同参与的活动，当客户经理推荐一个实物产品时，他的位置其实要像一个节目的主持人一样。客户愿意投入时间观看客户经理的展示，表示他确实有潜在需求，此时此刻，客户经理要把握最好的成交机会。值得说明的是，展示不是做产品特性的说明，而是要刺激客户决定购买的欲望。展示是指，把客户带引至产品前，透过实物的观看、操作、让客户充分地了解产品的收益、操作的方法、市场的表现以及能给客户带来的利益，借以达到成交的目的。

【工作过程】

夏汇银行北京白广路支行客户经理李红接待了客户赵文增先生，赵先生是老客户，有多年的理财产品购买经验，今年61岁，已经退休在家。进入夏汇银行北京白广路支行网点后，

第四单元 维护与客户的理财关系

客户经理李红立即面带微笑的迎上前接待赵先生。原来，赵先生想查询一下自己的退休金是否已经打在银行卡上面了？李红手脚麻利的指导着赵先生操作设备，一边微笑着对赵先生讲，"您还有什么事情需要办理的？"

"最近有新产品上市吗？"赵先生非常有礼貌的和李红打着招呼："今天我要接个远房的亲戚到北京来玩，待会就得去机场接一下！"

李红经理："好的，我等会把新产品的信息资料推微信给您，您先考虑一下，有什么需要的您可以随时联系我，我的联系方式没有变。"

客户经理李红递上自己的名片和赵先生互道再见，并送赵先生出门……

过了几天后，客户经理李红拨通了赵先生的电话。"赵先生，您好！我这边是夏汇银行北京白广路支行的客户经理李红。"

赵先生："你好！"

李红经理："是这样的，在我们行十周年庆之际，推出"感恩十年，动情回馈"活动，专门针对老客户推出了一款理财产品，年化收益是12%，跟您打个比方，如果投资10万元的话，一年就有12 000元的利息预期回报，并且还要和我们行签订一个一年的法律合同来保障您的利益。如果说您有兴趣的话，这两天可以到我们行里来看看，了解一下。"

赵先生："是个短期理财产品是吧，我不是很感兴趣！"

李红经理："我理解您的想法，说实话，很多老客户在没来我们行了解之前也不感兴趣，但很多人来行里做了了解以后觉得还不错，因为我们行做的理财产品比较吸引人，年化收益12%，投资期限是一年。您可以花点时间到我们行里了解一下，这个收益水平的预期虽然目前不是最高的，但从多家银行产品的比较来看，本行的实际年收益率水平十有八九是能够达到预期的。您是老客户，您有多家银行产品的购买经历，您在这方面是专家。如果觉得适合您的话您可以考虑一下投资问题，如果感觉不合适也可以再看看最近行里的其他产品。我把你们小区的几个对脾气的老哥几个都约过来，趁机聊聊天，花了点时间大家聚在一起也是惬意的事，而且也多了解一个投资品种对吧？"

赵先生心里有些痒痒："嗯，好吧，你的时间怎么安排的？"

李红经理："原来考虑你们退休人员有晨练的习惯，本打算安排在下午活动，但正好后天上午李老师过来想办个新产品讲座，大家又想听听李老师对上半年理财市场的点评，因而给大家安排在上午举行！"

赵先生："李老师的课，那是必须得听的！后天上午准来，你放心吧！""上午大概什么时间来合适？"

李红经理："好的，上午9点准时开讲，1个半小时的安排，这次特意给大家安排了半个小时的答疑互动的时间，让大家有时间向李老师请教！"

……

讲座当天，赵文增先生如约而至。客户经理李红站在银行门口面带微笑，忙上前迎接……"赵先生，您好，欢迎您，您可真准时！今天邀请您过来是我们行推出的周年庆活动'感恩十年，动情回馈'，是专门针对你们这些老客户的理财产品推荐。"

赵先生："我以前经常来你们行办理业务，你们行里员工的服务水准和服务环境还是让我非常满意的。"

听完讲座，赵先生主动找到李红打听嘉业200指数的最近市场表现。李红热情的和赵先生交流着，了解到赵先生近期有一笔闲钱打算投资。李红引导其来到贵宾理财区，一边为赵先生倒水，一边安顿其落座休息。相关客户资料显示，赵先生是本行一名优质客户，有着较丰富的理财经验。李红觉得，保险起见，还是先摸清楚赵先生的理财经历及其喜好再说。

李红经理："赵先生，您之前购买过什么理财产品啊？"

赵先生："在咱们这里买过理财产品及代理的基金产品。"

李红经理："哦？收益怎么样啊？"

赵先生："收益还不错，但手续有些麻烦，由于银行理财人员业务不熟悉，在赎回过程中有些不愉快的经历。"

李红经理："您放心，这种情况现在我们行不会再发生的。""今天这部分闲钱您打算投资些什么产品？"

赵先生："听说你们行代理的嘉业200指数基金还不错，给我简单介绍一下。"

客户经理李红和赵先生就基金的走势和投资理念进行了交流，同时给赵先生必要的投资风险提示。在与客户沟通时中发现，客户赵先生对该行代理的嘉业200指数基金已经做了初步的了解，有购买的极大兴趣，赵先生称以前在他行买过30万元，嘉业200指数的收益表现还是不错的。李红详细向客户介绍了该行的产品，向客户推荐了理财金账户卡和该行快捷方便的网上银行，并向客户进行了操作演示，赵先生对该行网上银行办理业务的快捷、方便产生了兴趣，当场办理了理财金账户，并开通了网上银行。客户经理李红对客户在网上银行使用过程中经常遇到的问题，耐心详细地进行讲解。赵先生对客户经理李红的服务非常满意，不但把他行的存款转入该行金账户上，而且在李红的指导下通过网上银行顺利的一次购买了82万元的嘉业200指数。

【工作模拟】

请根据下列理财产品营销方案结合老客户新品的再度开发工作，重点设计客户可能提出的"股票市场最近表现颇佳而有购买股票型基金打算"想法的营销策略及其话术使用。

客户张卫星，男，49岁，是某企业管理层干部，年薪60万元。妻子王欣欣，经营着一家美容店，每月有约2万元的经营收入。夫妻俩人注重理财投资，之前投资过银行理财产品、基金产品、国债、股票。但前期投资股票亏损较多，房产限购后其所购房产因价格一直未有上涨而未能出售，后经朋友介绍到本银行并成为理财客户。客户张卫星有一定的理财知识基础和多年的理财产品及其服务消费经历。理财账户中目前主要有国债、股票、债券型基金及银行理财产品，其中以债券型基金居多。

附件：夏汇安本基金销售策划方案（331637.OF 夏汇银行北京白广路支行网点2021年12月18日）

夏汇安本基金属于债券型基金，通过集中众多投资者的资金，对债券进行组合投资，寻求较为稳定的收益。根据中国证监会对基金类别的分类标准，基金资产80%以上投资于债券的为债券基金。债券基金也可以有一小部分资金投资于股票市场，另外，投资于可转债和打新股也是债券基金获得收益的重要渠道。

1. 市场环境分析

受欧美发达国家基金行业的发展对促进资本市场的健康发展经验的启示，大多数国家开始认识到基金的重要性,对基金业的发展普遍持积极的态度,相继制定了保护基金业发展的一系列法律法规,使基金在世界范围内得到了普及发展。根据美国投资公司协会(ICI)的统计,截至 2020 年末,全球公募市场基金规模增至 63.1 万亿美元,相比 2019 年的 54.9 万亿美元,同比增长 14.9%。其中,股票基金为 28.3 万亿美元,占总规模的 45%;混合型基金为 13.3 万亿美元,占总规模的 21%;债券型基金为 13.1 万亿美元,占总规模的 21%;货币基金规模为 8.3 万亿美元,占总规模的 13%。国内 2021 年 3 月已成立的股票型和混合型基金整体发行达到 7 552.6 亿元人民币,占比高达 91%。

证券投资基金是一种集中资金、专业理财、组合投资、分散风险的集合投资方式,通过发行基金份额的形式面向投资大人募集资金,并将募集到的资金,通过专业理财、分散投资的方式投资于资本市场。证券投资基金有契约型基金和公司型基金两种。契约型基金又称为单位信托基金,是指把投资者、管理人、托管人三者作为基金的当事人,通过签订基金契约的形式,发行受益凭证而设立的一种基金。契约型基金是基于契约原理而组织起来的代理投资行为,没有基金章程,也没有董事会,而是通过基金契约来规范三方当事人的行为。基金管理人负责基金的管理操作。基金托管人作为基金资产的名义持有人,负责基金资产的保管和处置,对基金管理人的运作实行监督。公司型基金是按照公司法组成的,以发行股份的方式募集资金,一般投资者认购基金而购买该公司的股份,也就成为该公司的股东,凭其持有的股份依法享有投资收益。基金公司的设立程序类似于一般股份公司,基金公司本身依法注册为法人,但不同于一般股份公司的是,它是委托专业的财务顾问或管理公司来经营与管理;基金公司的组织结构也与一般股份公司类似,设有董事会和持有人大会,基金资产由公司所有,投资者则是这家公司的股东,承担风险并通过股东大会行使权利。

2. 竞争者分析

主要竞争对手分析:截至 2021 年末,我国基金管理公司有 132 家,管理的公募基金净值 20.59 万亿元。从出售的基金来看,开放式基金居多,开放基金中主要有股票型、混合型、债券型、保本型和 ETF,受到全球金融危机的影响,债券型基金作为一种相对低风险的基金理财产品应该是不错的理财产品选择。

表 4－7　　　　　　　2020 年国内基金理财品牌前 10 名收益排序

	证券代码	基金简称	基金规模(亿元)	2020 年业绩(%)
01	001606.OF	农银工业 4.0 混合	6.49	166.85
02	002190.OF	农银新能源主题	20.68	162.40
03	000336.OF	农银研究精选混合	11.23	153.84
04	006977.OF	农银汇理海棠三年定开混合	4.3	141.93
05	540008.OF	汇丰晋信低碳先锋股票	30.38	136.86
06	481010.OF	工银中小盘混合	6.75	134.89
07	570001.OF	诺德价值优势混合	24.13	133.70
08	004997.OF	广发高端制造股票 A	71.04	133.52
09	005968.OF	创金合信工业周期股票 A	1.15	132.66
10	001643.OF	汇丰晋信制造先锋股票 A	10.03	131.36

其他竞争对手分析：股票受到全球金融危机的影响，上证在3 000点大关失守之后，一直都在2 800点上下浮动，有涨有跌，风险较大，收益不稳；保险虽然具有保障生命和经济回报的双重价值，但保险的期限过长，提前支取会损失本金；储蓄虽然风险小、方式期限灵活多样、简单方便、收益相对较低。

3. 企业情况及产品分析

夏汇基金管理有限公司于2002年12月27日由夏汇证券股份有限公司、ING Asset Management B. V. （荷兰投资）、中电财务有限公司、中国华能财务有限责任公司、中远财务有限责任公司共同投资组建。公司的注册资本人民币一亿六千万元（RMB 160 000 000元），其中，夏汇证券股份有限公司持有40%股权，荷兰投资持有30%股权，其他三家财务公司各持股权10%。主要中方股东夏汇证券股份有限公司是最早成立的全国性的综合类券商之一，公司注册资本24亿元，在全国拥有32个营业部，各项经营指标均位居国内券商前十名。公司外方股东荷兰投资是ING集团的专门从事资产管理业务的全资子公司。ING集团是全球最大的多元化金融集团之一，其金融服务网遍及全球60多个国家，活跃于银行保险及资产管理业。ING集团由荷兰最大保险公司与荷兰最大的邮政银行合并而成，已有155年历史。在《财富》杂志名列全球500大企业第27名、获利能力第21名、《富布斯》杂志全球超级100大集团中排名第14名。ING集团11.5万名员工通过其丰富的环球经验为全球超过6 000万名顾客提供综合金融服务，历年来财务绩效表现优异，税后纯收益每年成长10%～12%。2020年2月20日，入选福布斯区块链50强榜单（第2期）。2020年5月13日，ING集团名列2020福布斯全球企业2000强榜第194位。夏汇基金管理有限公司本着"诚信、融合、创新、卓越"的经营理念，力争成为客户推崇、股东满意、员工热爱，并具有国际竞争力的专业化的资产管理公司。

夏汇安本增利债券型证券投资基金（以下简称"本基金"）经中国证券监督管理委员会2021年5月23日《关于同意夏汇安本增利债券型证券投资基金募集的批复》（证监基金字〔2021〕99号）核准公开募集。本基金的基金合同于2021年7月11日正式生效。本基金为契约型开放式。

产品特点分析：

低风险，低收益。由于债券型基金的投资对象自身的特点，债券收益稳定、风险相对较小，所以，债券型基金风险较小，但是同时由于债券是固定收益产品，因此相对于股票基金，债券基金风险低但回报率也不高。

费用较低。由于债券投资管理不如股票投资管理复杂，因此债券基金的管理费也相对较低。

收益稳定。投资于债券定期都有利息回报，到期还承诺还本付息，因此债券基金的收益较为稳定。

注重当期收益。债券基金主要追求当期较为固定的收入，相对于股票基金而言缺乏增值的潜力，较适合于不愿过多冒险，谋求当期稳定收益的投资者。

4. SWOT分析

产品的优势主要有：（1）风险较低。债券基金通过集中投资者的资金对不同的债券进行组合投资，能有效降低单个投资者直接投资于某种债券可能面临的风险。（2）专家理财。随着债券种类日益多样化，一般投资者要进行债券投资不但要仔细研究发债实体，还要判断利率走势等宏观经济指标，往往力不从心，而投资于债券基金则可以分享专家经营的成果。（3）流动性强。投资者可以申请当日的基金单位资产净值为基准随时赎回，而投资者如果投资于银行定期存款、凭证式国债，则变现较为困难，并且要承担很高的提前兑付的利息损失。（4）获得更高收益。债券基金可以间接进入债券发行市场，获得更多投资机会；可以进入银行间市场，持有付息更高的金融债；可以进入回购市场，享受融资申购新股和无风险逆回购利息收入的超级机构投资者待遇；基金现金资产存放于托管银行，享受 1.89% 的同业活期存款利率，远高于居民和企业 0.72% 的活期存款利率；享受各种税收优惠。申购、赎回时均不必交纳印花税，所得分红也可免交所得税；还可享受基金进行债券投资的低交易成本。（5）机会更多。债券型基金动辄 20 多亿元的发行规模，是目前股票型基金所不能企及的。信息显示，夏汇信用添利基金募集 21.4 亿元，同期发行的夏汇深圳 100 指数型基金仅募集 6.62 亿元。证券市场震荡走弱，投资者避险情绪催生了投资债券型基金的热情。

产品的劣势主要有：对于债券而言，两个不利要素是利率敏感程度与信用素质。债券价格的涨跌与利率的升降成反向关系。债券基金的信用取决于其所投资债券的信用等级。

5. 目标市场及客户分析

市场目标：树立及巩固夏汇基金公司自身的品牌形象，与消费者的有效沟通，加强情感联系，进一步提高品牌知名度；加强风险的管理，不断提高产品的收益满足客户需求；通过专业投资，保证每位客户的收益率；发掘潜在客户，提高融资效益。

客户人群：（1）每月领取固定薪酬的上班族。大部分的上班族薪资所得在扣除日常生活开销后，所剩余的金额往往不多，单独投资意义不大。加之上班族工作时间一般严格固定，因此设定指定账户中自动扣款的基金定投，只需办理一次手续就能搞定未来几年甚至十几年的投资交易。（2）有长期个人理财规划需求的人。对于那些现在手里无大笔资金，但具有长期理财需求的人，基金定投这种限额灵活的投资方式同样是较为适合的。例如客户 5 年后打算付购房首期款，或者 10 年后需要为子女上大学或出国留学准备一笔大额资金，或者想为自己 20 年后退休增添一笔丰厚的养老金等，基金定投都将是理想的理财伙伴。（3）愿意投资但不清楚投资时点的人。基金定投具有投资成本加权平均的优点，能有效降低整体投资的成本，分散市场波动的风险。虽然目前行情持续震荡，但市场的牛市格局依然不变。以基金定投的方式来应对短期震荡加剧而长期坚定看好的市场，这对于那些有心投资但又不清楚如何择时的人而言，也是一个很好的选择。

客户特点：（1）跟风现象突出，风险意识淡薄。2021 年开放式股票型基金的平均投资回报高达 121.4%，看到基金投资的高额回报，许多人虽然连基金是怎么回事都不清楚，但看到周围亲朋好友、邻居、同事等买基金都赚钱了，所以自己也要去买基金，这种羊群行为在市场高峰期表现得特别明显。（2）选择基金时，热衷 1 元基金。从 2021 年 12 月底公布的股票型基金和混合型基金的持有人数据来看，个人持有比例最高的 10 只基金全是 2021 年成立的新基金，而机构持有比例最高的 10 只基金，基本上是成立时间在两年以上的老基金；在 2021 年成立的新基金中，个人投资者高达 90.75%，主要原因在于个人投资者因为信息不对称，往往依靠自我的信息作为判断的参照标准，将新发基金与新股混淆同比，而忽略了基金公司的过往业绩和基金本身的优劣，随意卖出操作尤其明显。同时，基金公司出于做大自身规模的考虑，为了迎合于热衷 1 元基金（基金中的基金）的投资者，通过拆分、大比例分红等手段，将许多老基金的净值降低到 1.00 元附近，更加扭曲和误导了个人投资者，由此显示出对加强基金投资者教育工作的重要。(3) 持有基金，倾向于卖盈持亏。在 2020 年 1 月 1 日至 2021 年 12 月 31 日基金盈利期间，在股票型基金净值涨幅前 50% 品种中个人投资者的持有比例在下降，而净值涨幅居后 50% 基金中个人投资者持有的比例在上升，在混合型基金同样观察到这种现象。可以看出，在基金盈利时，个人基金投资者倾向于卖出；而在 2019 年 6 月至 2020 年 6 月基金亏损期间，个人基金投资者持有这些亏损基金的比例则是在不断上升的，更多的个人基金投资者倾向于持有基金。可见，处置效应在个人投资者金融行为中表现较为明显。(4) 基金交易频繁，持有基金短期化。2021 年国内开放式基金赎回率是 66.63%，意味着基金持有人平均持有周期不到 1.5 年，频繁交易严重，其原因在于相当部分个人投资者把基金当作股票炒、银行客户经理出于考核的目的让客户频繁的买卖基金、亲戚朋友的推荐而不断改变投资产品。基金投资应该是一个长期的行为，美国 69% 的基民持有共同基金时间在 5 年以上，基金投资者把基金作为一个中长期投资和理财的工具，而中国基金投资者倾向于把基金作为一个短期炒作的工具。

6. 销售策略分析

基金一类的金融理财产品是不宜公共媒体做宣传，所以，建设客户的方式就相对单一，就是在基金公司或其资金托管机构进行推广。

当然，口口相传的口碑效应是不受法律法规限制的，故而，良好的效益、优质的服务都能成为人们称颂与力推的产品。

对于客户接近这点，最常用的就是介绍接近法与馈赠接近法。很多普通群众对于基金都是没有什么具体概念的，尤其是在现今这个金融理财产品遍地开花的社会里，多了会让理财客户挑花眼，关键是你说的要符合理财客户的投资习惯。

销售洽谈主要是要给对方全面的讲述本产品的优势与基金管理人的能力与相应成就。具体的数据与事例的使用都是有说服力的，比较能让客户信服。

在销售成交，制定合同的时候，应该将一切可能出现的异议处理方式都尽量详尽的写入合同之中，以免将来产生不必要的纠纷。

7. 营销方案设计

活动名称使用"夏汇迎新，元旦福临，答谢老客户专场活动"。时间安排在 2021 年 12 月 31 日，活动地点安排在夏汇银行白广路支行网点，活动主旨是迎接元旦，建立良好客户关系，树立夏汇品牌形象，扩大销售业绩，同时宣布夏汇安本基金销售启动开始。活动内容是这天对老客户进行优待服务，凡是来购买夏汇安本基金的都有夏汇银行新春联欢会票的馈赠。活动实施细节安排如下：2021 年 12 月 31 号 9 点开始，11 点半结束。凡是在 2021 年 12 月 31 日来白广路营业部购买理财产品的老客户，会以最好的服务来接待，来参加活动的老理财客户按照号码可以有幸运基民的礼品油，纪念品抽奖，还有理财专家现场讲座咨询，理财朋友相聚切磋，成交夏汇安本基金的老客户馈赠夏汇银行新春联欢会的门票。活动的主要目的是迎接 2022 年元旦，答谢老客户给银行带来的收益，希望新的一年里，大家都会顺顺利利。主要想法是设立品牌形象，让大家品有牌意识，能够带来更多的效益和源源不断新的顾客。

表 4－8　　　　　　　　　　理财客户的再次开发评价表

评价指标	分值	得分
正确理解理财产品营销方案	10 分	
能够深度挖掘客户的新需求	10 分	
客观准确提供有针对性的服务	10 分	
能够精准提供符合需求的产品	10 分	
能够提示客户投资风险存在	10 分	
能恰当使用话术引导客户思维	20 分	
使用专业和个性分析说服客户	20 分	
和客户接触亲和而且敬业	10 分	
	100 分	

【工作纪律】

理财产品销售人员应当严格保守工作中知悉的商业秘密、工作秘密和客户隐私，坚决抵制泄密、窃密等违法违规行为。

理财产品销售人员在接洽业务过程中，应当礼貌周到服务客户。对客户提出的合理要求尽量满足，对暂时无法满足或明显不合理的要求，应当耐心说明情况，取得客户理解和谅解。

理财产品销售人员应当公平对待所有客户，不得因客户的国籍、肤色、民族、性别、年龄、宗教信仰、健康或残障及业务的繁简程度和金额大小等其他方面的差异而歧视客户。对残障者或语言存在障碍的客户，理财产品销售人员应当尽可能为其提供便利。

理财产品销售人员应当妥善保存客户资料及其交易信息档案。

理财产品销售人员在向客户销售产品的过程中，应当严格落实销售专区录音录像等监管要求，按照规定以明确的、足以让客户注意的方式向其充分提示必要信息，对涉及的法律风险、政策风险以及市场风险等进行充分地提示。严禁为达成交易而隐瞒风险或进行虚假或误导性陈述，严禁向客户做出不符合有关法律法规及所在机构有关规章制度的承诺或保证。

拓展练习

选择题：

1. （　　）指理财客户购买了某银行的产品或服务之后再次购买、或介绍他人购买的比例。

　　A. 抱怨率　　　　　　　　　　　　B. 回头率
　　C. 知名度　　　　　　　　　　　　D. 美誉度

2. 影响理财客户忠诚的因素主要有（　　）、交易成本、各种关系利益人的互动和社会情感承诺。

A. 产品和服务的内在价值 B. 媒体报道
C. 网点的服务态度 D. 成本大小

3. 处理理财客户投诉时，适时更换接待人员、由高级主管出面处理的目的是（　　）。
A. 客户有被重视的感觉 B. 让客户能尽快冷静下来
C. 稳定投诉人员的情绪 D. 以上三者都是

4. 下列有关对理财客户进行产品再次开发的原理阐述正确的是（　　）。
A. 银行老理财客户的再次开发成本会比新理财客户的开发成本高出许多
B. 老理财客户对银行产品营销套路非常熟悉，因而会主动拒绝产品或服务
C. 银行老理财客户更容易接受新产品的推荐
D. 对老理财客户的维护活动主要是新产品或服务的推销

5. 以下理财服务语言选项中，正确的服务措辞有（　　）。
A. 这是银行的规定 B. 这不是我的工作
C. 让我想想我能做什么 D. 我不知道

6. 客服人员在向理财客户道歉时，以下说法不妥当的是（　　）。
A. 深感歉疚 B. 非常惭愧
C. 我真笨 D. 多多包涵

7. 拨打客户手机的注意事项中，下列表述错误的是（　　）。
A. 在双向收费的情况下，说话更要简洁明了，以节约话费
B. 可以先拨客户的手机
C. 在嘈杂环境中，听不清楚对方声音时要说明，并让对方过一会儿再打过来或你打过去
D. 在公共场合打手机，说话声不要太大，以免泄露机密

8. 客户经理再次开发老理财客户中运用最多的方法是（　　）。
A. 直接法 B. 间接法
C. 缘故法 D. 介绍法

9. 客户经理拜访老理财客户时理直气壮的理由是基于（　　）。
A. 客户经理有吸引人的魅力
B. 客户经理有优秀的口才
C. 客户经理的行为能给客户带来利益
D. 客户经理的产品能保证收益率

10. 再度开发老理财客户需求的时候，下列最有力的方式应该是（　　）。
A. 进行产品开发 B. 与客户沟通
C. 推销 D. 降价

11. 老客户满意不断强化导致（　　）。
A. 产品质量上升 B. 产品价格下降
C. 客户信任度提升 D. 终身客户出现

12. 与再度销售或者提供服务的老客户沟通准备阶段的第一要务是（　　）。
A. 明确共同目标 B. 确定沟通策略
C. 背熟要说的话语 D. 微笑面对客户

13. 关于拜访老理财客户时间的确定，以下说法中不恰当的是（   ）。
    A. 拜访之前，应当电话预约
    B. 必须告诉客户此次拜访所要占用的时间长度
    C. 从业人员应当在自己最方便的时候拜访客户
    D. 事先约好的会面，最好提供两个以上的见面时间供客户决定
14. 在对老理财客户服务的营销活动中，最高层次的是（   ）。
    A. 优质产品   B. 超值服务
    C. 超值维护   D. 知识维护
15. 对老理财客户拒绝的理解不恰当的是（   ）。
    A. 拒绝是老客户的习惯性动作
    B. 老客户之所以拒绝，有可能是心理还有顾虑
    C. 老客户的拒绝行为也能为客户经理提供有意义的提示
    D. 若老客户提出拒绝，客户经理基本没有回旋的余地了
16. 在与老客户的商谈中，当没听清楚对方的谈话时，应该（   ）。
    A. 马上打断老客户的话题以询问清楚
    B. 不作任何表示，让老客户继续讲
    C. 根据前言后语猜测
    D. 有礼貌地回问老客户

判断题：

1. 即使是面对老理财客户，选择目标客户，明确目标市场，也是客户经理开展市场营销活动的基本出发点。（   ）
2. 客户经理在开展业务时心理上准备好吃闭门羹，这是一种消极的心态的表现，应杜绝。（   ）
3. 介绍法是利用他人的影响力延续客户来源，建立口碑。（   ）
4. 直接法是运用最多，效率最高的开发老客户的方法。（   ）
5. 了解老客户就是了解老客户的需求和期望。（   ）
6. 静心聆听老客户的想法是一个重要的营销技巧。（   ）
7. 尽管与老客户建立了彼此的信任，但老客户所表达的语言并不包括该客户所有的信息，客户经理还应当学会察言观色进行判断。（   ）
8. 尽管彼此已经很熟悉了，但客户经理在开展业务、与老理财客户交谈时，也不应该向老客户倾诉自己的私人信息。（   ）
9. 老理财客户若提出拒绝接受新产品，通常并不是否认新产品，而是还有所顾虑。（   ）
10. 银行与老客户之间有了共同的利益，才有了共同的语言。（   ）
11. 老客户对银行的产品或者服务不断感到满意，自然会产生对银行产品或服务的品牌认同感。（   ）
12. 在处理老客户投诉的初期，不论面对什么具体问题，在事实尚不明确的情况下，应快速得出结论，提高投诉处理效率。（   ）

13. 为了能快速地处理好理财客户的投诉,银行对于老客户的要求一律采取"没问题"的态度,尽快把老客户"高高兴兴"打发掉。（　　）

14. 倾听老理财客户的意见是要听其两方面的内容,事实和情感。（　　）

15. 电话通话完毕后,应等对方挂断电话后再将电话轻轻放回。（　　）

16. 接听老客户来电时,因为有急事或在接另一个电话而耽搁时,应向来电的老客户表示歉意。（　　）

17. 即使拨打老客户电话时,也应首先向老客户通报一下自己的姓名才合乎常理。（　　）

附录

附录1：一元复利终值系数表

n\i	1%	2%	3%	4%	5%	6%	7%	8%	9%	10%
1	1.0100	1.0200	1.0300	1.0400	1.0500	1.0600	1.0700	1.0800	1.0900	1.1000
2	1.0201	1.0404	1.0609	1.0816	1.1025	1.1236	1.1449	1.1664	1.1881	1.2100
3	1.0303	1.0612	1.0927	1.1249	1.1576	1.1910	1.2250	1.2597	1.2950	1.3310
4	1.0406	1.0824	1.1255	1.1699	1.2155	1.2625	1.3108	1.3605	1.4116	1.4641
5	1.0510	1.1041	1.1593	1.2167	1.2763	1.3382	1.4026	1.4693	1.5386	1.6105
6	1.0615	1.1262	1.1941	1.2653	1.3401	1.4185	1.5007	1.5809	1.6771	1.7716
7	1.0721	1.1487	1.2299	1.3159	1.4071	1.5036	1.6058	1.7138	1.8280	1.9487
8	1.0829	1.1717	1.2668	1.3686	1.4775	1.5938	1.7182	1.8509	1.9926	2.1436
9	1.0937	1.1951	1.3048	1.4233	1.5513	1.6895	1.8385	1.9990	2.1719	2.3579
10	1.1046	1.2190	1.3439	1.4802	1.6289	1.7908	1.9672	2.1589	2.3674	2.5937
11	1.1157	1.2434	1.3842	1.5395	1.7103	1.8983	2.1049	2.3316	2.5804	2.8531
12	1.1268	1.2682	1.4258	1.6010	1.7959	2.0122	2.2522	2.5182	2.8127	3.1384
13	1.1381	1.2936	1.4685	1.6651	1.8856	2.1329	2.4098	2.7196	3.0658	3.4523
14	1.1495	1.3195	1.5126	1.7317	1.9799	2.2609	2.5785	2.9372	3.3417	3.7975
15	1.1610	1.3459	1.5580	1.8009	2.0789	2.3966	2.7590	3.1722	3.6425	4.1772
16	1.1726	1.3728	1.6047	1.8730	2.1829	2.5404	2.9522	3.4259	3.9703	4.5950
17	1.1843	1.4002	1.6528	1.9479	2.2920	2.6928	3.1588	3.7000	4.3276	5.0545
18	1.1961	1.4282	1.7024	2.0258	2.4066	2.8543	3.3799	3.9960	4.7171	5.5599
19	1.2081	1.4568	1.7535	2.1068	2.5270	3.0256	3.6165	4.3157	5.1417	6.1159
20	1.2202	1.4859	1.8061	2.1911	2.6533	3.2071	3.8697	4.6610	5.6044	6.7275
21	1.2324	1.5157	1.8603	2.2788	2.7860	3.3996	4.1406	5.0338	6.1088	7.4002
22	1.2447	1.5460	1.9161	2.3699	2.9253	3.6035	4.4304	5.4365	6.6586	8.1403
23	1.2572	1.5769	1.9736	2.4647	3.0715	3.8197	4.7405	5.8715	7.2579	8.2543
24	1.2697	1.6084	2.0328	2.5633	3.2251	4.0489	5.0724	6.3412	7.9111	9.8497
25	1.2824	1.6406	2.0938	2.6658	3.3864	4.2919	5.4274	6.8485	8.6231	10.835
26	1.2953	1.6734	2.1566	2.7725	3.5557	4.5494	5.8074	7.3964	9.3992	11.918
27	1.3082	1.7069	2.2213	2.8834	3.7335	4.8823	6.2139	7.9881	10.245	13.110
28	1.3213	1.7410	2.2879	2.9987	3.9201	5.1117	6.6488	8.6271	11.167	14.421
29	1.3345	1.7758	2.3566	3.1187	4.1161	5.4184	7.1143	9.3173	12.172	15.863
30	1.3478	1.8114	2.4273	3.2434	4.3219	5.7435	7.6123	10.063	13.268	17.449
40	1.4889	2.2080	3.2620	4.8010	7.0400	10.286	14.794	21.725	31.408	45.259
50	1.6446	2.6916	4.3839	7.1067	11.467	18.420	29.457	46.902	74.358	117.39
60	1.8167	3.2810	5.8916	10.520	18.679	32.988	57.946	101.26	176.03	304.48

续表

i\n	12%	14%	15%	16%	18%	20%	24%	28%	32%	36%
1	1.1200	1.1400	1.1500	1.1600	1.1800	1.2000	1.2400	1.2800	1.3200	1.3600
2	1.2544	1.2996	1.3225	1.3456	1.3924	1.4400	1.5376	1.6384	1.7424	1.8496
3	1.4049	1.4815	1.5209	1.5609	1.6430	1.7280	1.9066	2.0872	2.3000	2.5155
4	1.5735	1.6890	1.7490	1.8106	1.9388	2.0736	2.3642	2.6844	3.0360	3.4210
5	1.7623	1.9254	2.0114	2.1003	2.2878	2.4883	2.9316	3.4360	4.0075	4.6526
6	1.9738	2.1950	2.3131	2.4364	2.6996	2.9860	3.6352	4.3980	5.2899	6.3275
7	2.2107	2.5023	2.6600	2.8262	3.1855	3.5832	4.5077	5.6295	6.9826	8.6054
8	2.4760	2.8526	3.0590	3.2784	3.7589	4.2998	5.5895	7.2058	9.2170	11.703
9	2.7731	3.2519	3.5179	3.8030	4.4355	5.1598	6.9310	9.2234	12.166	15.917
10	3.1058	3.7072	4.0456	4.4114	5.2338	6.1917	8.5944	11.806	16.060	21.647
11	3.4785	4.2262	4.6524	5.1173	6.1759	7.4301	10.657	15.112	21.199	29.439
12	3.8960	4.8179	5.3503	5.9360	7.2876	8.9161	13.215	19.343	27.983	40.037
13	4.3635	5.4924	6.1528	6.8858	8.5994	10.699	16.386	24.759	36.937	54.451
14	4.8871	6.2613	7.0757	7.9875	10.147	12.839	20.319	31.691	48.757	74.053
15	5.4736	7.1379	8.1371	9.2655	11.974	15.407	25.196	40.565	64.359	100.71
16	6.1304	8.1372	9.3576	10.748	14.129	18.488	31.243	51.923	84.954	136.97
17	6.8660	9.2765	10.761	12.468	16.672	22.186	38.741	66.461	112.14	186..28
18	7.6900	10.575	12.375	14.463	19.673	26.623	48.039	86.071	148.02	253.34
19	8.6128	12.056	14.232	16.777	23.214	31.948	59.568	108.89	195.39	344.54
20	9.6463	13.743	16.367	19.461	27.393	38.338	73.864	139.38	257.92	468.57
21	10.804	15.668	18.822	22.574	32.324	46.005	91.592	178.41	340.45	637.26
22	12.100	17.861	21.645	26.186	38.142	55.206	113.57	228.36	449.39	866.67
23	13.552	20.362	24.891	30.376	45.008	66.247	140.83	292.30	593.20	1178.7
24	15.179	23.212	28.625	35.236	53.109	79.497	174.63	374.14	783.02	1603.0
25	17.000	26.462	32.919	40.874	62.669	95.396	216.54	478.90	1033.6	2180.1
26	19.040	30.167	37.857	47.414	73.949	114.48	268.51	613.00	1364.3	2964.9
27	21.325	34.390	43.535	55.000	87.260	137.37	332.95	784.64	1800.9	4032.3
28	23.884	39.204	50.066	63.800	102.97	164.84	412.86	1004.3	2377.2	5483.9
29	26.750	44.693	57.575	74.009	121.50	197.81	511.95	1285.6	3137.9	7458.1
30	29.960	50.950	66.212	85.850	143.37	237.38	634.82	1645.5	4142.1	10143.0
40	93.051	188.83	267.86	378.72	750.38	1469.8	5455.9	19427	66521	*
50	289.00	700.23	1083.7	1670.7	3927.4	9100.4	46890	*	*	*
60	897.60	2595.9	4384.0	7370.2	20555.1	56348.5	*	*	*	*

附录2：一元复利现值系数表

n \ i	1%	2%	3%	4%	5%	6%	7%	8%	9%	10%
1	.9901	.9804	.9709	.9615	.9524	.9434	.9346	.9259	.9174	.9091
2	.9803	.9712	.9426	.9246	.9070	.8900	.8734	.8573	.8417	.8264
3	.9706	.9423	.9151	.8890	.8638	.8396	.8163	.7938	.7722	.7513
4	.9610	.9238	.8885	.8548	.8227	.7921	.7629	.7350	.7084	.6830
5	.9515	.9057	.8626	.8219	.7835	.7473	.7130	.6806	.6499	.6209
6	.9420	.8880	.8375	.7903	.7462	.7050	.6663	.6302	.5963	.5645
7	.9327	.8606	.8131	.7599	.7107	.6651	.6227	.5835	.5470	.5132
8	.9235	.8535	.7874	.7307	.6768	.6274	.5820	.5403	.5019	.4665
9	.9143	.8368	.7664	.7026	.6446	.5919	.5439	.5002	.4604	.4241
10	.9053	.8203	.7441	.6756	.6139	.5584	.5083	.4632	.4224	.3855
11	.8963	.8043	.7224	.6496	.5847	.5268	.4751	.4289	.3875	.3505
12	.8874	.7885	.7014	.6246	.5568	.4970	.4440	.3971	.3555	.3186
13	.8787	.7730	.6810	.6006	.5303	.4688	.4150	.3677	.3262	.2897
14	.8700	.7579	.6611	.5775	.5051	.4423	.3878	.3405	.2992	.2633
15	.8613	.7430	.6419	.5553	.4810	.4173	.3624	.3152	.2745	.2394
16	.8528	.7284	.6232	.5339	.4581	.3936	.3387	.2919	.2519	.2176
17	.8444	.7142	.6050	.5134	.4363	.3714	.3166	.2703	.2311	.1978
18	.8360	.7002	.5874	.4936	.4155	.3503	.2959	.2502	.2120	.1799
19	.8277	.6864	.5703	.4746	.3957	.3305	.2765	.2317	.1945	.1635
20	.8195	.6730	.5537	.4564	.3769	.3118	.2584	.2145	.1784	.1486
21	.8114	.6598	.5375	.4388	.3589	.2942	.2415	.1987	.1637	.1351
22	.8034	.6468	.5219	.4220	.3418	.2775	.2257	.1839	.1502	.1228
23	.7954	.6342	.5067	.4057	.3256	.2618	.2109	.1703	.1378	.1117
24	.7876	.6217	.4919	.3901	.3101	.2470	.1971	.1577	.1264	.1015
25	.7798	.6095	.4776	.3751	.2953	.2330	.1842	.1460	.1160	.0923
26	.7720	.5976	.4637	.3604	.2812	.2198	.1722	.1352	.1064	.0839
27	.7644	.5859	.4502	.3468	.2678	.2074	.1609	.1252	.0976	.0763
28	.7568	.5744	.4371	.3335	.2551	.1956	.1504	.1159	.0895	.0693
29	.7493	.5631	.4243	.3207	.2429	.1846	.1406	.1073	.0822	.0630
30	.7419	.5521	.4120	.3083	.2314	.1741	.1314	.0994	.0754	.0573
35	.7059	.5000	.3554	.2534	.1813	.1301	.0937	.0676	.0490	.0356
40	.6717	.4529	.3066	.2083	.1420	.0972	.0668	.0460	.0318	.0221
45	.6491	.4102	.2644	.1712	.1113	.0727	.0476	.0313	.0207	.0137
50	.6080	.3715	.2281	.1407	.0872	.0543	.0339	.0213	.0134	.0085
55	.5785	.3365	.1968	.1157	.0683	.0406	.0242	.0145	.0087	.0053

续表

n\i	12%	14%	15%	16%	18%	20%	24%	28%	32%	36%
1	.8929	.8772	.8696	.8621	.8475	.8333	.8065	.7813	.7576	.7353
2	.7972	.7695	.7561	.7432	.7182	.6944	.6504	.6104	.5739	.5407
3	.7118	.6750	.6575	.6407	.6086	.5787	.5245	.4768	.4348	.3975
4	.6355	.5921	.5718	.5523	.5158	.4823	.4230	.3725	.3294	.2923
5	.5674	.5194	.4972	.4762	.4371	.4019	.3411	.2910	.2495	.2149
6	.5066	.4556	.4323	.4104	.3704	.3349	.2751	.2274	.1890	.1580
7	.4523	.3996	.3759	.3538	.3139	.2791	.2218	.1776	.1432	.1162
8	.4039	.3506	.3269	.3050	.2660	.2326	.1789	.1388	.1085	.0854
9	.3606	.3075	.2843	.2630	.2255	.1938	.1443	.1084	.0822	.0628
10	.3220	.2697	.2472	.2267	.1911	.1615	.1164	.0847	.0623	.0462
11	.2875	.2366	.2149	.1954	.1619	.1346	.0938	.0662	.0472	.0340
12	.2567	.2076	.1869	.1685	.1373	.1122	.0557	.0517	.0357	.0250
13	.2292	.1821	.1625	.1452	.1163	.0935	.0610	.0404	.0271	.0184
14	.2046	.1597	.1413	.1252	.0985	.0779	.0492	.0316	.0205	.0135
15	.1827	.1401	.1229	.1079	.0835	.0649	.0397	.0247	.0155	.0099
16	.1631	.1229	.1069	.0980	.0709	.0541	.0320	.0193	.0118	.0073
17	.1456	.1078	.0929	.0802	.0600	.0451	.0259	.0150	.0089	.0054
18	.1300	.0946	.0808	.0691	.0508	.0376	.0208	.0118	.0068	.0039
19	.1161	.0829	.0703	.0596	.0431	.0313	.0168	.0092	.0051	.0029
20	.1037	.0728	.0611	.0514	.0365	.0261	.0135	.0072	.0039	.0021
21	.0926	.0638	.0531	.0443	.0309	.0217	.0109	.0056	.0029	.0016
22	.0826	.0560	.0462	.0382	.0262	.0181	.0088	.0044	.0022	.0012
23	.0738	.0491	.0402	.0329	.0222	.0151	.0071	.0034	.0017	.0008
24	.0659	.0431	.0349	.0284	.0188	.0126	.0057	.0027	.0013	.0006
25	.0588	.0378	.0304	.0245	.0160	.0105	.0046	.0021	.0010	.0005
26	.0525	.0331	.0264	.0211	.0135	.0087	.0037	.0016	.0007	.0003
27	.0469	.0291	.0230	.0182	.0115	.0073	.0030	.0013	.0006	.0002
28	.0419	.0255	.0200	.0157	.0097	.0061	.0024	.0010	.0004	.0002
29	.0374	.0224	.0174	.0135	.0082	.0051	.0020	.0008	.0003	.0001
30	.0334	.0196	.0151	.0116	.0070	.0042	.0016	.0006	.0002	.0001
35	.0189	.0102	.0075	.0055	.0030	.0017	.0005	.0002	.0001	*
40	.0107	.0053	.0037	.0026	.0013	.0007	.0002	.0001	*	*
45	.0061	.0027	.0019	.0013	.0006	.0003	.0001	*	*	*
50	.0035	.0014	.0009	.0006	.0003	.0001	*	*	*	*
55	.0020	.0007	.0005	.0003	.0001	*	*	*	*	*

附录3：一元年金终值系数表

n \ i	1%	2%	3%	4%	5%	6%	7%	8%	9%	10%
1	1.0000	1.0000	1.0000	1.0000	1.0000	1.0000	1.0000	1.0000	1.0000	1.0000
2	2.0100	2.0200	2.0300	2.0400	2.0500	2.0600	2.0700	2.0800	2.0900	2.1000
3	3.0301	3.0604	3.0909	3.1216	3.1525	3.1836	3.2149	3.2464	3.2781	3.3100
4	4.0604	4.1216	4.1836	4.2465	4.3101	4.3746	4.4399	4.5061	4.5731	4.6410
5	5.1010	5.2040	5.3091	5.4163	5.5256	5.6371	5.7507	5.8666	5.9847	6.1051
6	6.1520	6.3081	6.4684	6.6330	6.8019	6.9753	7.1533	7.3359	7.5233	7.7156
7	7.2135	7.4343	7.6625	7.8983	8.1420	8.3938	8.6540	8.9228	9.2004	9.4872
8	8.2857	8.5830	8.8923	9.2142	9.5491	9.8975	10.260	10.637	11.028	11.436
9	9.3685	9.7546	10.159	10.583	11.027	11.491	11.978	12.488	13.021	13.579
10	10.462	10.950	11.464	12.006	12.578	13.181	13.816	14.487	15.193	15.937
11	11.567	12.169	12.808	13.486	14.207	14.972	15.784	16.645	17.560	18.531
12	12.683	13.412	14.192	15.026	15.917	16.870	17.888	18.977	20.141	21.384
13	13.809	14.680	15.618	16.627	17.713	18.882	20.141	21.495	22.953	24.523
14	14.947	15.974	17.086	18.292	19.599	21.015	22.550	24.214	26.019	27.975
15	16.097	17.293	18.599	20.024	21.579	23.276	25.129	27.152	29.361	31.772
16	17.258	18.639	20.157	21.825	23.657	25.673	27.888	30.324	33.003	35.950
17	18.430	20.012	21.762	23.698	25.840	28.213	30.840	33.750	36.974	40.545
18	19.615	21.412	23.414	25.645	28.132	30.906	33.999	37.450	41.301	45.599
19	20.811	22.841	25.117	27.671	30.539	33.760	37.379	41.446	46.018	51.159
20	22.019	24.297	26.870	29.778	33.066	36.786	40.995	45.752	51.160	57.275
21	23.239	25.783	28.676	31.969	35.719	39.993	44.865	50.423	56.765	64.002
22	24.472	27.299	30.537	34.248	38.505	43.392	49.006	55.457	62.873	71.403
23	25.716	28.845	32.453	36.618	41.430	46.996	53.436	60.883	69.532	79.543
24	26.973	30.422	34.426	39.083	44.502	50.816	58.177	66.765	76.790	88.497
25	28.243	32.030	36.459	41.646	47.727	54.863	63.249	73.106	84.701	98.347
26	29.526	33.671	38.553	44.312	51.113	59.156	68.676	79.954	93.324	109.18
27	30.821	35.344	40.710	47.084	54.669	63.706	74.484	87.351	102.72	121.10
28	32.129	37.051	42.931	49.968	58.403	68.528	80.698	95.339	112.97	134.21
29	33.450	38.792	45.219	52.966	62.323	73.640	87.347	103.97	124.14	148.63
30	34.785	40.568	47.575	56.085	66.439	79.058	94.461	113.28	136.31	164.49
40	48.886	60.402	75.401	95.026	120.80	154.76	199.64	259.06	337.88	442.59
50	64.463	84.579	112.80	152.67	209.35	290.34	406.53	573.77	815.08	1163.9
60	81.670	114.05	163.05	237.99	353.58	533.13	813.52	1253.2	1944.8	3034.8

续表

i \ n	12%	14%	15%	16%	18%	20%	24%	28%	32%	36%
1	1.0000	1.0000	1.0000	1.0000	1.0000	1.0000	1.0000	1.0000	1.0000	1.0000
2	2.1200	2.1400	2.1500	2.1600	2.1800	2.2000	2.2400	2.2800	2.3200	2.3600
3	3.3744	3.4396	3.4725	3.5056	3.5724	3.6400	3.7776	3.9184	3.0624	3.2096
4	4.7793	4.9211	4.9934	5.0665	5.2154	5.3680	5.6842	6.0156	6.3624	6.7251
5	6.3528	6.6101	6.7424	6.8771	7.1542	7.4416	8.0484	8.6999	9.3983	10.146
6	8.1152	8.5355	8.7537	8.9775	9.4420	9.9299	10.980	12.136	13.406	14.799
7	10.089	10.730	11.067	11.414	12.142	12.916	14.615	16.534	18.696	21.126
8	12.300	13.233	13.727	14.240	15.327	16.499	19.123	22.163	25.678	29.732
9	14.776	16.085	16.786	17.519	19.086	20.799	24.712	29.369	34.895	41.435
10	17.549	19.337	20.304	21.321	23.521	25.959	31.643	38.593	47.062	57.352
11	20.655	23.045	24.349	25.733	28.755	32.150	40.238	50.398	63.122	78.998
12	24.133	27.271	29.002	30.850	34.931	39.581	50.895	65.510	84.320	108.44
13	28.029	32.089	34.352	36.786	42.219	48.497	64.110	84.853	112.30	148.47
14	32.393	37.581	40.505	43.672	50.818	59.196	80.496	109.61	149.24	202.93
15	37.280	43.842	47.580	51.660	60.965	72.035	100.82	141.30	198.00	276.98
16	42.753	50.980	55.717	60.925	72.939	87.442	126.01	181.87	262.36	377.69
17	48.884	59.118	65.075	71.673	87.068	105.93	157.25	233.79	347.31	514.66
18	55.750	68.394	75.836	84.141	103.74	128.12	195.99	300.25	459.45	770.94
19	63.440	78.969	88.212	98.603	123.41	154.74	244.03	385.32	607.47	954.28
20	72.052	91.025	102.44	115.38	146.63	186.69	303.60	494.21	802.86	1298.8
21	81.699	104.77	118.81	134.84	174.02	225.03	377.46	633.59	1060.8	1767.4
22	92.503	120.44	137.63	157.41	206.34	271.03	469.06	812.00	1401.2	2404.7
23	104.60	138.30	159.28	183.60	244.49	326.24	582.63	1040.4	1850.6	3271.3
24	118.16	158.66	184.17	213.98	289.49	392.48	723.46	1332.7	2443.8	4450.0
25	133.33	181.87	212.79	249.21	342.60	471.98	898.09	1706.8	3226.8	6053.0
26	150.33	208.33	245.71	290.09	405.27	567.38	1114.6	2185.7	4260.4	8233.1
27	169.37	238.50	283.57	337.50	479.22	681.85	1383.1	2798.7	5624.8	11198.0
28	190.70	272.89	327.10	392.50	566.48	819.22	1716.1	3583.3	7425.7	15230.3
29	214.58	312.09	377.17	456.30	669.45	984.07	2129.0	4587.7	9802.9	20714.2
30	241.33	356.79	434.75	530.31	790.95	1181.9	2640.9	5873.2	12941.	28172.3
40	767.09	1342.0	1779.1	2360.8	4163.2	7343.2	22728.9	69377.5	*	*
50	2400.0	4994.5	7217.7	10435.7	21813.1	45497.2	*	*	*	*
60	7471.6	18535.1	29220.0	46057.5	*	*	*	*	*	*

附录4：一元年金现值系数表

i\n	1%	2%	3%	4%	5%	6%	7%	8%	9%
1	0.9901	0.9804	0.9709	0.9615	0.9524	0.9434	0.9346	0.9259	0.9174
2	1.9704	1.9416	1.9135	1.8861	1.8594	1.8334	1.8080	1.7833	1.7591
3	2.9410	2.8839	2.8286	2.7751	2.7232	2.6730	2.6243	2.5771	2.5313
4	3.9020	3.8077	3.7171	3.6299	3.5460	3.4651	3.3872	3.3121	3.2397
5	4.8534	4.7135	4.5797	4.4518	4.3295	4.2124	4.1002	3.9927	3.8897
6	5.7955	5.6014	5.4172	5.2421	5.0757	4.9173	4.7665	4.6229	4.4859
7	6.7282	6.4720	6.2303	6.0021	5.7864	5.5824	5.3893	5.2064	5.0330
8	7.6517	7.3255	7.0197	6.7327	6.4632	6.2098	5.9713	5.7466	5.5348
9	8.5660	8.1622	7.7861	7.4353	7.1078	6.8017	6.5152	6.2469	5.9952
10	9.4713	8.9826	8.5302	8.1109	7.7217	7..3601	7.0236	6.7101	6.4177
11	10.3676	9.7868	9.2526	8.7605	8.3064	7.8869	7.4987	7.1390	6.8052
12	11.2551	10.5753	9.9540	9.3851	8.8633	8.3838	7.9427	7.5361	7.1607
13	12.1337	11.3484	10.6350	9.9856	9.3936	8.8527	8.3577	7.9038	7.4869
14	13.0037	12.1062	11.2961	10.5631	9.8986	9.2950	8.7455	8.2442	7.7862
15	13.8651	12.8493	11.9379	11.1184	10.3797	9.7122	9.1079	8.5595	8..0607
16	14.7179	13.5777	12.5611	11.6523	10.8378	10.1059	9.4466	8.8514	8.3126
17	15.5623	14.2919	13.1661	12.1657	11.2741	10.4773	9.7632	9.1216	8.5436
18	16.3983	14.9920	13.7535	12.6896	11.6896	10.8276	10.0591	9.3719	8.7556
19	17.2260	15.6785	14.3238	13.1339	12.0853	11.1581	10.3356	9.6036	8.9601
20	18.0456	16.3514	14.8775	13.5903	12.4622	11.4699	10.5940	9.8181	9.1285
21	18.8570	17.0112	15.4150	14.0292	12.8212	11.7641	10.8355	10.0168	9.02922
22	19.6604	17.6580	15.9369	14.4511	13.4886	12.3034	11.0612	10.2007	9.4424
23	20.4558	18.2922	16.4436	14.8568	13.4886	12.3034	11.2722	10.3711	9.5802
24	21.2434	18.9139	16.9355	15.2470	13.7986	12.5504	11.4693	10.5288	9.7066
25	22.0232	19.5235	17.4131	15.6221	14.0939	12.7834	11.6536	10.6748	9.8226
26	22.7952	20.1210	17.8768	15.9828	14.3752	13.0032	11.8258	10.8100	9.9290
27	23.5596	20.7059	18.3270	16.3296	14.6430	13.2105	11.9867	10.9352	10.0266
28	24.3164	21.2813	18.7641	16.6631	14.8981	13.4062	12.1371	11.0511	10.1161
29	25.0658	21.8444	19.1885	16.9837	15.1411	13.5907	12.2777	11.1584	10.1983
30	25.8077	22.3965	19.6004	17.2920	15.3725	13.7648	12.4090	11.2578	10.2737
35	29.4086	24.9986	21.4872	18.6646	16.3742	14.4982	12.9477	11.6546	10.5668
40	32.8347	27.3555	23.1148	19.7928	17.1591	15.0463	13.3317	11.9246	10.7574
45	36.0945	29.4902	24.5187	20.7200	17.7741	15.4558	13.6055	12.1084	10.8812
50	39.1961	31.4236	25.7298	21.4822	18.2559	15.7619	13.8007	12.2335	10.9617
55	42.1472	33.1748	26.7744	22.1086	18.6335	15.9905	13.9399	12.3186	11.0140

续表

n\i	10%	12%	14%	15%	16%	18%	20%	24%	28%	32%
1	0.9091	0.8929	0.8772	0.8696	0.8621	0.8475	0.8333	0.8065	0.7813	0.7576
2	1.7355	1.6901	1.6467	1.6257	1.6052	1.5656	1.5278	1.4568	1.3916	1.3315
3	2.4869	2.4018	2.3216	2.2832	2.2459	2.1743	2.1065	1.9813	1.8684	1.7663
4	3.1699	3.0373	2.9173	2.8550	2.7982	2.6901	2.5887	2.4043	2.2410	2.0957
5	3.7908	3.6048	3.4331	3.3522	3.2743	3.1272	2.9906	2.7454	2.5320	2.3452
6	4.3553	4.1114	3.8887	3.7845	3.6847	3.4976	3.3255	3.0205	2.7594	2.5342
7	4.8684	4.5638	4.2882	4.1604	4.0386	3.8115	3.6046	3.2423	2.9370	2.6775
8	5.3349	4.9676	4.6389	4.4873	4.3436	4.0776	3.8372	3.4212	3.0758	2.7860
9	5.7590	5.3282	4.9164	4.7716	4.6065	4.3030	4.0310	3.5655	3.1842	2.8681
10	6.1446	5.6502	5.2161	5.0188	4.8332	4.4941	4.1925	3.6819	3.2689	2.9304
11	6.4951	5.9377	5.4527	5.2337	5.0286	4.6560	4.3271	3.7757	3.3351	2.9776
12	6.8137	6.1944	5.6603	5.4206	5.1971	4.7932	4.4392	3.8514	3.3868	3.0133
13	7.1034	6.4235	5.8424	5.5831	5.3423	4.9095	4.5327	3.9124	3.4272	3.0404
14	7.3667	6.6282	6.0021	5.7245	5.4675	5.0081	4.6106	3.9616	3.4587	3.0609
15	7.6061	6.8109	6.1422	5.8474	5.5755	5.0916	4.6755	4.0013	3.4834	3.0764
16	7.8237	6.9740	6.2651	5.9542	5.6685	5.1624	4.7296	4.0333	3.5026	3.0882
17	8.0216	7.1196	6.3729	6.0472	5.7487	5.2223	4.7746	4.0591	3.5177	3.0971
18	8.0216	7.2497	6.4674	6.1280	5.8178	5.2732	4.8122	4.0799	3.5294	3.1039
19	8.3649	7.3658	6.5504	6.1982	5.8775	5.3162	4.8435	4.0967	3.5386	3.1090
20	8.5136	7.4694	6.6231	6.2593	5.9288	5.3527	4.8696	4.1103	3.5458	3.1129
21	8.6487	7.5620	6.6870	6.3125	5.9731	5.3837	4.8913	4.1212	3.5514	3.1158
22	8.7715	7.6446	6.7429	6.3587	6.0113	5.4099	4.9094	4.1300	3.5558	3.1180
23	8.8832	7.7184	6.7921	6.3988	6.0442	5.3421	4.9245	4.1371	3.5592	3.1197
24	8.9847	7.7843	6.8351	6.4338	6.0726	5.4509	4.9371	4.1428	3.5619	3.1210
25	9.0770	7.8431	6.8729	6.4641	6.0971	5.4669	4.9476	4.1474	3.5640	3.1220
26	9.1609	7.8957	6.9061	6.4906	6.1182	5.4804	4.9563	4.1511	3.5656	3.1227
27	9.2372	7.9426	6.9352	6.5135	6.1364	5.4919	4.9636	4.1542	3.5669	3.1233
28	9.3066	7.9844	6.9607	6.5335	6.1520	5.5016	4.9697	4.1566	3.5679	3.1237
29	9.3696	8.0218	6.9830	6.5509	6.1656	5.5098	4.9747	4.1585	3.5687	3.1240
30	9.4269	8.0552	7.0027	6.5660	6.1772	5.5166	4.9789	4.1601	3.5693	3.1242
35	9.6442	8.1755	7.0700	6.6166	6.2153	5.5386	4.9915	4.1644	3.5708	3.1248
40	9.7791	8.2438	7.1050	6.6418	6.2335	5.5482	4.9966	4.1659	3.5712	3.1250
45	9.8628	8.2825	7.1232	6.6543	6.2421	5.5523	4.9986	4.1664	3.5714	3.1250
50	9.9148	8.3045	7.1327	6.6605	6.2463	5.5541	4.9995	4.1666	3.5714	3.1250
55	9.9471	8.3170	7.1376	6.6636	6.2482	5.5549	4.9998	4.1666	3.5714	3.1250

参考文献

1. 银行业专业人员职业资格考试教材2021《个人理财》（初级），北京，中国金融出版社，2021年版。
2. 徐海洁：《商业银行服务营销》，北京，中国金融出版社，2008年版。
3. 王宇，吴莹：《理财咨询与服务》，北京，高等教育出版社，2010年版。
4. 高泽金，郑兴：《个人理财实务（第二版）》，大连，东北财经大学出版社，2018年版。